5,-€

Willi Huntemann — Artistik und Rollenspiel

EPISTEMATA

WÜRZBURGER WISSENSCHAFTLICHE SCHRIFTEN

Reihe Literaturwissenschaft

Band LVIII — 1990

Willi Huntemann

Artistik und Rollenspiel

Das System Thomas Bernhard

Königshausen & Neumann

D 7 Göttinger philosophische Dissertation

Gefördert mit Hilfe von Forschungsmitteln des Landes Niedersachsen

CIP-Titelaufnahme der Deutschen Bibliothek

Huntemann, Willi:
Artistik und Rollenspiel : das System Thomas Bernhard / Willi Huntemann. — Würzburg : Königshausen u. Neumann, 1990
(Epistemata : Reihe Literaturwissenschaft ; Bd. 53
Zugl.: Göttingen, Univ., Diss., 1988
ISBN 3-88479-478-7
NE: Epistemata / Reihe Literaturwissenschaft

Umschlag: Hummel / Homeyer
Druck: Königshausen + Neumann

Printed in Germany
ISBN 3-88479-478-7

Für Claudia

Der zürnende Dichter

Fürchtet den Dichter nicht, wenn er edel zürnet,
sein Buchstab
Tötet, aber es macht Geister lebendig der Geist.

Friedrich Hölderlin

INHALTSVERZEICHNIS

Vorbemerkung

Die vorliegende Arbeit wurde 1988 vom Fachbereich Historisch-Philologische Wissenschaften der Universität Göttingen als Dissertation angenommen. Ich danke Herrn Prof. Dr. Manfred Karnick und Herrn Prof. Dr. Horst Turk für Anregung und Kritik. Dem Fachbereich bin ich für die Gewährung eines Stipendiums der Niedersächsischen Graduiertenförderung, ohne das die Arbeit sicher nicht so zügig zum Abschluß gekommen wäre, und eines Druckkostenzuschusses zu Dank verpflichtet.

Ferner gilt mein besonderer Dank Claudia Naber, Berlin, für inspirierende Gespräche und eine gründliche Korrekturarbeit sowie Doris Lemmermeier und Sabine Lorenz für ihren von Kompetenz und Aufmerksamkeit getragenen Einsatz bei der Erstellung der Druckvorlage. Der Text wurde mit dem Satzsystem LaTeX bei der Gesellschaft für wissenschaftliche Datenverarbeitung mbH (Göttingen) erstellt.

Göttingen, im März 1990 Willi Huntemann

0. EINLEITUNG

In der Eintragung zum einundzwanzigsten Tag im Tagebuch, das der junge Medizinstudent in Thomas Bernhards erstem Roman *Frost* über den Maler Strauch im Auftrag von dessen Bruder führt, gibt er die "Geschichte mit dem Landstreicher" wieder, die ihm der Maler erzählt hat. (Es bleibt offen, ob dieser sie wirklich erlebt oder nur erfunden hat.) Strauch habe bei einem seiner Spaziergänge auf einem Waldweg einen scheinbar Toten gefunden. Es sei ein Landstreicher gewesen, der sich dann als durchaus lebendig entpuppt und dem Maler als "Besitzer eines beweglichen Theaters" vorgestellt habe (F 236). Er habe "immer vom Witzemachen gelebt" (F 237) und bisher zweierlei Künste betrieben: zuerst die Artistik der Körperkunststücke – probehalber habe der Mann vor dem Maler seinen Kopf verschwinden lassen und mit den Beinen jongliert – und dann die "reine[], wirkliche[] Kunst [...], die auf keinen Kunststücken beruht" (F 238), nämlich das seriöse Theaterspiel.

Diese Gegenüberstellung zweier Konzepte von Kunstausübung und Kunstverständnis markiert – ohne daß diese Stelle im Romanzusammenhang programmatisch gemeint oder irgendwie exponiert wäre – eine Polarität, die geeignet ist, die singuläre und bis heute irritierende Eigenart des Bernhardschen Werkes und seiner Ästhetik zu charakterisieren.[1] Deshalb soll der Landstreicher noch etwas weiter zu Wort kommen. "Beides sei gleich schwer", so führt er aus, "eines immer schwieriger als das andere, aber es sei tatsächlich schöner, Theater zu spielen als Kunststücke vorzumachen, ihm persönlich mache Theaterspielen viel mehr Vergnügen [...]" (F 238). Beide Künste beziehen sich unterschiedlich auf ihr Publikum: artistische (Zauber)kunststücke können sich ihres Effekts auf den Zuschauer immer sicher sein, wenn sie perfekt vorgeführt werden; der Theaterschauspieler dagegen kann als Vermittler eines Stückes dessen viel sublimere Wirkung nur begrenzt beeinflussen. Daher bevorzuge der Landstreicher die Kunststückezuschauer: "'Die Theaterzuschauer enttäuschten immer. Die Kunststük-

---

[1]Sie kehrt wieder im Nebeneinander von Zirkus und hoher Kunst in *Die Macht der Gewohnheit*, und noch in *Minetti* besteht der Zusammenhang von Schauspiel- und Zauberkunst: Minetti hatte zu Beginn seiner Laufbahn wie der Landstreicher "Menschen verschwinden lassen", was er krankheitshalber aufgeben mußte: "Ich habe die Zauberkunststücke aufgegeben/ für die dramatische Kunst mein Kind / für die dramatische Literatur/ Shakespeare Strindberg verstehst du" (M 577).

kezuschauer nie.'" (F 239). "'Die meisten Schauspieler aber sind so dumm, daß sie gar nicht merken, wie dumm das Publikum ist. Denn im allgemeinen sind die Schauspieler noch dümmer als die Zuschauer, aber das Publikum ist immer unendlich dumm'" (F 239). Hier bereits taucht der später immer wiederkehrende Topos von Publikumsverachtung und Abneigung gegen das Theater auf. Dennoch befriedige das Theater, weil es "ans Hochgeistige" grenze (F 238), also nicht im momentanen Genuß oder Vergnügen aufgeht, mehr als die leerlaufende Routine einmal beherrschter Kunststücke. Die Befriedigung des Kunstausübenden steht bei Theater und Artistik also in umgekehrtem Verhältnis: innere Befriedigung durch die Sache *und* durch ihre geglückte Vermittlung nach außen scheint hier ausgeschlossen. Die Kunst mit ihrem Erkenntnisanspruch erreicht nie das Publikum, befriedigt aber den Künstler, Kunst als Kunstfertigkeit erreicht ihre Adressaten, läßt aber den Artisten auf die Dauer unzufrieden.

Betrachtet man nun das seit Bernhards erstem Roman (1963) erschienene umfangreiche Œuvre, so läßt sich als ästhetische Tendenz, wie im einzelnen nachzuweisen sein wird, eine Entwicklung gegensinnig zu der des Landstreichers ausmachen: hatte sich dieser nach internationalen Erfolgen als Artist "der reinen wirklichen Kunst, der Kunst, die auf keinen Kunststücken beruht" zugewandt, so nimmt beim Autor Bernhard die Tendenz auf artistische Perfektion hin zu, die sich wie die des Zauberkünstlers ihrer Wirkung auf das Publikum sicher ist.

Sowohl in den Prosaarbeiten wie auch in der Hälfte seiner Stücke sind Thomas Bernhards Protagonisten Künstlerfiguren, die auf unterschiedliche Weise mit sich, ihrer Kunst und ihrer Umwelt fertigzuwerden versuchen. In einer *ersten*, inhaltlichen Annäherung soll nach dem Begriff von Kunst gefragt werden, den diese Figuren verkörpern und, in ihrem ständigen Scheitern, zugleich in Frage stellen. Die Künstlererzählungen von *Am Ortler* (1971) bis *Alte Meister* (1985) geben dazu den Rahmen ab. Die Ergebnisse dieser Untersuchung werden *anschließend* in einer genauen Strukturanalyse sowohl der Prosa wie der Stücke auf Bernhards Selbstverständnis und seine Schreibform projiziert, um so eine von innen gewonnene Perspektive der Beurteilung der poetischen Signatur und Intention seines Werkes zu entwickeln.

Das Prosa- und Bühnenwerk übergreifende Modell ist das der Selbstreflexion im *Rollenspiel.* Seine epische Ausprägung ist die *Rol-*

lenprosa. Mit dem Spielbegriff hat bereits Kathleen E. Thorpe[2] in ihrer Arbeit über das Prosawerk gearbeitet; sie geht zutreffend davon aus, "daß das dichterische Selbstverständnis Thomas Bernhards vor allem auf Fiktion basiert ist, und zwar in ihren verschiedenen Facetten als Selbstfiktionalisierung, Künstlichkeit und Spiel".[3] Das fiktive Spiel begreift sie jedoch nicht als Selbstreflexion des Künstlers, sondern als Versuch einer Sinngebung der Existenz, die den Spielen ihre Ziele, Ich-Findung und Tod, immer schon vorgegeben hat, wodurch sie immer schon verlorene Spiele sind. Nach welchen Mustern und poetischen Strukturen diese fiktionalen (Rollen-)Spiele aufgebaut sind und wie sie sich in der Prosa und in den Stücken entwickelt haben, wird zu untersuchen sein.

Dieser Ansatz bringt es mit sich, daß nicht ein Einzeltext im Zentrum der Untersuchung steht, sondern das Werk im ganzen. Da es um seine integrale Einheit geht, werden Prosa- und Bühnenwerk in annähernd gleichem Verhältnis berücksichtigt. Darin unterscheidet sich dieser Versuch von fast allen bisherigen Arbeiten der Forschungsliteratur[4], deren Umfang inzwischen die Grenze der Überschaubarkeit zu erreichen beginnt. Stellvertretend auch für andere können zwei neuere Arbeiten, die in ihrem Ansatz entgegengesetzt sind, als Kontrastfolie der vorliegenden Untersuchung dienen.

Eine der Arbeiten ist die Bochumer Dissertation von Gerald Jurdzinski[5], die Bernhards Werk von den darin enthaltenen Beziehun-

[2] K.E. Thorpe, Die schon verlorenen Spiele im Prosawerk Thomas Bernhards (1981).

[3] Ebd., S. 35f.

[4] An großen Einzelstudien der neuesten Bernhardliteratur sind hervorzuheben: B. Fischer, "Gehen" von Thomas Bernhard. Eine Studie zum Problem der Moderne (1985) und M. Kohlenbach, Das Ende der Vollkommenheit. Zum Verständnis von Thomas Bernhards "Korrektur" (1986). Fischers mit großem theoretischen Aufwand betriebene Analyse von Bernhards formal avanciertestem Prosawerk hat Ergebnisse gezeitigt, die, übertrüge man sie ohne weiteres auf die übrige Prosa, ein verzerrendes Bild ergäben. Was für *Gehen* allein zutreffen mag, etwa, daß das nichtmimetische Kunstwerk "auch nicht länger Reflexion der Welt, ihre kritische Absolutierung mittels Witz und Ironie" sei (Fischer, S. 166), gilt für Bernhard insgesamt gerade nicht. Als einführende Gesamtdarstellungen sind zu nennen: B. Sorg, Thomas Bernhard (1977); H. Gamper, Thomas Bernhard (1977); M. Jurgensen, Thomas Bernhard. Der Kegel im Wald oder die Geometrie der Verneinung (1981); N.J. Meyerhofer, Thomas Bernhard (1985).

[5] G. Jurdzinski, Leiden an der "Natur". Thomas Bernhards metaphysische Weltdeutung im Spiegel der Philosophie Schopenhauers (1984).

gen zur Philosophie Schopenhauers her aufzuschließen sucht. Dagegen sind mehrere Einwände, grundsätzliche und spezielle, zu erheben. Indem Jurdzinski den Nachweis der Affinität zwischen Bernhard und dem deutschen Philosophen nahezu ausschließlich über aus ihrem Kontext gelöste Äußerungen von Figuren sowie deren Verhalten führt, ohne dabei je nach dem Zusammenhang von Figur, Präsentationsform und geäußertem Gedankeninhalt zu fragen, verkürzt er das poetische Werk Bernhards zu einer fiktionalen Umformulierung der Schopenhauerschen Lehre. Hierbei scheint er dem fundamentalen Mißverständnis aufzusitzen, ein literarischer Text, und sei er auch noch so sehr mit philosophisch-diskursivem Gehalt befrachtet, würde diesen, gleichsam in einer anderen, fiktionalen Einkleidung, unverändert transportieren. Selbst bei trivialer Tendenzliteratur scheint dies in reiner Form kaum möglich, da allein schon durch die Fiktionalisierung (Figuren als Handlungsträger, Auflösung eines in der Regel thetisch-argumentierenden Gedankenzusammenhangs in einen anschaubaren Einzelfall mit fiktiven Charakteren etc.) der Gedankenstoff eine Perspektivierung und Veränderung erfährt. Um so weniger leuchtet eine Reduzierung auf eine "metaphysische Weltdeutung" (Jurdzinski), die primär auch nichtfiktional entwickelbar ist, bei einem so hochgradig artifiziellen und formbewußten Autor wie Thomas Bernhard ein. Dieser Einwand, das sei betont, ist völlig unabhängig von der Triftigkeit der nachgewiesenen Bezüge, die durchaus nicht bestritten werden soll. (Die vorliegende Untersuchung wird selbst mit Schopenhauerverweisen arbeiten.) Selbst wenn sich ein Autor erwiesenermaßen zu einem philosophischen Gedankenkomplex bekennt, so gehen seine literarischen Texte nie in der bloßen Instrumentierung und Affirmierung dieser Gedanken auf und im Fall von Thomas Bernhard am allerwenigsten. Jurdzinski stellt die konstatierte Geistesverwandtschaft in keinen weiteren Bezugsrahmen, sondern bringt Bernhards Werk – via Schopenhauer – und trotz der von ihm selbst kurz angesprochenen Rolle des Humors auf die Grundaussage einer " 'ernsthafte[n]' Einschätzung des Daseins", deren Quintessenz im "Wissen um die Leidensexistenz des Menschen"und in der "Gewißheit" liegt, "einer Macht – mag sie nun 'Wille' oder 'Natur' heißen – ausgeliefert zu sein, deren verhängnisvollem Einfluß der Mensch sich nicht entziehen kann".[6] Ginge es wirklich um diese so lapidare wie in der Substanz

[6]Ebd., S. 187.

epigonale Einsicht, hätte das Bernhardsche Werk wohl weder das literarische Interesse auf sich gezogen noch es verdient.

Eine Deutung, welche die vielfältigen formalen Brechungen einer scheinbar klar extrahierbaren "metaphysischen Weltdeutung" nicht berücksichtigt – und diese machen als zu bestimmende ästhetische Verfahren und Mittel gerade das literarische Kunstwerk aus – muß notwendigerweise die Substanz von Bernhards Werk verfehlen. Zu fragen wäre vielmehr, wie sich die zahlreichen Anleihen aus Philosophie und Geistesgeschichte (in der frühen Prosa etwa dürfte die Adaption von Gedanken des Novalis gegenüber dem Einfluß Schopenhauers noch höher zu bewerten sein[7]) in der Vermittlung von Erzählperspektive, Figurenrede und erzähltem Geschehen darstellen. Gegenüber Aspekten der poetischen Vermittlung von Form, Stoff und Sujet kann eine Betrachtung von gedanklichem Material nur von sekundärer Bedeutung sein.

Auf die Arbeit von Jurdzinski ist deswegen kritisch eingegangen worden, weil sie eine bei Anhängern und Kritikern gleichermaßen verbreitete, in der Forschung schon seit langem relativierte Auffassung des Bernhardschen Werkes rehabilitiert, der zufolge nämlich dessen Substanz eine als 'negativ', 'pessimistisch' oder 'nihilistisch' zu umschreibende Weltsicht darstelle, die, je nach Standort, als gültiges Abbild oder irrationale und ideologieverdächtige Verschleierung zu bewerten ist. Es ist nicht das geringste Ziel der hier unternommenen Interpretationsarbeit, dieser vergröbernden und dem Bernhardschen Werk nicht gerecht werdenden Ansicht mit aller Entschiedenheit zu begegnen und dagegen die Aufmerksamkeit auf die genuin literarische Signatur (anstatt geistesgeschichtlicher, psychologischer, biographischer etc.) zu richten, um ein Verständnis jenseits von globaler Ablehnung und undifferenzierter Zustimmung zu ermöglichen.

Auf ganz andere Weise versucht Manfred Jurgensen in seinem Bernhard-Buch[8], dem die vorliegende Studie einige Anregungen verdankt, das Werk zu erschließen. Die Arbeit zeichnet sich vor allem dadurch aus, daß sie nicht Prosa- und Bühnenwerk separiert, sondern beides von durchgängigen Begriffsoppositionen auf inhaltlicher und struktureller Ebene her durchleuchtet sowie die Motivstrukturen entwik-

[7] Siehe dazu H. Zelinsky, Thomas Bernhards "Amras" und Novalis (1970).

[8] M. Jurgensen, Thomas Bernhard. Der Kegel im Wald oder die Geometrie der Verneinung (1981).

kelt, dabei streng synchronisch statt werkgeschichtlich vorgehend. Die Überzeugungskraft dieses Ansatzes liegt darin, daß der Verfasser von außen herangetragene Deutungsprämissen vermeidet und sich auf die innere poetische Systematik des Werks konzentriert. Da diese Systematik zwar schlüssig ist, jedoch nicht eigentlich in synthetisch-induktiver Darstellung aus den Texten gewonnen wird, treten diese in ihrer Eigengestalt in den Hintergrund und werden nur punktuell zur Bestätigung herangezogen. Die Gedankenwelt Bernhards wird gleichsam von innen heraus als Gebäude erhellt, ohne rezeptionsästhetische Aspekte ihrer Vermittlung einzubeziehen. Diese für die Eigenart Bernhardscher Texte wichtige Perspektive hätte eine werkästhetische Betrachtung zu ergänzen; erst damit käme man der von ihnen ausgehenden Faszination, die weder im bloß Stofflichen noch Formalen begründet ist, auf die Spur.

Axiom der folgenden Arbeit ist allerdings, daß die noch so suggestive oder radikale Erfahrungs- und Gedankenbasis eines Schreibversuchs ohne eine effektive literarische Strategie weder ästhetisch verbindlich ist noch eine längeranhaltende Wirkung auf den Leser auszuüben vermag, wie sie Bernhards Werk zuteil geworden ist. "Ästhetisches Gelingen richtet sich wesentlich danach, ob das Geformte den in der Form niedergeschlagenen Inhalt zu erwecken vermag. Generell ist denn auch die Hermeneutik der Kunstwerke die Übersetzung ihrer Formalien in Inhalte."[9] In diesem Sinn versteht sich die Arbeit als dezidiert formorientierte Interpretation, was bei Bernhard umso mehr gefordert ist, als sich der vermeintliche 'Inhalt' so greifbar zu manifestieren scheint.[10] Wirkungsästhetisch interessant ist, daß das Prosa- wie Bühnenwerk Bernhards über Jahrzehnte hinweg einem minimalen Repertoire an Form- und Figurentypen, Sprach- und Imaginationsweisen folgt, ohne an Beachtung zu verlieren. Dieser Sachverhalt verführt

[9]Th. W. Adorno, Ästhetische Theorie (1970), S. 210.

[10]Sie teilt damit eine methodische Option, in der ganz unterschiedlich ausgerichtete Interpreten übereinkommen. Vgl. G.P. Knapp/F. Tasche, Die permanente Dissimulation. Bausteine zur Deutung der Prosa Thomas Bernhards (1971); U. Schweikert, "Im Grunde ist alles, was gesagt wird, zitiert." Zum Problem von Identifikation und Distanz in der Rollenprosa Thomas Bernhards (1974); H. Höller, Kritik einer literarischen Form. Versuch über Thomas Bernhard (1979); H. Lindenmayr, Totalität und Beschränkung. Eine Untersuchung zu Thomas Bernhards Roman "Das Kalkwerk" (1982).

leicht zu vorschneller Bewertung[11], erfordert aber als besondere Strategie literarischer Kommunikation, die Bernhards Texte mit dem Leser führen, genauere Analyse. Bernhards charakteristische Schreibweise der artistischen Wiederholung und Variation auf der einen, 'wirkungsästhetischen' Seite und seine in den Strukturen des epischen und dramatischen Rollenspiels gestaltete poetische Selbstreflexion auf der anderen, 'werkästhetischen' Seite sind die zwei einander ergänzenden Untersuchungspole dieser Arbeit. Sie versucht darin, der charakteristischen Geschlossenheit und Regelmäßigkeit des Werkes, dem "System Thomas Bernhard"[12] auf die Spur zu kommen.

---

[11]Schon 1975 urteilte der polnische Literaturwissenschaftler K. Sauerland: "Der Fehler Bernhards ist zweifelsohne, nicht eines Tages mit dem Schreiben aufhören zu können. Langsam schreibt er sich selber tot. In einigen Jahrzehnten wird er auf den Mut eines Literaturhistorikers angewiesen sein, der ihn vor dem allgemeinen Urteil zu retten versucht, daß es ganz egal sei, welches Prosawerk man in die Hand nehme" (Das österreichische Drama in jüngster Zeit, 1975, S. 351).

[12]So einmal der Dramatiker Heiner Müller in einem Interview mit André Müller (Dichter müssen dumm sein, 1987, S. 30): "[...] Ich bezweifle, daß man aus Nihilismus Kunst machen kann. Benn hatte recht, wenn er sagte, alles, was in Europa an Kunst entstanden ist, sei eine Leistung gegen den Nihilismus. *Trifft das auch auf einen Autor wie Thomas Bernhard zu?* Das glaube ich nicht, denn Bernhard hat nur das System Thomas Bernhard".

I. Das Scheitern der Künstler

Das Spiel der Mittheilung und der Annäherung
ist das Geschäft und die Kraft des Lebens,
absolute Vollendung ist nur im Tode.

Friedrich Schlegel[13]

1. Kunst, Natur, Gesellschaft

a) Selbstverwirklichung und authentische Mitteilung in der Kunst

Bereits in Bernhards ersten Romanen *Frost* (1963) und *Verstörung* (1967) tragen die dem Wahnsinn verfallenen Hauptfiguren Maler Strauch und Fürst Saurau Züge von Künstlern und Intellektuellen, die jedoch schon resigniert haben und nur noch in ihrem unablässigen "verstörten" Sprechen schöpferisch sind.[14] Die im folgenden zu leistende inhaltliche Annäherung an das Thema des künstlerisch-geistigen Scheiterns (die sich an die Werkchronologie bis zur Künstler-Trilogie 1983-85 hält) setzt daher erst bei der Erzählung *Am Ortler* an, da es dort, als einziges Thema, durchschaubarer gestaltet ist. Sind *Frost* und *Verstörung* Zustandsbeschreibungen in der Perspektive der Betroffenen, so konzentrieren sich *Am Ortler* und die folgenden Künstlererzählungen auf den Erfahrungsweg, der diesem Zustand vorausgeht.

Die Erzählung *Am Ortler*, Schlußstück der Sammlung *Midland in Stilfs* von 1971, handelt von zwei Brüdern, einem nervenkranken Akrobaten und seinem über die "Luftschichten" naturwissenschaftlich arbeitenden Bruder, die ihren Rückzug aus der Welt planen. Dazu suchen sie eine von ihren Eltern vor 35 Jahren hinterlassene Sennhütte unterhalb des Ortlermassivs auf, um sich dort von ihrem jeweiligen "Existenzgegenstand", die Studie über die Luftschichten bzw. die Kunststücke, auszuruhen; sie wollen "die Natur einatmen, plötzlich wieder die Natur einatmen in vollen Zügen und die Wissenschaft ausatmen, alles ausatmen, alles. Den Unrat ausatmen" (AO 103f.). Oben angekommen, finden sie die Hütte jedoch nurmehr als zerstörte Ruine

[13] Gespräch über die Poesie, Athenaeum (1800), Bd. III, S. 61.

[14] Strauch hat seine Bilder schon lange vernichtet (F 33) und die Malerei aufgegeben, Saurau träumt nur noch von seinen aufgegebenen Studien (V 177).

vor. Der Bericht über diesen Aufstieg ist als ein Brief des Naturwissenschaftlers über seinen Bruder fingiert, der nach dem Aufstieg in eine Irrenanstalt gekommen ist und gibt zugleich eine Erklärung, warum er nicht mehr auftreten wird. – Beide Brüder haben schon seit Jahren ausschließlich für ihre Interessen gelebt und sich in gegenseitiger Stimulation zu perfektionieren versucht. "Du existierst nur für deine Kunststücke und bist, genau genommen, deine Kunststücke, habe ich mir immer wieder gesagt. Alles Kunstücke. Alles Kunststück. Die ganze Welt Kunststück" (AO 96). Dabei sind beide Tätigkeiten, als Möglichkeiten, eine Identität zu finden und mit der Existenz fertig zu werden, Künste: "meine Körperkunst oder deine Geisteskunst" (AO 93). Für die Geschwister waren die Künste ein Weg, sich vom Einfluß der Eltern zu befreien (AO 100) und der Einsamkeit zu entkommen: "aus Verlassenheit geglaubt, unter Menschen gehen zu müssen, Kunststücke machen zu müssen, Wissenschaft treiben zu müssen" (AO 104). Die Perfektionierung der Kunstausübung hat sie der Gesellschaft jedoch umgekehrt gerade entfremdet; sie verachten die Umwelt und haben Angst vor der Entäußerung ihrer Produkte. Kunst und Wissenschaft erfordern geradezu wieder eine gesonderte "Vortragskunst", die zusätzlich zu erlernen ist und ohne die alle Kunst, Wissenschaft und sogar die ganze Menschlichkeit nichts ist, denn "unausgesprochene Gedanken sind nichts" (AO 95). Hier deutet sich bereits die Verständigungsproblematik der Bernhardschen Künstler an. Die Vortragskunst, als Reflexionsebene, die Gedanke (Kunst) und Äußerung vermitteln soll, bedarf theoretisch einer weiteren "Vortragskunst" in zweiter Potenz, welche die Applikation der ersten regelt usf. in infinitum. Diese Potenzierung wirkt sich für die späteren Studienschreiber in *Das Kalkwerk*, *Die Billigesser* und *Beton* als Unsicherheit, den richtigen Augenblick der Niederschrift zu treffen, blockierend aus und verhindert gerade die Mitteilung in der Niederschrift. Bernhard läßt den Artisten-Bruder den dann in *Korrektur* zentralen Gedanken aussprechen, daß höchste Vollkommenheit zugleich den Tod bedeutet. Das unablässige Bemühen der Bernhardschen Künstler-Denker gilt der Annäherung an diese Grenze. Ihr Überschreiten bedeutet Wahnsinn (Artist und Karrer in der Erzählung *Gehen*) oder Tod (Konrad im *Kalkwerk* und Roithamer in *Korrektur*).[15] Je perfekter der Künstler seine Kunst be-

[15] In *Gehen* heißt es: "Die Kunst des Nachdenkens besteht in der Kunst, sagt Oehler, das Denken genau vor dem tödlichen Augenblick abzubrechen" (G 26).

herrscht, desto mehr beherrscht sie ihn. Kunst bzw. Wissenschaft, ursprünglich ergriffen als Mittel der Selbstbefreiung von den Eltern, verkehrt sich zur Selbstentäußerung und Selbstzerstörung. War sie gedacht gegen existenziellen Tod, so beschleunigt sie, angestrengt betrieben, diesen letztlich. Der Bruder sagt: "In Wahrheit haben mich meine Kunststücke längst umgebracht, wie dich deine Arbeit (über die Luftschichten) längst umgebracht hat" (AO 104). "Es ist das vollkommenste, das *mich* umgebracht hat, es ist der konzentrierteste Gedanke, der *dich* umgebracht hat, sagte er. Das Kunststück lebt, der es macht, ist tot" (AO 105). Der Artist hat den Punkt der Vollkommenheit bereits überschritten, Ausdruck dafür ist sein zunehmender Krankheitsprozeß und schließlich der Wahnsinn (AO 106). Insofern ist das Rahmengeschehen der Bergbesteigung, die an einen *gradus ad parnassum* als Exerzitium vollkommener Kunstbeherrschung denken läßt, ironisch – der Aufstieg ist in Wirklichkeit ein Abstieg und dies noch in einem zweiten, wichtigeren Sinn: ein Abstieg in die Vergangenheit. Während des Weges nimmt die Erinnerung an die früher von den Eltern erzwungenen Ortleraufstiege immer größeren Raum ein, als der Bruder beginnt, zunächst nur halbernst, den Vater zu imitieren. Nach und nach reproduzieren beide die Anweisungen des Vaters, bis ihnen zuletzt der Sinn ihres Aufstiegs nicht mehr klar ist.Wie unter einem Zwang stehend, führen sie ihr Vorhaben aber weiter.[16] Der wider Willen eingetretene, sich in einem Rollenspiel äußernde Denk- und Erinnerungsprozeß ("verabscheuungswürdiges Vergnügen machende Unterhaltung", AO 86) hat den Brüdern die Rückkehr zur einfachen Natur unmöglich gemacht – die Behausung, symbolisches Ziel ihres Aufstiegs, ist zerstört[17], dem Bruder ist keine Kunst mehr möglich. Es stellt sich heraus, daß Studie und Kunststücke die Brüder längst nur noch künstlich am Leben gehalten haben und ihnen eigentlich verhaßt sind: "Weil wir den Ortler haßten, auf den Ortler. Weil ich Kunststücke haßte, Kunststücke, weil du die Wissenschaft haßt, Wissenschaft" (AO 103).[18] Die theatralische Reproduktion der traumatischen Kindheits-

[16] Dies ist ein für Bernhard-Figuren typisches Syndrom: das Verhaßte und Verdrängte wird im Rollenspiel reproduziert, so die SS-Vergangenheit Höllers in *Vor dem Ruhestand* und die zur Routine erstarrten Gewohnheiten der Mutter in *Am Ziel*.

[17] Auch die verfallenden Bauwerke in *Korrektur* und *Ja* sind Zeichen des desolaten Zustands derer, für die sie gedacht waren.

[18] Vgl. Caribaldi in *Die Macht der Gewohnheit*: "Wir wollen das Leben nicht/ aber

erlebnisse mit den Eltern durch den Artisten-Bruder hat in beiden das Bewußtsein für ihre Existenz-Routine geweckt; beide haben sich, wie es in *Ungenach* heißt, "der Kindheit als Todesursache" ausgeliefert (U 67). Wie in den frühen Prosastücken *Der Kulterer* und *Ein junger Schriftsteller*[19] ist der Versuch, sich mit Hilfe künstlerischer Aktivität von den Zwängen gesellschaftlicher Natur (Eltern) zu befreien, gescheitert; die Kunst selbst hat sich als zerstörerischer Zwang etabliert. Der den Brief schreibende Bruder scheint durch die Arbeit an seiner Studie vorerst gerettet.

In einer anderen Werkgruppe sind die Protagonisten allesamt wie er Naturwissenschaftler, die an einer "Studie" arbeiten, welche für sie ausschließlicher, alles beherrschender Lebensinhalt geworden ist: Konrad im *Kalkwerk* (1970), Roithamer in *Korrektur* (1975) und Koller in *Die Billigesser* (1980). Diese Studie ist nun keine naturwissenschaftliche Forschung im herkömmlichen Sinne, sondern zugleich *Kunstwerk* und auf Totalität zielende Erkenntnisanstrengung, "totale[s] Geistesprodukt", wie Konrad sagt (Kw 62), laut dessen gilt: "in jedem Menschen wie in jedem Gehirn oder Kopf sei, wie er sagt, einmal alles möglich und dieses *einmal alles* möchte er [...] erkennen und ausnützen" (Kw 190). Um eine Studie über das Gehör zu schreiben, "müsse man auch Mathematiker und Physiker und also ein vollkommener Naturwissenschaftler und dazu auch noch Prophet und Künstler sein und das alles in höchstem Maße" (Kw 61). Konrad, der sich mit seiner Frau, die zugleich seine Halbschwester ist, in ein stillgelegtes Kalkwerk zurückgezogen hat, um völlig ungestört seine Studie über das Gehör verfassen zu können, laboriert daran, diese zwar im Kopf zu haben, sie jedoch nicht niederschreiben zu können, was sie, als zunächst "wissenschaftliche", erst zum Kunstwerk machte (Kw 65). Sein Problem ist, wie für den Artisten-Bruder, damit auch die "Vortragskunst", die Bewahrung der Identität des geistig-künstlerischen Werks in der Veräußerung aus dem Kopf zur Mitteilung. Roithamer in *Korrektur*, der das Wort Architektur haßt (K 14), versteht seinen monströsen Kegelbau in der Mitte des Kobernaußerwaldes, für den

es muß gelebt werden /[...]/ Wir hassen das Forellenquintett/ aber es muß gespielt werden" (MG 278f.).

[19]Siehe dazu die Interpretation von J. König, "Nichts als ein Totenmaskenball". Studien zum Verständnis der ästhetischen Intentionen im Werk Thomas Bernhards (1983), S. 25ff., der die Kulterer-Erzählung sehr überzeugend als Allegorie der Genese des freien Künstlers deutet.

er sein ganzes Vermögen opfert, ebenfalls als Kunstwerk (K 13) und betont die Bedeutung der Musik für seine Planung und sein Schaffen (K 60f.). Ebenso aber ist die Baukunst für ihn "eine zuhöchst philosophische Kunst" (K 217). Schließlich ist Kollers Anspruch in den *Billigessern*, den er mit seiner Schrift über die Physiognomie erhebt, ebensowenig ein partikularer: "Denn in einer solchen Schrift müsse naturgemäß nicht nur ihr ureigenes Thema, sondern in gleicher Weise die ganze Natur und die Wissenschaft von der Natur abgehandelt sein" (Be 116). – Alle Studien, auch die nur am Rande erwähnte Studie über die Antikörper in der Natur des Erzählers in *Ja* (J 14) wie der Vortrag des Fürsten über den Antikörper in der Natur in *Verstörung* (V 109) und nicht zuletzt der Wohnkegel inmitten des Kobernaußerwaldes, sind zunächst auf *Natur* bezogen, und dies, wie sich zeigen wird, in doppelter Hinsicht. Doch was meint hier 'Natur'? Sicher vergröbert man in unzulässiger Weise die von Jurgensen differenziert nachgewiesenen Facetten des Bernhardschen Naturbegriffs[20], wenn man wie Jurdzinski in diesem Begriff nur eine Transformation des Schopenhauerschen Weltwillens sieht[21]; dies ist vielmehr nur ein, wenn auch gerade in diesem Zusammenhang wichtiger Aspekt.

> Der Mensch hat nur in beschränktem Maße teil an einer bewußtlosen, unreflektierten Natur. Daraus folgt die Doppelrolle, die die Natur in Bernhards Werken spielt; sie ist einerseits die Brutalität des Geistlosen, eine ständige Bedrohung des Künstlers und des Intellektuellen, andrerseits die Verkörperung eines Gesetzes, die Manifestation eines musterhaft Vorhandenen, das der menschliche Geist (als Ausdruck seiner geistigen Natur) zu erkennen sucht. Thomas Bernhard begreift die Natur als wesensgemäße Herausforderung des menschlichen Geistes.[22]

Als 'geistlose' Natur, schopenhauerisch als "Wille", der der Protagonist unterliegt, provoziert sie erst dessen auf die "Studie" gerichtete Geistesanstrengung, als "Manifestation eines musterhaft Vorhandenen", schopenhauerisch als "Idee", ist sie Gegenstand seiner Erkenntnisbemühungen. – Zum andern sind alle Studien motiviert von Op-

[20] Vgl. Jurgensen, Der Kegel im Wald, Kap. II: Natur und Wissenschaft, S. 49ff.
[21] Jurdzinski, Leiden an der "Natur", S. 22ff.
[22] Jurgensen, Der Kegel im Wald, S. 51.

positionsgeist gegenüber den Zwängen der *Tradition* und der *Gesellschaft*. "Dabei muß nochmals daran erinnert werden, daß für Bernhard die Gesellschaft ein soziales Naturgefüge bedeutet, das in seiner Wirkung auf den einzelnen viele Gemeinsamkeiten mit der Außennatur teilt."[23] Im Aspekt ihrer Geistlosigkeit nahezu austauschbar, sind Gesellschaft und Natur[24] die Widerstände, gegenüber denen sich der Einzelne geistig zu entfalten sucht. Alle Studienschreiber nehmen eine radikale Verweigerungshaltung ein, indem sie rücksichtslos ihre Ideen verwirklichen wollen. So ist Konrads naturwissenschaftliche Forschung Kompensation seiner von den Eltern, die ihn, wie der Vater Roithamers zum Erben ihres "stattlichen Grund- und Bodenbesitzes" (Kw 49) bestimmt hatten[25], unterdrückten Neigung. Die Forschung über das Gehör treibt Konrad auch in Opposition gegen die Gesellschaft, die "nur für das dumpfe Dahindämmern" sei (Kw 64); das "Genie" muß die akademischen Forscher, deren Zugriff auf den Gegenstand kein universaler, totaler ist, als "ein in die Millionen gehendes Heer von Hilfsarbeitern der Wissenschaft und der Geschichte" (Kw 64) verachten und riskiert damit, für verrückt gehalten zu werden. Ähnlich fühlt sich Roithamer von den "sogenannten Architekten und Baufachleuten" (K 211) bedroht, deren Rat und Unterstützung er abgelehnt hat; "denn hätten wir auf die andern gehört, so Roithamer, hätten wir nichts erreicht, denn die andern sind immer gegen uns, alles andere ist Unwahrheit" (K 207), "gegen jedes Ziel ist immer alles" (K 205). Für ihn ist die "Geschichts- und Herkunftsmarter" geradezu die Kraft, welche das Unternehmen des Kegelbaus ermöglicht. "Alles ist uns nützlich und das Entsetzliche am nützlichsten. [...] Je größer die Idee und also je höher das Ziel als Idee, desto größere Geschichts- und Herkunftsmartern sind erforderlich" (K 272).[26] Das Kegelbauwerk ist geistige Negation aller Umweltbedingungen, die Roithamer je determiniert haben und für die sein Herkunftsort, Altensam, steht: "Die Vollendung des Kegels ist dann gleichzeitig auch die Vernichtung von Altensam, ist der Kegel vollendet, ist Altensam vernichtet. Gegen die Brüder gerichtet,

[23]Ebd., S. 75.

[24]Vgl. Konrad: "Die Gesellschaft spiele sich als eine von ihm so genannte Ersatznatur auf und so fort" (Kw 138).

[25]Vgl. zur familiär-geschichtlichen Tradition, der die Protagonisten in Form von Gutsbesitz ausgesetzt sind, König, Studien, 3. Kap., S. 56ff.

[26]Vgl. Konrad: "Alles, was er sei, was er also besitze, habe er in die (unaufgeschriebene) Studie investiert" (Kw 191).

alles, was ich in meinem Leben getan habe vielleicht", schreibt Roithamer im Nachlaß (K 225). – Der Einzelgänger Koller schlägt seinen "*Geistes*weg" (Be 61) ein, nachdem ihm sein Elternhaus "schon sehr früh entfremdet gewesen" war (Be 61) und vor dem ihm ekelte: "Er verachtete den Elternbegriff , haßte alles, das mit Familie zusammenhängt naturgemäß und es ekelte ihn tatsächlich immer vor dem Wort *Herkunft*" (Be 81). Konsequenterweise rät Koller dazu, "überhaupt gegen alles zu sein, um sich erst einmal vollkommen von diesen Eltern und Lehrern und von dieser Gesellschaft freizumachen, um sie dann mit der Zeit, tatsächlich und scharf und schonungslos beobachten und beurteilen zu können, was schließlich seine Aufgabe sei" (Be 100). Selbst der Gegenstand der Studie wird für Koller "naturgemäß ein *Anti*gegenstand" (Be 148). Die Idee zur Physiognomik entspringt der physischen Verletzung Kollers, dem "genauso *glück-* wie *unglück*seligen Hundebiß" (Be 15) im Türkenschanzpark, durch den er sein linkes Bein verliert. Der Hund des Glasindustriellen Weller verkörpert, wie die Hunde in *Frost*, die blinde und bedrohliche Natur. Ebenso aber repräsentiert er, als Hund eines *Glasindustriellen*, die Gesellschaft, wie auch die gelähmte Frau Konrads im *Kalkwerk* kreatürliche Natur *und* Gesellschaft als widerständige Mächte verkörpert. Die Operation wiederum hat Koller zu den Billigessern in ein Speiselokal, die "WÖK", geführt, die er als seine "*eigentliche Lebensretterin und letztenendes Lebensbewahrerin*" (Be 20) bezeichnet und deren Stammgästen er 16 Jahre später, im "Augenblick seiner Erleuchtung im Wertheimsteinpark" (Be 147), die "vierte und also die hauptsächliche" Schrift (Be 115) seiner vierteiligen "Physiognomie" widmet.

In dieser hintergründigen Konstellation reflektiert Bernhard die Rolle des Schriftstellers, der, vom Repräsentanten der herrschenden gesellschaftlichen Macht, dem Glasindustriellen Weller, hervorgebracht, sich in den "Billigessern", die teils Intellektuelle, teils kleine Kaufleute sind, dessen sozialen Antagonisten zugehörig fühlt und die Gesellschaft "scharf und schonungslos beobachten und beurteilen" will. Ähnlich ist Roithamers Kunstintention als dialektisch hervorgebrachte Negation der bestehenden Ordnung (Altensam) und nicht etwa als willkürliche Erfindung zu verstehen, wenn er sagt: "Der Kegel *ist Folgerichtigkeit meiner* (meiner Schwester) *Natur*", wobei Natur hier Herkunftsnatur (=Altensam) meint (K 345 u. ähnlich 225, Herv. W.H.). Wie Koller als Beobachter und Beurteiler versteht sich Roithamer als *Aufklärer*:

> In Gesellschaft schweigsam, dann plötzlich, aus dieser Schweigsamkeit heraus, reden, immer wieder reden, überzeugen, verzweifeln, reden und immer wieder Angst haben und machen, ein *fortwährender Aufklärungsprozeß*, der alles betrifft, *das fürchten sie wie wir selbst*" (K 345, Herv. W.H.).

In den einzelgängerischen Studienschreibern und ihren Verweigerungsgesten ist das Mitteilungsproblem des Künstlers, das schon der Landstreicher aus *Frost* gegenüber den "Theaterzuschauern" hatte, zum Hauptproblem geworden; sie repräsentieren die Situation des Künstlers in einer verständnislosen Umwelt, wie sie auch Franz Kafka in einigen Erzählungen, in dieser Selbstthematisierung Bernhard vergleichbar[27], dargestellt hat. In der Situation aller Studienschreiber, nicht allein Konrads, wie es B. Sorg andeutet, zeigen sich Züge der "fortschreitende[n] und sich radikalisierende[n] Entfremdung von Künstler und Publikum, Kunst und Gesellschaft".[28] Sozial im Habitus des Dandys in ihrer Gesellschaftsverachtung, verkörpern die Studienschreiber, wie zu zeigen sein wird, die traditionelle Kunstkonzeption, die sich von einer autonom verstandenen Kunst metaphysische Erkenntnis erhofft. Sie verachten zwar die Gesellschaft und ziehen sich in die Isolation zurück, sind aber zugleich auf sie als Publikum angewiesen, insofern sie sich in ihrer Kunst mitteilen wollen. Der Artist aus *Am Ortler* ist sich in der Betonung der "Vortragskunst" der Angewiesenheit alles Denkens auf Sprache und Mitteilung bewußt, denn "unausgesprochene Gedanken sind nichts" (AO 95); Konrad glaubt, sich nur durch das "totale Geistesprodukt" (Kw 62) authentisch mitteilen zu können, wenn die Lüge "das einzige Kontaktmittel zu beinahe allen Menschen" ist (Kw 56). Er weiß, daß die Fixierung (und damit Entäußerung) erst das Kunstwerk ausmacht, das vorher "noch immer im Range der Wissenschaft" ist (Kw 65). Seine Studie versteht er als Aufklärung und reiht sie ein unter die "Schriften, die notwendig wären auf dem Wege der Aufhellung der Finsternisse in der Welt"(Kw 61). Auch Roithamers radikale Negation der Tradition durch den Kegelbau ist die Kehrseite eines vergeblichen Verständigungsversuchs:

---

[27] Vgl. dazu S. Neumeister, Der Dichter als Dandy. Kafka, Baudelaire, Thomas Bernhard (1973).

[28] Sorg, Thomas Bernhard, S. 151f.

> Er, Roithamer, habe sich von Altensam niemals entfernen müssen, er habe sich nur zeitlebens bemüht, sich Altensam zu nähern, sich dort verständlich zu machen, wo Verständlichmachung immer unmöglich und eine wahnsinnige Idee gewesen war und immer unmöglich sein wird,

beginnt Roithamers Nachlaß (K 193). Im Kegelkunstwerk versucht er, authentische Mitteilung für wenigstens einen Adressaten, die von ihm geliebte Schwester, zu verwirklichen. Die Vollendung des Kegels bedeutet für ihn, "die Schwierigkeit, mich nicht nur mir selbst gegenüber verständlich zu machen im Hinblick auf mein Vorhaben [...], auch allen andern an der Verwirklichung und Vollendung des Kegels Beteiligten klar verständlich zu machen" (K 268). Das Kegelkunstwerk hat dabei einen *utopischen* Kern; Roithamer baut es aufgrund des Studiums seiner Schwester als ihr Wesensabbild, in dem sie sich einmal wiedererkennen und harmonisch leben können soll. "Das Innere des Kegels wie das Wesensinnere meiner Schwester, das Äußere des Kegels wie ihr äußeres Wesen und zusammen ihr ganzes Wesen als *Charakter des Kegels*" (K 215). "Das konsequente Studium des einen Objekts (meiner Schwester), die konsequente Bauweise des andern Objekts (des Kegels)" (K 216). Die Schwester soll die Intention des Kunstwerks aber auch intellektuell verstehen, nicht nur sich darin einfühlen. "Und die Ursache ist nicht dieser Mensch", betont Roithamer, "für den ich baue, die Ursache ist der Charakter und in dessen Charakter in einer, vielleicht der *geistes*empfindlichen, nicht *gefühls*empfindlichen Stelle" (K 216). Anregung und Vorbild der Kegelidee gehen vom Haus des Tierpräparators Höller aus, der darin mit seiner Familie im Einklang lebt ("das Innere des Höller ist das Innere seines Hauses", K 285) und keine Schwierigkeiten hat, sich verständlich zu machen, wie Roithamer gegenüber seiner Familie.

Koller schließlich, die Einsicht des Artisten teilend, daß "jedes nicht zur Schrift gewordene Denken [...] letztenendes vollkommen wertlos" ist (Be 116), denkt egoistischer und hat "den Ehrgeiz, Geschichte zu machen" (Be 117). Wie Roithamer hält er aber zunächst nur einen Menschen für seinen Billigesser-Vortrag im Gasthaus "Auge Gottes", der dann doch über die Einleitung nicht hinauskommt, für empfänglich – den Erzähler (Be 92), der als Bankbeamter und, laut Koller, "Gefühls- und Tatmensch" (Be 53), so wie für Konrad seine Ehefrau und Halbschwester, die geistlose Gesellschaft repräsentiert, die, als verhaßte, zugleich Bedingung der Möglichkeit für die Kunst (Studie) ist.[29] Über seine Frau, die konträr zu Konrad "naturgemäß aus der Tatsache heraus [existiere], daß die Studie nichts, die Gesellschaft alles sei" (Kw 137), sagt er zugleich: "Und hätte er seine sich ihm vollkommen aufopfernde Frau nicht, er hätte die Studie nicht im Kopf. Sie ermögliche ihm an jedem Tag und in jedem Augenblick immer wieder die Studie" (Kw 92). Kollers ehemaliger Schulfreund, der Erzähler der *Billigesser*, der "in diese Welt und in diese Gesellschaft hineingezogen" ist (Be 83), denen sich Koller konträr entzogen hat, ist ebenso Ermöglichungsgrund für dessen Schrift: "Allein dadurch, daß er mir die Billigesser auseinandersetze und vortrage, mache er es sich möglich, die Schrift über die Billigesser zu schreiben" (Be 115).

Nachdem hiermit der Gesellschaftsbezug der Kunst-Projekte erörtert ist, gilt es, diese auf ihr Thema und ihren Inhalt zu befragen.

b) Kunst als metaphysische Erkenntnis

H. Lindenmayr hat in seiner Studie über *Das Kalkwerk* auf die Affinität der Konrad-Figur zu Schopenhauers Geniebegriff hingewiesen[30], ohne jedoch weiterführende Konsequenzen zu ziehen. Diese Affinität ist in *Korrektur* und *Die Billigesser* noch viel deutlicher ausgeprägt und soll dazu dienen, das darin imaginierte Kunstkonzept zu erhellen.

> Alle große theoretische Leistungen, worin es auch sei, werden dadurch zu Stande gebracht, daß ihr Urheber alle Kraft seines Geistes auf Einen Punkt richtet, in welchen er sie zusammenschießen läßt und koncentrirt, so stark, fest und ausschließlich, daß die ganze übrige Welt ihm jetzt verschwindet und sein Gegenstand ihm alle Realität ausfüllt.[31]

Diese Beschreibung trifft auf die Denker von *Kalkwerk*, *Korrektur* und *Die Billigesser* zu, wie auch die soziale Polarisierung Schopenhauers von Genie und "bloß praktische[m] Mensch"[32], deren Intellekt dem

---

[29] J. König sieht treffend im Verhältnis der Eheleute das "Verhältnis Schöpfer-Rezipient und das Nicht-Gewährleistet-Sein der Rezeption durch den wahren Leser" (Schöpfung und Vernichtung. Über die Kopf-Metapher in Thomas Bernhards Roman "Das Kalkwerk", 1977, S. 238).

[30] Lindenmayr, Totalität und Beschränkung, S. 109 ff.

[31] A. Schopenhauer, Die Welt als Wille und Vorstellung II/2; Zürcher Ausgabe (1977), S. 461.

[32] Ebd., S. 460.

"Willen" unterworfen ist, von den bisherigen Zitaten bestätigt wird. Was das Genie eigentlich ausmacht, ist jedoch die Unabhängigkeit des Intellekts vom Willen, worauf Lindenmayr nicht eingeht, die "völlige[] Ablösung des Intellekts von seiner Wurzel, dem Willen [...], so daß der Intellekt hier völlig frei wird".[33] Dieser Ablösung entspricht das radikale Sichverweigern der Protagonisten gegenüber Natur und Gesellschaft, ihr Emanzipationsstreben gegenüber allen vorgegebenen Abhängigkeiten. Das Genie ist

> insofern naturwidrig, als es darin besteht, daß der Intellekt, dessen eigentliche Bestimmung der Dienst des Willens ist, sich von diesem Dienst emancipirt, um auf eigene Hand thätig zu seyn. Demnach ist das Genie ein seiner Bestimmung untreu gewordener Intellekt.[34]

Für Schopenhauer ist diese Absonderung zugleich für die Verwandtschaft von Genie und Wahnsinn verantwortlich.[35] Sie macht auch Konrads Genialität[36] aus und läßt sie, da die Intention auf das rein Objektive gerade den Willen zur Fixierung und Mitteilung des Erkannten ausschließt, zugleich scheitern: "aber das Wichtigste habe ihm [Konrad] gefehlt: Furchtlosigkeit vor Realisierung, vor Verwirklichung" (Kw 211).

Nun erschöpfen sich alle projektierten Studien und Roithamers Kegel keineswegs in ihrem Negations- und Oppositionscharakter. Sie sind auf ihren Gegenstand, die Natur, und dies natürlich zu allererst, als *Erkenntnisobjekt* bezogen. Von daher ist ihren inhaltlichen Kennzeichnungen nachzugehen, die zwar bewußt spärlich, dafür aber um so genauer sind. Die nie einzelwissenschaftlich angelegte Studie, worauf schon hingewiesen wurde, hat den Charakter einer *metaphysischen* Annäherung und zielt, wenn auch zunächst nur ihrem Anspruch nach, über das empirisch Erfahrbare, Partikulare hinaus. Konrad sagt von sich: "er, Konrad, getraue sich ohne weiteres, seine ganze Entwicklung als eine duch und durch *organische* zu bezeichnen, die immer wieder

---

[33]Ebd., S. 453.

[34]Ebd., S. 457.

[35]Ebd., S. 459.

[36]Seine Frau sagt über ihn: "[...] aber andererseits könne er ja gleichzeitig Narr und Genie sein [...], denn ihr Mann habe, so meine sie, alle Kennzeichen des Genies wie auch alle Kennzeichen eines Narren an sich" (Kw 167).

nur *mit dem Metaphysischen in Spekulation*, aber niemals aus der Metaphysik selbst existiere" (Kw 175). – Was involviert nun die Wahl des *Gehörs* als Thema der Studie? Lindenmayr weist darauf hin, daß das Gehör Studienobjekt wird, insofern es ein Organ ist ,"das fundamentale Funktionen für die kognitive Erkenntnis und die menschliche Kommunikation trägt".[37]

Die theoretische Beschäftigung mit dem Hören wäre also eine ironische Entgegensetzung zu Konrads Unfähigkeit zu echter Kommunikation mit seiner Frau. Erhellender ist aber Lindenmayrs Hinweis auf H.G. Gadamers Bemerkung über das Gehör, für Konrad "das philosophischste aller Sinnesorgane" (Kw 66):

> Während alle anderen Sinne an der Universalität der sprachlichen Welterfahrung keinen unmittelbaren Anteil haben, sondern nur ihre spezifischen Felder erschließen, ist das Hören ein Weg zum Ganzen [...].[38]

Wenn Konrad einmal sein Interesse am Gehör gegenüber dem Gehirn damit begründet, "daß das Gehör wichtiger sei als das Gehirn, wenn man vom Gehör ausgehe, man dürfe in dieser Überlegung nur nicht vom Gehirn ausgehen" (Kw 64), so scheint damit Rezeptivität einer Verstandesaktivität vorgezogen zu sein. Das Hören ist als ein "Weg zum Ganzen" (Gadamer) nun ein für das Transzendente prädestinierte Organ, worauf G. vom Hofe und P. Pfaff in ihrer Interpretation aufmerksam gemacht haben.[39] Auch Roithamers *Kegel* ist in seinen baulichen Eigenheiten und Zweckbestimmungen auf Transzendenz bezogen, was am Modell der Schopenhauerschen Kunstmetaphysik belegt werden soll. Im Kegel ist materiell realisiert, was Schopenhauer der *Kunst* als dem Zugang zum ideellen Wesen der Welt, das sich dem auf die

[37] Lindenmayr, Totalität und Beschränkung, S. 79.

[38] H.G. Gadamer, Wahrheit und Methode (1979), S. 438.

[39] "Das 'Gehör' nämlich muß als Organ der Vermittlung des Absoluten begriffen werden. 'Gehör' und 'Gehirn' [...] sollen mit der Studie 'gerettet' werden als die Verbindungskanäle und (theologisch gesagt), 'Offenbarungsmedien' für das Göttliche" (v. Hofe/Pfaff, Die ästhetische Provokation des 'Eschaton' in der Prosa Thomas Bernhards, 1980, S. 46). – In Georg Simmels soziologischer Perspektive ist dagegen das Gehör eher unkommunikativ und unterscheidet sich "vom Auge durch den Mangel jener Reziprozität, die der Blick zwischen Auge und Auge herstellt. Das Auge kann seinem Wesen nach nicht nehmen, ohne zugleich zu geben, während das Ohr das schlechthin egoistische Organ ist, das nur nimmt, aber nicht gibt" (G. Simmel, Soziologie, 1908, S. 653).

Erkenntnis der Erfahrungswelt beschränkten wissenschaftlich-vernünftigen Denken entzieht, vorbehält. Voraussetzung für die Anschauung der Idee außerhalb von Raum und Zeit ist für Schopenhauer die Aufhebung des principium individuationis, die nur dem Genius bei der willensfreien Kontemplation vorbehalten ist. In der Anschauung der Idee gehen Subjekt und Objekt ineinander auf:

> [...] und wie das Objekt auch hier nichts als die Vorstellung des Subjekts ist, so ist auch das Subjekt, indem es im angeschauten Gegenstand ganz aufgeht, dieser Gegenstand selbst geworden, indem das ganze Bewußtseyn nichts mehr ist, als dessen deutlichstes Bild.[40]

Materielles Äquivalent dafür ist im Kegel der Meditationsraum, von dem ausdrücklich gesagt wird: "nicht ein einziger Gegenstand hat im Meditationsraum zu sein, auch kein Licht hat im Meditationsraum zu sein" (K 221). Hier werden nicht individuierte Gegenstände anschaulich erkannt, sondern – im Dunkeln, das kein Gegenüber, kein obiectum zuläßt – die *Idee* selbst als unmittelbare Objektivation des Willens. Damit wird Roithamers schon konstatierte Wertschätzung der Musik für die Naturerkenntnis verständlich, ist sie doch für Schopenhauer als höchste der Künste unmittelbarer Ausdruck des Weltwillens. Die übrigen Räume im Kegel sind "immer ohne Bezeichnung" (K 221), "es muß möglich sein, in einem Gebäude zu leben, in dem die einzelnen Räume ohne Bezeichnung sind, aber es ist naturgemäß [!], daß der Raum, welcher als Meditationsraum konstruiert ist, als Meditationsraum bezeichnet wird", bestimmt Roithamer über die Anlage des Kegels (K 222). In dieser Aufhebung von begrifflicher Separierung verschiedener Lebensfunktionen drückt sich die Loslösung vom Willen und dem in dessen Dienst stehenden begrifflichen Denken aus. Der über dem Meditationsraum unter der Kegelspitze befindliche Raum, "von welchem man in alle Richtungen hinausblicken kann, aber in jeder Richtung nichts als Wald erblicken kann" (K 221), eröffnet dann gleichsam die Übersicht über die ganze Natur. Der Industrielle aus *Verstörung*, Vorläufer Roithamers, nennt die ihn umgebenden Wälder "die unabsehbare, immergrüne metaphysische Mathematik" (V 45); der Wald steht auch hier zeichenhaft für die zeitlos-ewige Natur. Die ästhetisch-metaphysische Kontemplation ist nicht ohne Gefühlswert:

---

[40]Schopenhauer, Die Welt als Wille und Vorstellung I/1, S. 233.

Schopenhauer nennt den Zustand dieser weltentrückten Betrachtung des Künstlers "Säligkeit"[41]; auch Roithamer betont das eudämonistische Moment:

> Wenn sie [die Schwester, W.H] erst den Kegel sieht, *muß sie glücklich sein*, so Roithamer, muß sie glücklich sein unterstrichen. [...] Die Idee ist gewesen, zu beweisen, daß eine solche Konstruktion, die vollkommenes Glück verursachen muß, möglich ist, so Roithamer. (K 223)

Die Kunst ist der einzige Weg, dem Einfluß des Willens zu entkommen und sich wenigstens zeitweise vom Leiden zu befreien. Dieser Erlösungsweg ist buchstäblich ein Aufstieg von den untersten, der Vorbereitung (K 221) dienenden Räume des Kegels bis zur Kegelspitze. Die Befreiung fällt jedoch für den intendierten Adressaten des Kegelkunstwerks, die Schwester Roithamers, mit dem Tod zusammen: "wie meine Schwester tödlich erschrocken gewesen ist, ist der Kegel vollendet gewesen, so Roithamer" (K 346), was darauf hindeutet, daß der Tod der Kegelkonstruktion geradezu immanent gewesen ist: "Denn allerhöchstes Glück ist nur im Tod, so Roithamer" (K 346). Die Verneinung des Willens als Einswerden des reinen Erkenntnissubjekts mit dessen reinster Objektivation, der Idee, wird hier zur Deckung gebracht mit dem Einswerden der Individualität mit dem Willen, als das Schopenhauer den Tod bestimmt.[42] Selbsterkenntnis der Welt als Vorstellung (Idee) und Selbsterkenntnis der Welt als Wille (Individuation) fallen zusammen. Die ambivalente Kegel-Chiffre vereint beides als Meditationsort und – qua Pyramidenkonstruktion ! – Grabstätte. – J. König interpretiert den Kegel als Chiffre einer *Sozial*utopie und argumentiert dabei subtil mit kryptischen Indizien wie Zahlensymbolik und architekturgeschichtlichen Verweisen.[43] Der private und exklusive Anspruch des Kegelbaus, der ja *gegen* die Gesellschaft und nur für die Schwester intendiert ist, widerstreitet dem jedoch. Utopisch ist der Kegel nur als *Kunstwerk*, wie König auch richtig sieht: als "Ausdruck einer Utopie der vollkommenen Kommunikation".[44] Er legt die sym-

---

[41] Ebd., S. 255, 271, 483.

[42] "Sein [des Menschen] ganzes Ich lebt also von jetzt an nur in Dem, was es bisher als Nicht-Ich angesehn hatte: denn der Unterschied zwischen Aeußerem und Innerem hört auf" (Die Welt als Wille und Vorstellung II/2, S. 595).

[43] König, Studien, S. 122ff.

[44] Ebd., S. 137.

bolische Bedeutung jedoch auf die Gleichsetzung mit dem Buch und der Lektüre fest, worauf, als *poetologischer* Aspekt des Kegels, weiter unten (Kap. II, 1.c)) eingegangen wird.

Welche Bewandtnis hat es nun mit Kollers *Physiognomik*? In dieser Schrift soll, wie anfangs schon erwähnt, "nicht nur ihr ureigenes Thema, sondern in gleicher Weise die ganze Natur und die Wissenschaft von der Natur abgehandelt sein" (Be 116). Sind gemeinhin "die statischen Ausprägungen des menschlichen Wesens in der Körpergestalt, v.a. den Gesichtszügen"[45] Gegenstand der Physiognomik, so impliziert sie in Kollers Arbeit doch mehr. Novalis, von dem das Motto der *Billigesser* stammt ("Zur Welt suchen wir den Entwurf – dieser Entwurf sind wir selbst"[46]), schreibt in den "Fragmenten und Studien 1799-1800" über Physiognomik:

> Religiosität der Physiognomik. Heilige unerschöpfliche Hieroglyphe jeder Menschengestalt. Schwierigkeit Menschen wahrhaft zu *sehn.* Relativität und Falschheit der Begriffe von schönen und häßlichen Menschen. Recht häßliche Menschen können unendlich schön sein. Öftere Beobachtung der Mienen. *Einzelne Offenbarungsmomente* dieser Hieroglyphe.[47]

Aber schon für Lavater, den wichtigen Anreger der Physiognomik im 18. Jahrhundert, hatte die Physiognomik einen religiös-theologischen Aspekt:

> Die Physiognomik ist die Quelle der feinsten und erhabensten Empfindungen, ein neues Auge, die tausendfältigen Ausdrücke der göttlichen Wesenheit und Güte zu bemerken, um den anbetungswürdigen Urheber der menschlichen Natur, der so unaussprechlich viel Wahrheit und Harmonie in dieselbige gelegt hat, in neuen Liebenswürdigkeiten zu erblicken.[48]

[45] dtv-Brockhaus-Lexikon (1982), Bd. 14, S. 128.

[46] Novalis, Fragmente und Studien 1797-98; Werke, hrsg. v. G. Schulz (1981), S. 383.

[47] Fragmente und Studien 1799-1800; Werke, S. 531.

[48] J.C. Lavaters ausgewählte Werke, hrsg. v. E. Staehelin (1943), 2. Bd., S. 151f.

Koller betreibt die Physiognomik[49] nicht als Erfahrungswissenschaft (von den Billigessern abgesehen meidet Koller, bezeichnenderweise der Physiognomie zuliebe, allen Menschenumgang, vgl. Be 115), sondern sieht darin, im Sinne des Motto-Satzes von Novalis, einen metaphysischen Schlüssel zur Natur überhaupt.[50] Die vier Billigesser sind, wie Konrads Ehefrau, "letztenendes doch nur Denk*material* und also Philosophie*material* und keine Partner" (Be 93), aber dabei geradezu – das macht die Stellung als "Zentrum" (Be 13) und "Hauptkapitel seiner Physiognomik" (Be 147) deutlich, "Urbeispiele für seine Behauptungen und für sein ganzes jetzt zu beweisendes physiognomisches Denken" (Be 147).

Die mit den drei Kunstwerken intendierte Totalerkenntnis kommt nicht zustande – warum, ist in einem nächsten Schritt zu klären.

c) Das Scheitern

Lindenmayr schreibt im Anschluß auf seinen Hinweis auf Schopenhauers Geniekonzeption resümierend:

> Negiert wird im "Kalkwerk" der wissenschaftliche Zugang zu einem Sinnganzen. [...] Negiert wird die religiöse Antwort durch die Verkehrung von Schöpfung, heilgeschichtlicher [sic] Erlösung und Vernichtung. Und negiert werden endlich genialische Konzeptionen, die mit Bestimmungen wie Intuition, Augenblick, Sprung u.ä. die Loslösung von aller Bedingtheit und d.h. letzte Einsichten postulieren. Widersprochen wird zumindest der Möglichkeit von Fixierung und Kommunikation genialischer Erleuchtung.[51]

Das Scheitern läßt sich jedoch von Schopenhauers Kunstphilosophie, die nur *eine* Bezugsebene in den fiktiven 'Kunstwerken' darstellt und deren metaphysisches Selbstverständnis belegen sollte, nicht mehr adäquat begreifen; als Problem der schriftlichen Vermittlung des einmal intuitiv Erkannten klingt die Problematik der Studienschreiber bei Schopenhauer nur beiläufig in der Unterscheidung des Genialen und des Technischen an:

---

[49]Bernhard gebraucht mitunter den Ausdruck, abweichend vom allgemeinen Sprachgebrauch, als austauschbar mit 'Physiognomie'.

[50]Vgl. das Wort 'Physiognomik': 'Deutung nach der Natur'.

[51]Lindenmayr, Totalität und Beschränkung, S. 116f.

> Der Künstler läßt uns durch seine Augen in die Welt blikken. Daß er diese Augen hat, daß er das Wesentliche, außer allen Relationen liegende der Dinge erkennt, ist eben die Gabe des Genius, das Angeborene; daß er aber im Stande ist, auch uns diese Gabe zu leihen, uns seine Augen aufzusetzen: dies ist das Erworbene, das Technische der Kunst.[52]

In Konrads geplanter Studie ist das Scheitern insofern schon angelegt, als genau die Faktoren die Niederschrift zu verhindern scheinen, gegen welche Konrad die Studie richtet: Natur und Gesellschaft. Der brutale Mord an seiner Frau ist dabei nur äußere Manifestation des Scheiterns:

> Die Gesellschaft ist [...] für Konrad Bedingung und Verhinderung der Studie in einem. Weder gelingt es ihm, das Hindernis Gesellschaft völlig zu beseitigen, noch die Bedingung zu vervollkommnen, das gleichzeitige sich Öffnen und sich Isolieren schlägt in beiden Teilen fehl, es bleibt als Paradox bestehen, das Material liefert, um Konrad über die Ursachen des Scheiterns seiner Studie räsonieren zu lassen.[53]

Die Pointierung ist nun die, daß nicht etwa Natur und Gesellschaft faktisch-objektiv die Niederschrift verhindern, sondern daß Konrad nicht wissen kann, was die Studie fördert und was sie stört. Sein Problem ist das des *richtigen Augenblicks*, die Unsicherheit, "das Ungeheuerliche aus dem Kopf heraus auf Papier zu bringen" (Kw 67), das Unendliche in endliche Form zu bringen. "Eine Frage des Augenblicks, wie ja alles eine Frage des Augenblicks sei. Monatelang, jahrelang, im Grunde jahrzehntelang warte er auf diesen Augenblick, *weil er aber auf diesen Augenblick warte, komme dieser Augenblick nicht*" (Kw 118, Herv. W.H.).[54] Diese Dialektik ist tragisch. Es ist die Paradoxie von Kafkas Türhüterparabel.[55] Zu sagen, es habe einfach an

[52] Schopenhauer, Die Welt als Wille und Vorstellung I/1, S. 251.

[53] Lindenmayr, Totalität und Beschränkung, S. 50f.

[54] Vgl. ähnlich: "je mehr er aber von diesem Gedanken die Studie aufzuschreiben besessen sei, desto unmöglicher werde es ihm, die Studie aufzuschreiben" (Kw 67); "gerade weil ich immer sehe, du kannst jeden Augenblick mit der Niederschrift anfangen, [...], kann ich die Studie nicht niederschreiben" (Kw 206).

[55] Hier könnte unter Einbeziehung der von v. Hofe/Pfaff (Die ästhetische Provokation des 'Eschaton', 1980) aufgezeigten religiösen Aspekte bei Bernhard ein Vergleich Kafka-Bernhard ansetzen. Eine Konfrontation beider Autoren en bloc, wie sie W.

"Furchtlosigkeit vor Realisierung" gefehlt, wie es Konrad am Schluß tut (Kw 211), hieße, persönliche Insuffizienz für das Scheitern verantwortlich zu machen und das verstandesmäßig nicht auflösbare Paradox zu entschärfen. Auch Konrad versucht, mit "Ersatzursachenforschung", wie er selber es nennt (Kw 136), Gründe für sein Scheitern zu finden, indem er sich selbst, seiner Frau oder sogar dem Kalkwerk die Schuld gibt. Daß die Studie letztlich durch natürlich-gesellschaftliche Faktoren vereitelt wird (zunehmende physische Schwächung Konrads, finanzielle Schwierigkeiten) ist äußere Manifestation einer strukturell-philosophischen Aporie. Was Konrad gegenüber dem Mann vom Lande in Kafkas Parabel, der ja auch einen Verständigungsversuch unternimmt, spezifisch auszeichnet, ist die erkenntnistheoretische Dimension des verfehlten Augenblicks. Für Konrad ist mit der Schrift "ein Endpunkt zu setzen, ein Endpunkt, der natürlich in dem Augenblick, in welchem er gesetzt ist, kein Endpunkt mehr sein kann und so fort" (Kw 61). Wie können das als absolut Erkannte und seine endliche Fixierung (als Kunstwerk) miteinander vermittelt werden? Dieses Problem führt direkt in die Korrektur-Problematik, die im *Kalkwerk* erst beiläufig anklingt (Kw 57). Lindenmayr spricht treffend von der "Dialektik, die in allem menschlichen Erkennen waltet, dem gleichzeitigen Nebeneinander der Tendenzen zur Fixierung, zur Absicherung des Gedachten und zur Auflösung des Gedachten im Überschreiten desselben".[56]

Was bei Konrad nur gedanklich abläuft und das wirkliche Beginnen blockiert, wird in Roithamers Manuskript über Altensam zum dynamischen Arbeitsprozeß, zu einem Korrektur- und Negationsprozeß, der schließlich seinen Urheber mit einbegreift.[57] Roithamers Stu-

---

Weiss (Franz Kafka - Thomas Bernhard. Ein Teil-Vergleich, 1983) so forciert wie oberflächlich versucht hat, scheint wenig fruchtbar zu sein. Vgl. dazu auch den Vergleich von Kafka und Bernhard unter den Aspekten von Erkenntnismetaphysik und parabolischer Form, en detail durchgeführt anhand der Erzählungen "Ein Landarzt" und "Viktor Halbnarr", den I. Petrasch angestellt hat: Die Konstitution von Wirklichkeit in der Prosa Thomas Bernhards. Sinnbildlichkeit und groteske Überzeichnung, 1987, S. 182-212.

[56]Lindenmayr, Totalität und Beschränkung, S. 51.

[57]Dieses Motiv taucht nahezu zwanzig Jahre zuvor bereits im Frühwerk *In der Höhe. Rettungsversuch, Unsinn* auf, das, 1959 entstanden, erst 1989 erschienen ist. Eines der kurzen Notiz-Fragmente, aus denen der ganze Text besteht, lautet: "[...] Sie streichen sich selbst weg, wenn Sie aus dem Manuskript noch etwas wegstreichen, Sie streichen sich aus, heraus, vollkommen weg, im Laufe der Jahre haben Sie sich

die über seinen Heimatort, in der er sich Klarheit über seine Existenz verschaffen will (K 268), ist als Reaktion auf das Scheitern des Kegelkunstwerks als Mitteilungsversuch zu verstehen. Den Kegelbau und seine Konsequenzen kann man lesen als Allegorie des modernen Künstlers.[58] Im Unterschied zu Konrad gelingt es in *Korrektur* dem Künstler zunächst, seine Idee zu realisieren. Er will sich damit seiner Umwelt (Schwester) verständlich machen und mitteilen:

> Die Idee und die Verwirklichung der Idee, die Vollendung der Verwirklichung der Idee des Kegels als Inangriffnahme und Verwirklichung und Vollendung meines mich in den letzten Jahren vollkommen beherrschenden Zieles, die Schwierigkeit, mich nicht nur mir selbst gegenüber verständlich zu machen im Hinblick auf mein Vorhaben, das immer nur als ein verrücktes und vollkommen aussichtsloses bezeichnet worden ist, auch allen andern an der Verwirklichung und Vollendung des Kegels Beteiligten klar verständlich zu machen. (K 268)

Das Kunstwerk, hält es an seinem Erkenntnisanspruch und Glücksversprechen fest, darf keine falschen Kompromisse mit dem Publikum eingehen; Roithamer verheimlicht seiner Schwester den Bau, bevor er vollendet ist[59], ja, baut ihn *gegen* ihren Willen (K 216) und "gegen den sogenannten Guten Geschmack" (K 207) als Vorerwartung des Publikums, wie Kunst auszusehen habe. Das Dilemma von Verständnisanspruch und ästhetischer Innovation, die geltende Normen negiert, ist in der modernen Kunst verschärft – der Künstler (Roithamer) kann nur im Widerstand gegen sein Publikum das Werk schaffen, um wahre Mitteilung zu verwirklichen. Paradox gesagt: der Kegel ist *gegen* die Schwester *für* sie gebaut als ihr Abbild, in dem sie sich erkennen und

ganz konsequent aus Ihrem Manuskript herausgestrichen, totgestrichen haben Sie sich, einfach totgestrichen" (S. 43).

[58]Roithamer sagt einmal: "*Nichts* aus den Schriften von Neutra [Wiener, vom Jugendstil beeinflußter Architekt, W.H.], alles von Mies van der Rohe" (K 211). Der Kegel spielt überdies als ganzer auf den Wohnhausbau *Wittgensteins* für seine Schwester Margarete in Wien an (vgl. dazu: A. Barthofer, Wittgenstein mit Maske. Dichtung und Wahrheit in Thomas Bernhards Roman "Korrektur", 1979, S. 189ff.).

[59]"Was wir heimlich machen, gelingt, so Roithamer. Was wir veröffentlichen, ist im Augenblick der Veröffentlichung vernichtet. Wenn wir sagen, was wir tun, ist es vernichtet" (K 344).

zu harmonischer Identität finden soll, welche sich in der bestehenden Gesellschaft, für die Altensam steht, nicht entfalten kann. So kann Roithamer sagen: "Die Vollendung des Kegels ist dann gleichzeitig auch die Vernichtung von Altensam, ist der Kegel vollendet, ist Altensam vernichtet" (K 225). Um aber von der Schwester verstanden zu werden, müßte diese die Voraussetzungen des Künstlers schon teilen; so ist sie vom Kegel überfordert. Die im autonomen Kunstwerk Gestalt gewordene Sinn- und Glücksintention seines Schöpfers *verhindert* dadurch gerade das Verstandenwerden und bewirkt das Gegenteil, indem es den Rezipienten negiert. Statt des stillschweigenden Einverständnisses, das im Höllerhaus, Anregung und Vorbild für Roithamers Konstruktion, zwischen dem Baumeister Höller und seiner Familie als Adressat des Baus herrscht, ist Mißverständnis die von Roithamers Kunstwerk erzielte Wirkung. Insofern ist es nicht einfach zynisch, sondern formuliert zugespitzt die immanente Logik absoluter Kunst, wenn Roithamer schließlich schreibt:

> Aber das Bauwerk als Kunstwerk ist erst vollendet, indem der Tod eingetreten ist dessen, für den es gebaut und vollendet worden ist. Wir denken, wir bauen ein Bauwerk, ein Kunstwerk, aber es ist ein anderes, das wir gebaut haben. (K 345)

Verständigungshoffnung und Wahrheitsanspruch, das ist die Tragik Roithamers, sind im autonomen, geschlossenen[60] Kunstwerk nicht zur Deckung zu bringen. Mit der Negation des intendierten Adressaten ist auch der Künstler negiert, der nur anfangs Herr über seine Idee ist und den die Autonomie des Kunstwerks überrollt:

> Ein solcher Bau verändert den Menschen, der ihn baut, in der Weise, wie der Mensch, der ihn baut, ihn vorantreibt, vollendet. Ich bin frei gewesen für alles, bevor ich die Idee (den Kegel zu bauen) gehabt habe, jetzt bin ich nur Opfer dessen, der den Kegel baut. Wenn der Kopf *gewußt* hätte, so Roithamer. (K 332f.)

[60] Dies ist im Kegel buchstäblich in den "Ausblicken", die keine zu öffnenden Fenster sind (K 222), sowie in den Türen angedeutet: "Die Türen des Kegels gehen alle nach innen auf, so Roithamer, innen unterstrichen" (K 345).

Ist das Kunstwerk einmal vollendet und veröffentlicht, kann sein Autor keine 'Fehldeutung', wie die der Schwester, mehr korrigieren. Dennoch ist für Roithamer die zuendegedachte Autonomie des gelungenen Kunstwerks "höchste Befriedigung", auch, "wenn uns die Vollendung dieses Bauwerks ganz offensichtlich alles gekostet und uns tatsächlich vernichtet hat" (K 271). Schon in *Am Ortler* hieß es prägnant: "Das Kunststück lebt, der es macht, ist tot" (AO 105). In seinem zweiten Versuch der Selbst-Verständigung schreibt Roithamer nun seine Studie über Altensam, die als ganze schon eine "Korrektur", nämlich des im Kegel gescheiterten Verständigungsversuchs darstellt. Als eine diskursiv-begriffliche Annäherung an seine Herkunftsnatur ist sie, im Unterschied zum statischen Bauwerk, korrekturfähig. Aus einer prinzipiellen Skepsis heraus beginnt Roithamer mit der mehrfachen Korrektur, er hat erkannt, daß "immer alles anders ist, als beschrieben, das Tatsächliche anders als das Beschriebene, Altensam und alles, das mit Altensam zusammenhängt, anders" (K 355)[61]. Vom Standpunkt unbedingter Wahrheit aus betrachtet, ist der Selbstmord Roithamers nur folgerichtig. Wie der Tod der Schwester sich in dialektischer Sicht nicht als Mißlingen, sondern als Erfüllung der Kegelintention herausstellt – im Punkt des höchsten Glücks ist der Zerfall schon enthalten (K 346)[62] – so ist das andauernde Korrigieren nur für Roithamer "nichts anderes als Verschlechterung, Zerstörung, Vernichtung" (K 356), macht für seinen erzählenden Nachlaßverwalter a posteriori jedoch gerade die eigentliche *Wahrheit* aus: "er hatte solange die Studie korrigiert, bis nicht, wie er geglaubt hat, die Studie vernichtet gewesen, sondern eine neue Studie entstanden war" (K 86). Er erkennt, daß durch die fortschreitende Korrektur bis zur gänzlichen Aufhebung der Schrift "*dadurch erst das Ganze entstanden ist, alles zusammen ist das Ganze*" (K 180) – eine deutliche Bezugnahme auf Hegels These: das Wahre ist das Ganze. Aus der Perspektive Roithamers, der einen undialektischen Wahrheitsbegriff unterstellt, sind Studie und Kegel gescheitert,

[61]Schon in *Am Ortler* heißt es: "Schriften [...] sind ja im Grunde nur dazu da, vernichtet zu werden [...]. Ursache aller Schriften, Zweifel über ihr Thema [...]" (AO 93). Vgl. auch *Watten*, S. 65f.; die Vernichtungsmethode kommt zum erstenmal in der Industriellenfigur in *Verstörung* vor (V 42ff.), die auch das Geschwistermotiv aus *Kalkwerk* und *Korrektur* vorwegnimmt.

[62]Vgl. *Am Ortler*, wo es über die Schrift des Artisten heißt: "ich entwickelte sie und entwickelte sie bis zu dem Grade ihrer Vollkommenheit,welcher gleichzeitig der Grad ihrer Auflösung, ihres Zerfalls gewesen ist" (AO 92f.).

in Hegelscher Sicht gewinnen die Kunstwerke an Wahrheit, indem sie Rezipient (Schwester) und Schöpfer (Roithamer) in sich aufheben.[63] Wenn Jurdzinski in seiner von Schopenhauers Willensmetaphysik ausgehenden Interpretation den Selbstmord Roithamers psychologisch als Resignation und den Tod der Schwester moralisch als Bestrafung für den Frevel an der Natur deutet[64], so übergeht er die dialektische Dimension, die im Scheitern liegt.

Nachdem sich am Beispiel des Kegels gezeigt hat, daß ein autonomes Kunstwerk, indem es zur Ganzheit vollendet wird, sich von der ursprünglichen Intention des Schöpfers abgelöst hat, authentische Mitteilung nicht ermöglicht, sondern verhindert und auch die "Korrektur" dieses Scheitern in der diskursiven Aufarbeitung ihren Autor negiert hat, bleibt nur noch die *Travestie* des genieästhetischen Kunstverständnisses. Bernhard leistet sie in *Die Billigesser*, das sich zum *Kalkwerk* und zu *Korrektur* verhält wie ein Satyrspiel zu einer Tragödie. Die Heilserwartungen einer auf metaphysische Totalerkenntnis abzielenden Geniekunst werden in religiösen Anspielungen in grotesker Form bloßgelegt, Schopenhauer, in *Korrektur* implizites Paradigma dieser Kunstauffassung, karikiert. Emphatisch wird die Begegnung Kollers mit den Billigessern im Wertheimsteinpark vom ihm später als der "Augenblick seiner Erleuchtung" (Be 147) quasireligiös stilisiert. Das Thema der "Billigesser" glaubt er, seinem plötzlichen Gang "zur alten Eiche und nicht zur alten Esche" (Be 12) zu verdanken, die damit zu einem 'Baum der Erkenntnis' für ihn wird. Der Aufbau der Physiognomik, "vier Schriften" (Be 115), läßt an die Evangelien denken, die das Leiden Christi voraussetzen, so wie die Physiognomik-Studie Kollers Hundebiß entspringt. Seine Gebrechen faßt Koller als Stigma auf, die ihn als Prädestinierten ausweisen[65], der

---

[63] Für Jurgensen ist dies geradezu "Bernhards allumfassendes Thema": "die logische Konsequenz des Geistes ist seine Verneinung. Insofern ist Thomas Bernhard durchaus Hegelianer. Erst aus der Verselbständigung des Geistes entsteht seine Negation" (Jurgensen, Der Kegel im Wald, S. 137).

[64] Jurdzinski, Leiden an der "Natur", S. 178.

[65] "Die Tatsache, daß er von frühester Kindheit an augenleidend und dann, in der Reife, plötzlich auch noch ein Krüppel gewesen war, hatte ihn tatsächlich eine von ihm so bezeichnete höhere *Geistesweihe* und *Geisteswürde* verliehen, die von keinem seiner Umgebung mehr zu übersehen gewesen war. [...] Er hatte Menschen, die keine von ihm so genannten lebenslänglichen *heiligen Krankheiten* hatten, immer verachtet [...] " (Be 54f., Herv. W.H.).

fatale Hundebiß erscheint sogar als gewollt und vorherbestimmt (Be 80). Das macht ihn zu einem Anti-Christus, der mit seinem Heilswerk nicht die Welt, sondern allein sich selbst erlösen will.[66] Der versuchte Vortrag seiner Lehre im "Auge Gottes"(!), einem Wiener Gasthaus(!), wäre eine Travestie christlicher Predigt, Kollers Holzbein eine Anspielung auf die Bockbeinigkeit des Teufels. – Die biographischen Züge der Kollergestalt sind noch deutlicher als bei der Roithamerfigur, in der man Wittgenstein erkennen kann.[67] Zum einen betreffen sie Bernhards Biographie, zum andern, was in diesem Zusammenhang interessanter ist, die Schopenhauers. Die zwei für Koller entscheidenden Episoden der Beinamputation und die Entscheidung, anstatt zur Esche plötzlich zur alten Eiche zu gehen und damit auf die Billigesser zu stoßen, haben Parallelen im Krankenhausaufenthalt Bernhards als Anstoß für ihn, zu schreiben und in seinem plötzlichen Entschluß, als er Gymnasiast war, "in die entgegengesetzte Richtung", wie er in *Der Keller* immer wieder betont, nämlich in das Sozialghetto der Scherzhauserfeldsiedlung (in Salzburg) zu gehen.[68] Das Aufgehobensein Kollers in der Tischgemeinschaft der Billigesser[69], denen er sich sofort zugehörig fühlt, hat ihr biographisches Korrelat in Bernhards Option gegen das Gymnasium und für die Kaufmannslehre in der Scherzhauserfeldsiedlung. – An die Ähnlichkeit Kollers mit Schopenhauer erinnert der Erzähler selbst (Be 173); nicht nur das Motiv des Hundes, das auch für Bernhard eng mit Schopenhauer verbunden ist[70], sondern auch die Sicherung der materiellen Lebensgrundlage des Einzelgängers durch die Wellersche Rente (Be 16) – der Frankfurter Philosoph konnte vom Vermögen seines Vaters leben – und die Vierteiligkeit von Schopenhauers Hauptwerk, die es mit der "Physiognomie" teilt.

---

[66] "Er habe schon von dem Augenblick der *Geburt* an den Kampf *gegen* die Masse aufgenommen" (Be 84, Herv. W.H.).

[67] Vgl. A. Barthofer, Wittgenstein mit Maske, S. 189ff.

[68] Th. Bernhard, *Der Keller*, S. 7ff.

[69] "Gerade diese ihre Durchschnittlichkeit und Unbedeutendheit und sogenannte geistige Wertlosigkeit hatten ihn aber angezogen gehabt" (Be 94); vgl. die sozial intakte Höllerfamilie als Zufluchtsort Roithamers, die Familie des Moritz als "Fluchtpunkt" in *Ja* (J 25) und Konrads Gasthausunterhaltungen mit Holzfällern und Arbeitern (Kw 109).

[70] Vgl. Th. Bernhard in "Monologe auf Mallorca" (1981), S. 3: "Aber beim Schopenhauer kann ich auch lachen; je verbissener er ist, desto mehr ist er zum Lachen. [...] wie kann man jemanden ernst nehmen, der mit einem Pudel verheiratet ist?"

Der für einen Bernhardschen Helden ungewöhnliche tödliche Treppensturz Kollers erinnert sowohl an den (selbstmörderischen) Sturz von Schopenhauers Vater aus einer Luke[71] als auch an die Näherin Marquet, die (angeblich) vom Philosophen die Treppe hinuntergeworfen wurde[72] und für die er viele Jahre eine Rente zu zahlen hatte – die Motive sind in den *Billigessern* nur anders arrangiert. Konrads Qual des richtigen Augenblicks hingegen wird lapidar mit einem Satz abgehandelt: "Schon seit Tagen habe er nichts anderes mehr als die Billigesser im Kopf und er warte nur auf den Augenblick, in welchem es ihm möglich sein werde, sich hinzusetzen und die Billigesser zu schreiben" (Be 18). Die Annullierung der "Physiognomie"-Schrift durch den Unfall ist nur dadurch motiviert, daß er dem Hundebiß (und damit dem Kunstbein) die Idee der Physiognomik verdankt und das Kunstbein die Ausführung der Idee zugleich wieder zunichte macht. Man mag im Wellerschen Hund eine Travestie der genieästhetischen Vorstellung sehen, wonach im Genie die *Natur* der Kunst die Regel gibt (Kant). Anders als Konrad und Roithamer ist Koller als groteske Figur von vornherein mit einem Makel behaftet, der seinem Scheitern am Schluß jede Tragik nimmt. Die Studie erscheint als der Versuch eines Zukurzgekommenen, sich über sein Schicksal hinwegzuhelfen. Berücksichtigt man die enge Beziehung zwischen Gehen und Denken, wie sie in *Gehen* entfaltet wird, so ist die physische Behinderung Kollers zugleich auch Ausdruck einer geistigen. Der Versuch, die Natur mit einem Kunstwerk zu erkennen und damit zu überwinden, in *Korrektur* differenziert dargestellt, erscheint hier im Verhältnis zu den vorhergehenden Projekten vergröbert und banalisiert: hatte "die Natur in Gestalt des wellerschen Hundes" (Be 48) Koller die Idee der Physiognomik ermöglicht, läßt sie ihn einfach durch seine un-natürliche Bewegungsart zugrunde gehen. Die vorherige (Selbst-)Auratisierung des "Geistesmenschen" Koller und sein banaler Tod – er wird nicht wahnsinnig wie Karrer und begeht nicht wie Roithamer heroisch Selbstmord – kontrastieren in grotesker Komik. Bereits im (eine Seite umfassenden) Eingangssatz der Erzählung, in dem wie oft bei Bernhard die ganze Erzählung in nuce zusammengefaßt ist, wird die banale Auflösung in *Sprachkomik* nachgeahmt. Die syntaktisch überladene Periode handelt zunächst

[71] Siehe dazu etwa: A. Hübscher, Arthur Schopenhauer. Ein Lebensbild (1938), S. 20.

[72] Ebd., S. 71f.

in einem relativischen Gliedsatz umständlich von den Physiognomik-Schriften und kommt im Hauptsatz auf die Billigesser, wobei das Verb, durch Parenthesen retardiert, den lapidaren Schlußpunkt bildet, auf den sich die ganze komplizierte Periode hinspannt: "[...] mit welchen er viele Jahre an den Wochentagen [...] *billig gegessen habe.*" (Be 11f., Herv. W.H.). Die thematische Gewichtung (wissenschaftliche Studie steht über billig essen) verhält sich umgekehrt zur syntaktischen Staffelung in Haupt- und Nebensatz.

Ein ironischer Kunstgriff läßt das Scheitern in einem humorvollen Licht erscheinen: indem der Erzähler in seinem Bericht versucht, sich "die kollerschen Mitteilungen nocheinmal klar zu machen", sich "seiner Erinnerungen nocheinmal zu erinnern" (Be 40f.) und Bernhard diesen Bericht gerade "Die Billigesser" betitelt, *ist* die Erzählung zugleich das, wovon sie handelt; der Erzähler hat, an Kollers statt, die Studie über die Billigesser geschrieben, indem er erzählt, wie sie Koller mißlungen ist (Be 40). Dies leitet über zur Rolle der Erzählerfiguren in *Kalkwerk*, *Korrektur* und *Billigesser*, die alle über einen gescheiterten Schreibversuch schreiben. Die Verarbeitung dieses Scheiterns in Bernhards eigener Schreibform ist, im Zusammenhang mit den beiden fundamentalen Strukturtypen der Bernhardschen Erzählprosa, im zweiten Hauptteil zu diskutieren.

Zwischenergebnis

Anhand von für Bernhards Künstler-Prosa repräsentativen Texten und ihren Künstler/Denker-Protagonisten ist deutlich geworden, daß der Versuch authentischer Mitteilung in der Kunst (Kunststücke, "Studien", Bauwerk) als fragwürdig dargestellt wird. Als moderne Künstler, die ihrem Publikum entfremdet sind, hängen Konrad, Roithamer und Koller einer idealistischen Kunstkonzeption an, die sich vom autonomen Kunstwerk metaphysische Erkenntnis und Befreiung von gesellschaftlichen und natürlichen Zwängen erhofft, aber in der Verabsolutierung Schöpfer und Adressat aufhebt und sich verselbständigt. Ein Verzicht auf Mitteilung im Kunstwerk in fruchtloser Reflexion auf die Möglichkeit dieser Mitteilung – in diesem Sinne ist Konrads Thema 'Gehör' selbst schon reflexiv – ist für Künstler und Rezipient genauso ausweglos wie das Gegenteil: die Vollendung des Kunstwerks, das damit die ursprüngliche Intention seines Autors gerade aufhebt. Neumeisters Bemerkung über *Am Ortler* gilt für alle weiteren Erzählungen ebenfalls: "Kunstausübung und Tod werden identisch. Zugleich vollendet sich in der artistischen und wissenschaftlichen Anstrengung der beiden Brüder der Weg der Kunst überhaupt".[73] Die Kunstausübung ist zur existenziellen Grenzsituation verschärft; darin schließt Bernhard an die in Kafkas "Hungerkünstler" entfaltete Problematik an, die auch bei Kafka aus dem Verhältnis des modernen Künstlers zu seinem Publikum erwächst.

Im zweiten Teil der inhaltlichen Annäherung soll es nun darum gehen, die späten Prosaarbeiten Bernhards (*Der Untergeher*, 1983; *Holzfällen*, 1984 und *Alte Meister*, 1985), die allesamt Künstler als Figuren haben und die vorsichtig als *Trilogie* anzusprechen sind, auf eine Linie mit den soeben untersuchten Künstlererzählungen zu bringen, indem gezeigt wird, daß Bernhard seine Kunst-Kritik auf anderer Ebene und mit veränderten poetischen Mitteln fortgesetzt hat.[74]

2. Die Künstler-Trilogie

"Die Verachtung des Künstlers und der Kunst, die der Österreicher Thomas Bernhard in seinen Romanen und Erzählungen bekundet, zieht sich wie ein roter Faden durch sein Werk."[75] Diese frühe Feststellung S. Neumeisters gilt auch noch für die jüngsten Erzählungen. In ihnen setzt Bernhard seine Kritik an der Verabsolutierung der Kunst fort, indem er diese Verabsolutierung nicht mehr allegorisch im Durchdenken ihrer inneren Logik darstellt, sondern sie an 'realistischeren'

[73] Neumeister, Der Dichter als Dandy, S. 115.

[74] Eine ähnliche Entwicklung konstatiert I. Petrasch (Konstitution von Wirklichkeit, S. 327f.), wenn sie *Frost*, *Gehen* und *Der Untergeher* repräsentativ für drei Phasen und erkenntnistheoretische Modelle im Prosawerk untersucht, allerdings erst am Schluß ihrer Studie explizit von der Künstlerthematik spricht: "Die ersten beiden Phasen von Bernhards Prosawerk kann man mit dem Stichwort, 'Künstler und Erkenntnis' überschreiben. In den diesbezüglichen Texten dominiert die Erkenntnisproblematik. [...] Die dritte Phase kann mit dem Stichwort 'Die Position des Künstlers in der Gesellschaft' überschrieben werden. Es dominieren Gesellschaftskritik und Sprachkritik als Kritik an unpräzisem und unaufrichtigem Sprachgebrauch im alltäglichen Leben. Während in *Frost* eine mythische Totalität evoziert und in *Gehen* die Unzulänglichkeit der rationalen Mittel angesichts metaphysischer Bedürfnisse vorgeführt werden, ist es nun Bernhards Ziel, mit satirischen Mitteln das sogenannte Welttheater zu entlarven".

[75] Neumeister, Der Dichter als Dandy, S. 82.

Künstlerfiguren und deren künstlerisch-künstlichen Existenz exemplifiziert. Die Erzählungen der 'Trilogie', stofflich von größerer Wirklichkeitsnähe, eröffnen einen Blick in einen realen Schauplatz, Salzburg und Wien; in den Gegenstand des Erzählens geht der Künstlerkult des bürgerlichen Kunstbetriebs wesentlich mit ein. Die Figur des Glenn Gould aus dem *Untergeher* und das Personal aus *Holzfällen* haben reale Vorbilder, letztere Erzählung könnte als Teil von Bernhards autobiographischem Werk aufgefaßt werden. In allen drei Fällen berichtet ein Ich-Erzähler, der selbst dem Geschehensraum angehört, in einem durchgehenden Erinnerungsmonolog, dessen Technik später noch gesondert behandelt wird, in episodischer, achronischer Folge von seinem Erlebnis mit einem Künstler, das ihn zur Aufzeichnung veranlaßt hat. Es sind Geschichten eines Scheiterns auf unterschiedliche Weise. Die Figurenkonstellation von *Der Untergeher* und *Holzfällen* ist annähernd die gleiche: zwei Künstler stehen sich gegenüber, wovon der eine an seiner Kunst tödlich gescheitert ist (Wertheimer und Joana), der andere es jedoch zu Erfolg und Ruhm gebracht hat (Glenn Gould und der Burgschauspieler).

a) Die Gescheiterten

Der Pianist Wertheimer, der 1955 zusammen mit dem Erzähler und derem gemeinsamen Freund Glenn Gould an einem von Horowitz geleiteten Meisterkurs in Leopoldskron bei Salzburg teilgenommen hat, wird von Goulds perfektem Spiel erschüttert, als er ihn dort mit dem Anfang der Bachschen "Goldbergvariationen" hört, und gibt daraufhin, ebenso plötzlich wie der Erzähler, sein Klavierspiel für immer auf, da er, der selbst ein beachteter Klaviervirtuose ist, glaubt, jetzt nie mehr der Beste seines Faches sein zu können. Wertheimer dilettiert danach in den Geisteswissenschaften, sein Freund, der Erzähler, tritt in einen "Verkümmerungsprozeß" ein (Ug 13). "Von einem Augenblick auf den andern hatte ich das Klavier gehaßt, mein eigenes, mich nicht mehr spielen hören können", sagt der Erzähler von sich selbst (Ug 11). Er bekennt, daß es nicht das Interesse an der Musik und am Klavierspiel war, das ihn sein Studium am Mozarteum hatte aufnehmen lassen, sondern die Brüskierung seiner Eltern, die "zeitlebens nichts mehr gehaßt [hatten] als Kunst und Geist" (Ug 29), sowie der Wunsch, sich aus seinem "schon sehr frühen Lebensüberdruß" (Ug 82f.) zu retten.

"Ich bin auf das Mozarteum gegangen, um mich an ihnen zu rächen, aus keinem anderen Grund, um sie für die Verbrechen zu bestrafen, die sie an mir verbrochen hatten. Nun hatten sie einen Künstler als Sohn, eine von ihnen aus gesehen verabscheuungswürdige Figur" (Ug 30f.). Wie bei den bisher vorgestellten Künstlern dient auch hier wieder die Kunstausübung als Befreiung aus familiärer Bevormundung. Aber auch Wertheimer und Gould betreiben ihre Kunst gegen ihre Eltern (Ug 32). Wertheimer, zur Übernahme des väterlichen Handels bestimmt, wirft seinen Eltern sogar vor, "in diese Existenzmaschine hineingeworfen worden" (Ug 64), zum Leben verurteilt worden zu sein.

Wie Konrad mit seiner Frau, lebt Wertheimer zwanzig Jahre mit seiner Schwester, die er ebenso in einem "vollkommen sicheren Kerker" (Ug 66) terrorisiert, in einem krankhaften Besitzverhältnis zusammen, bis diese einen Schweizer Großindustriellen heiratet und ihren Bruder allein zurückläßt. Aus Rache über diese Heirat und aus Scham, Gould, der bereits an einem Schlaganfall gestorben war, überlebt zu haben, bringt er sich vor dem Hause seiner Schwester um. Wenn auch der Ich-Erzähler wie reale Zeit und Topographie Realität fingieren sollen, so geht es offenbar nicht um ein psychologisches Verständnis Wertheimers und seiner Entwicklung; er ist als Figur genauso künstlich und 'unrealistisch' wie Konrad oder Koller. Die ausschlaggebende Ursache für seinen Selbstmord ist letztlich nicht bestimmbar. "Wertheimer war immer nur der Untergeher" (Ug 65), sagt der Erzähler über ihn und pflichtet damit der von Glenn Gould stammenden Bezeichnung bei. In Abneigung gegen überhaupt alles existierend, ist Wertheimer der Bernhardsche Suizidär schlechthin: "Von Kindheit an habe er den Wunsch gehabt, zu sterben, sich umzubringen, wie gesagt wird, aber niemals die alleräußerste Konzentration darauf gehabt" (Ug 68f.). Er wird, im Kontrast zu Glenn Gould, als ein "ununterbrochener *Nacheiferer*" (Ug 134), ein "ängstliche[r] Typus" (Ug 147) und als "nichts als Ehrgeiz" (Ug 154) charakterisiert, der "als ein unglücklicher Mensch geboren worden ist" (Ug 145), wie der Erzähler apodiktisch befindet. Als Künstler von durchaus hohem Talent hat er sich nur durch den äußeren Anreiz einer Virtuosenkarriere zu seinem Niveau ausbilden können, dabei immer – im Gegensatz zu Gould, dem das Publikum gleichgültig ist – die Bestätigung des Publikums erheischend (Ug 153f.). Als "typischer Sackgassenmensch" (Ug 209) konnte er dabei seinen zu hohen Ansprüchen nicht nachkommen und mußte aufgeben;

Perfektionismus ist auch hier wieder zerstörerisch. Eine Reminiszenz an Roithamers Korrektur-Problematik ist Wertheimers aus eigenen Aufzeichnungen kompiliertes Manuskript, von ihm selbst als "Der Untergeher" betitelt, das er bis auf den Titel nach und nach zusammenstreicht (Ug 79).[76] Möglicherweise ist sein dauerndes Reflektieren, die Ängstlichkeit und Unsicherheit an seiner schließlichen künstlerischen Verzweiflung mit schuld: "er hatte eine sogenannte *Kunstauffassung*, Glenn Gould brauchte keine" (Ug 125).

Nach demselben Muster wie Wertheimer ist die erfolglose Künstlerin Joana in *Holzfällen* angelegt, die sich in Wien als Choreographin durchschlägt und schließlich ebenfalls, im gleichen Alter wie Wertheimer, ihr Leben freiwillig abschließt. Der Wendepunkt ihres Lebens tritt ein, als sie, wie Wertheimer seine Schwester, ihren Ehemann verliert, der sich mit ihrer Freundin nach Mexiko aufmacht – "ausgerechnet in dem Moment, in welchem es die Joana *tödlich treffen* mußte" (H 33). Danach verfällt sie dem Alkohol und lebt zurückgezogen nur noch acht Jahre. Schon immer zu Träumerei veranlagt (H 274), hatte sie als Ziel nur gehabt, es "zu einer berühmten Schauspielerin oder Ballerina bringen zu wollen, es war ihr nie ganz klar geworden, was für sie richtiger ist, Schauspielerin oder Ballerina" (H 50). Eine "unbändige unstillbare Ruhmsucht" (H 139) bestimmt ihr (wie Wertheimers) Streben. Anstatt eine wirkliche Identität als Künstlerin zu gewinnen, heiratet sie, "auf dem Höhepunkt ihrer Entscheidungslosigkeit, den sie selbst immer wieder als *künstlerische Krise* bezeichnete" (H 51), einen Tapisseriekünstler, dem sie zu internationalem Erfolg verhilft, ohne selbst jedoch voranzukommen. "Die Joana hat sich für den Fritz aufgegeben, denke ich, diese Tatsache aber niemals überwunden, [...]. Sie hat den Fritz in die Höhe gezwungen, weil sie sich selbst nicht hat in die Höhe zwingen können" (H 135f.).[77] Joana ist eine 'Muse', wie die Perserin in *Ja*, die den (bei Bernhard immer männlichen) Künstler inspiriert und selbst dabei umkommt.[78] Der erfolgreiche Tapisserist

[76]Wie sich auch der Erzähler in immer neuen Anläufen in einer "Schrift über Glenn" versucht (Ug 106ff.)

[77]Damit handelt sie ebenso wie die Frauenfiguren aus den vorausgehenden Erzählungen *Ja* und *Beton*: Anna Härdtl setzt sich für den geschäftlichen Erfolg ihres Mannes ein wie auch die Perserin für den Schweizer; beide enden im Selbstmord. Die Ähnlichkeit mit der Perserin klingt noch deutlich an in Joanas Beziehung zu exotischen Kulturen (H 273).

[78]Vgl. zur Deutung der Perserin aus *Ja* vom Hofe/Pfaff, Die ästhetische Provoka-

wird geradezu selbst als Kunstwerk der Joana angesprochen, vor dem sie genauso "zutode erschrocken und davon getötet worden" ist (H 138) wie Roithamers Schwester beim Anblick des Kegels. Warum Joana selbst zu einer künstlerischen Karriere unfähig ist, wo doch der von ihr geförderte Teppichkünstler ohne ihren Ehrgeiz auch nur mittelmäßig gewesen ist (H 136), kann mit realistischer Psychologie nicht zureichend verstanden werden. Joana ist, so urteilt der mit ihr befreundete Erzähler über sie, wie Wertheimer "von Anfang an und bis an ihr Lebensende ein *unglückliches Kind*" gewesen (H 52). Sowohl Joana wie Wertheimer scheitern am Kunstbetrieb und seinen Anforderungen: Joana, weil sie, mit einem eher naiven Temperament, ihren künstlerischen Ehrgeiz nicht auf sich selbst richten kann und mangels Egoismus in der Kunstwelt nicht Fuß fassen kann, Wertheimer dagegen, der als ambitionierter Virtuose wohl reüssiert, das auf dem Kunst-Markt herrschende Konkurrenzprinzip aber verabsolutiert und sich als Künstler aufgibt.

b) Die Erfolgreichen

Diesen Außenseitern stehen in den Figuren des Glenn Gould und des Burgschauspielers Künstler gegenüber, die etabliert sind und zunächst an keinerlei Selbstzweifeln leiden. Beide verkörpern jedoch geradezu konträre Künstlertypen, was ihr Verhältnis zu Natur und Gesellschaft (Publikum) und zum Erzähler angeht. – Obwohl einige Einzelheiten an der Gould-Figur authentisch sind[79], ist sie genauso künstlich wie die Wertheimer-Gestalt. Gould ist der unbeirrbare, auf nichts Rücksicht nehmende Klavierkünstler, der völlig in seiner Musik aufgeht und sich an nichts anderem orientiert als an seinen eigenen Maßstäben. Mit der gleichen Entschlossenheit wie Roithamer betreibt er seine Kunst gegen die Natur[80]: "Im Grunde hasse ich die Natur, sagte er immer wieder [...]. *Die Natur ist gegen mich*, sagt Glenn in derselben Anschauungsweise wie ich, der ich auch diesen Satz immer wieder sage, dachte ich".

---

tion des 'Eschaton'.

[79]So z.B. das Salzburger Konzert im Jahre 195*9*(!) (nicht der Horowitz-Kurs, den es nie gegeben hat), das eigene Studio, der Widerwillen gegenüber öffentlichen Konzertauftritten u.v.a.m.

[80]Auch er bewohnt ein Haus im Wald (Ug 35).

> Unsere Existenz besteht darin, fortwährend gegen die Natur zu sein und gegen die Natur anzugehn, sagte Glenn, solange gegen die Natur anzugehen, bis wir aufgeben, weil die Natur stärker ist als wir, die wir uns zu einem *Kunstprodukt* gemacht haben aus Übermut. Wir sind ja keine Menschen, *wir sind Kunstprodukte, der Klavierspieler ist ein Kunstprodukt, ein widerwärtiges*, sagte er abschließend. Wir sind die, die fortwährend der Natur entkommen wollen, aber es gelingt uns nicht, naturgemäß, sagte er, dachte ich, wir bleiben auf der Strecke. (Ug 117f.)

Für den als Krüppel (Ug 34,113) und Kunstmaschine[81] (Ug 132) angesprochenen Gould wird sein Tod, der ihn am Klavier ereilt, fast zur Apotheose. Für keine andere Figur ist jemals Bernhards Erzähler (und auch wohl er selbst) so vorbehaltlos eingenommen wie für Glenn Gould, der schon als historische Person in seiner Exzentrik des Bernhardschen Prototyps eines auf sich allein gestellten, gegen Natur und Gesellschaft wirkenden Künstlers nahekam.[82] Ist Gould als Auslöser von Wertheimers Aufgeben unmittelbar auf diesen bezogen, so der Burgschauspieler in *Holzfällen* mittelbar auf die gescheiterte Joana: ihre Beerdigung fällt auf denselben Tag, an dem das "künstlerische Abendessen" zu Ehren des Burgschauspielers im Hause der Auersberger stattfindet, eine für Bernhard bezeichnende Verknüpfung von Tod und Theater.[83] Für die Abendgesellschaft des Ehepaars Auersberger, das nur in der polemischen Perspektive des Erzählers zum Vorschein kommt, ist der Tod ihrer gemeinsamen Bekannten ebenso Stoff für 'small talk' wie der Premierenerfolg des langerwarteten Burgschau-

[81] Vgl. den Ausdruck "Koloraturmaschine" in Bezug auf die Königin der Nacht in *Der Ignorant und der Wahnsinnige* (IW 83). Während die Sängerin jedoch ihrer Rolle ausgeliefert ist und sich in der Routine verzehrt, ist die gleiche lebensvernichtende Kunstausübung im Falle Goulds seiner Kunst förderlich, da sie, freiwillig betrieben, nur dieser und nicht einem Publikum dient.

[82] S. dazu den Aufsatz von F. M. Sharp, Thomas Bernhard: Literary Cryogenics or Art on Ice (1988).

[83] Vgl. *Der Italiener*, wo eine Theaterprobe durch den Selbstmord des Vaters unterbrochen wird. – Das Abendessen für den Schauspieler wird so zum "Requiem für die Joana", zum "Leichenschmaus" (H 65f.), das Speisezimmer zur "Aufbahrungshalle" (H 225) wie umgekehrt das Begräbnis dem Erzähler theatralisch vorkommt ("eine Groteske", H 59; die "Künstlichkeit" der Wiener Trauergäste, H 107).

spielers.[84] Er, der als einzige Figur keinen Namen trägt, scheint eher den *Typ* des Burgschauspielers zu repräsentieren. Im Gegensatz zu Glenn Gould braucht er, natürlich auch wegen seiner Theaterkunst, sein Publikum, von dem er sich selbst feiern läßt als "*der bedeutendste Schauspieler überhaupt* und *der erste aller lebenden Schauspieler*" (H 23), wie der Erzähler mokant die Auersberger zitiert. In ihm und seinen Verehrern, zum überwiegenden Teil wirkliche Personen aus dem Bekanntenkreis Bernhards, die unter Pseudonymen auftreten, denunziert der Autor zunächst ganz konkret ein Stück Wiener Kulturleben. Der Bezugsraum ist damit, wie noch im *Untergeher*, nicht mehr ein nur privater, insofern die 'kulturkritische' Intention bei der Darstellung nicht auf das Wiener Milieu beschränkt bleibt, sondern übertragbar ist. Diese kulturkritische Attitüde ist aber zugleich mit einem Fragezeichen zu versehen, denn grundsätzlich gehen persönliche Abneigung und sachlich motivierte Kritik bei der Zeichnung der einzelnen Charaktere wie Auersberger, Jeannie Billroth, Anna Schreker und dem Burgschauspieler, die alle dem entlarvenden Blick des beobachtenden Erzählers ausgesetzt sind, ineinander über.[85] Diese Künstler hatten den Erzähler, der hier mit Bernhard gleichzusetzen ist, nach dessen Abgang vom Mozarteum in das Künstlermilieu eingeführt und bei sich aufgenommen, durchaus mit mäzenatischem Gestus.[86] Die zwiespältige Situation des Erzählers, die überhaupt der Anlaß zur "Erregung" (Untertitel von *Holzfällen*) ist, resultiert daraus, daß er sich seinen ehemaligen Wohltätern verpflichtet glaubt, zugleich künstlerisch und moralisch aber zutiefst von ihnen abgestoßen ist. "Mit ihnen allen bin ich vor dreißig, ja noch vor fünfundzwanzig Jahren befreundet gewesen, dachte ich, verstand das nicht mehr" (H 161). "Wir bekommen von ihnen alles und hassen sie dafür. Wir sind nichts und sie machen etwas aus uns und wir hassen sie dafür [...]. Wir verdanken ihnen alles und wir verzeihen ihnen nie, daß wir ihnen alles verdanken,

[84] "Ausnahmslos waren sie alle [die Gäste] vorzügliche Theatermacher, die den *Fall Joana* weidlich auszunützen verstanden" (H 45).

[85] Vgl. demgegenüber die objektivierte Darstellung desselben Themas – Kunst und Erfolg – in den Stücken *Die Berühmten* und *Über allen Gipfeln ist Ruh*, wo anstatt der Erzählerperspektive die Eigenperspektive der Figuren herrscht.

[86] Zu den biographischen Hintergründen siehe die Artikel von L. Lessing, Die Verfehlungen des Thomas Bernhard (1984) und J. Riedl, Der zweite Mann (1985) sowie die Dokumentation von E. Schindlecker, Thomas Bernhard: "Holzfällen. Eine Erregung" (1987), S. 29ff.

dachte ich" (H 163). Für Bernhards kompromißloses Künstlerethos des radikal auf sich gestellten und für sich schaffenden Künstlers muß ein an Mäzenatentum erinnerndes Verhältnis als Vereinnahmung und Verletzung der Integrität gelten. Erst recht muß es empören, wenn der Mäzen der Staat ist mit seinen Literaturpreisen. Dieses Künstlertum verkörpern Jeannie Billroth und Anna Schreker, die beide nichts sind "als kleine, gefinkelte, ehrgeizige Staatspfründnerinnen, die die Literatur und die Kunst überhaupt verraten haben für ein paar lächerliche Preise und eine zugesicherte Rente" (H 256). "Das österreichische Künstlertum ist ein gemeiner und verlogener Weg des Staatsopportunismus" (H 259) heißt es bald darauf in der für Bernhard typischen Figur der Verallgemeinerung eines Einzelfalles. Nicht nur diese Literatinnen, sondern *alle* anwesenden Gäste verfallen dem Verdikt des Gescheitertseins. "Alle diese Leute, die einmal tatsächlich Künstler oder wenigstens künstlerisch gewesen sind, dachte ich auf dem Ohrensessel, sind nurmehr noch die Larven und die Hülsen derer, die sie einmal gewesen sind" (H 92), trotz – oder gerade wegen – ihres Erfolgs (H 94f.). "Sie alle haben ganz einfach nicht *das Höchste* erreicht und *nur dieses Höchste*, denke ich, dachte ich, ist *Befriedigung*" (H 95).[87] Wie schon in früheren Werken spielt auch hier die Lokalität (die Stadt Wien) als Einflußfaktor auf den Geist eine Rolle, "Wien ist eine fürchterliche Genievernichtungsmaschine, dachte ich auf dem Ohrensessel, eine entsetzliche Talentezertrümmerungsanstalt" (H 97). Ein früherer künstlerischer Anspruch ist Jahrzehnte später zu bloßer Künstlichkeit und Schein geworden. "Den Anschein von allem haben sich diese Leute immer gegeben, wirklich gewesen sind sie nichts" (H 164), sagt der Erzähler über das Ehepaar Auersberger, Hauptzielscheibe seiner Schimpftirade; "niemals wirklich, nicht einen Augenblick Wirklichkeit haben sie gelebt, dachte ich" (H 167). Weil aber der Erzähler/Autor selbst sich nun einmal – wenn auch widerwillig – auf dieses Gesellschaftsmilieu eingelassen hat – die fatale Einladung zum Essen wird eingangs gewichtig und breit geschildert – bleibt ihm die Selbstkritik nicht erspart. Schon das Begräbnis betreffend denkt er sich: "Indem ich die Anderen als widerwärtig empfunden habe, war ich selbstverständlich gezwungen, mich selbst als widerwärtig zu empfinden" (H

[87] In provokanter Überspitzung heißt es ähnlich im *Untergeher*: "[Die Musikhochschüler] werden Gulda oder Brendel und sind doch nichts. Werden Gilels und sind doch nichts" (Ug 21).

101). Er durchschaut sein eigenes Gefühlsverhalten als unecht: "ich *tat* erschüttert, dachte ich jetzt, ich *war* es nicht, ich war *neugierig, aber nicht erschüttert*" (H 102). Im Gedanken an die Einladung der Auersberger auf dem Wiener "Graben" ertappt er sich dabei, nur konventionsgemäß auf die Trauernachricht reagiert zu haben ("Ich hatte ihnen alles vorgespielt", H 105) und treibt diesen Gedanken sogleich stufenweise bis zum Äußersten: "ich spiele ihnen nur vor, daß ich in der Gentzgasse und also bei ihnen in ihrer Wohnung bin, sagte ich mir. [...] ich habe mein ganzes Leben nur gespielt und *vor*gespielt" (H 105). Dieses selbstsuggerierte Rollenspiel ist zugleich Ausdruck wie Abwehr der durchschauten eigenen Heuchelei. Zum Schluß macht der Erzähler sich über seine Abschiedsfloskeln gegenüber der Auersberger Vorwürfe und gesteht dabei:

> [...] wir sind überhaupt um nichts besser, als diese Leute, die wir andauernd nur als unerträgliche und widerliche Leute empfinden, als abstoßende Menschen, mit welchen wir möglichst wenig zu tun haben wollen, während wir doch, wenn wir ehrlich sind, andauernd mit ihnen zu tun haben und genauso sind wie sie. (H 316)

Im dreieinhalbseiten langen Schlußsatz, der atemlos das Nachhauselaufen des Erzählers phrasiert, gibt sich dieses zwiespältige Verhältnis des Erzählers gegenüber seiner Umwelt als Haßliebe (H 321) zu erkennen, die ihn buchstäblich zum Schreiben treibt – "egal was, nur *gleich* und *sofort* über dieses *künstlerische Abendessen* in der Gentzgasse schreiben, *sofort*, dachte ich" (H 321). Die Spannung des Autors zu seiner Umwelt kann sich nur im Schreibvorgang lösen, der bei Bernhard immer eine Reaktion auf Widerstände ist.[88]

Wer jedoch die Erwartungen der Kunst-Gesellschaft, jedenfalls für einen Moment, durchbricht, ist der Burgschauspieler in seiner Bekenntnisrede zur Natur (H 301ff.), die aus einer erregten Replik auf eine Frage der Jeannie Billroth erwächst. Durch diesen Monolog wird der Schauspieler für den Erzähler "von einer widerlichen Figur [] zu einem philosophischen Menschen" (H 306), der offen auszusprechen wagt, was er sich im stillen denkt. Der aufgebrachte Schauspieler prangert den Starkult der bürgerlichen Kunstrezeption an und spricht sich in

[88] Vgl. den 2. Tag im Interview *Drei Tage* (It 149ff.).

kulturkritischem Tenor gegen den "*heillosen Wahnsinn der Künstlichkeit*" aus, in dem alle aufgewachsen seien (H 301). Wie für den Akrobaten in *Am Ortler* wird die Natur (in nahezu unveränderter Formulierung![89]) nach einem Leben in Theaterkünstlichkeit zum ersehnten Refugium: "In die Natur hineingehen und in dieser Natur ein- und ausatmen und in dieser Natur nichts als tatsächlich und für immer Zuhause zu sein, das empfände er als das höchste Glück" (H 302). Hier erweist sich der Burgschauspieler deutlich als Antipode des Naturhassers und Großstadtmenschen Glenn Gould, wenn er bekennt: "*Wald, Hochwald, Holzfällen, das ist es immer gewesen*" (H 302). War es für den Pianisten Gould das Ideal, selber Klavier zu sein und der Natur zu entkommen (Ug 118), so für den Burgschauspieler "der Gedanke, nichts anderes, als selbst Natur zu sein" (H 302). Interessanterweise finden beide radikalen Positionen ihren Ausdruck in derselben Handlung – Glenn Gould sägt einmal eine ihn störende Esche kurzerhand ab (Ug 114). Mit diesen kulturkritischen Stichwörtern: Wald, Hochwald, Holzfällen, die "vieler solcher Menschen wie der Burgschauspieler und Millionen Anderer Lebensstichwörter sind" (H 304), gewinnt der Schauspieler unerwartet die Sympathie des Erzählers, wenn diese auch bald wieder in gewohnte Abneigung umschlägt. Diese Option jedoch, als Redehöhepunkt des ganzen Gesprächsverlaufs und, wie der Titel verrät, auch des Romans angelegt, scheint er, nach allen bisherigen bloßstellenden und denunzierenden Schilderungen, als positive Wertorientierung zu übernehmen und zu bekräftigen. Doch dieser Schein trügt bei näherem Hinsehen. So wie Gould und Roithamer mit ihren gegensätzlichen, doch gleich radikalen Maximen der absoluten Künstlichkeit von der Natur eingeholt werden, dem Brüderpaar auf dem Ortler ihre Hoffnung auf ein 'natürliches' Leben buchstäblich zerfällt, wird auch – auf hintergründige und ironische Weise – die Wendung des Schauspielers zur Natur fragwürdig gemacht. Das zunächst unverfänglich scheinende *Holzfällen* wird, sieht man es im Zusammenhang mit der Lieblingsrolle des Burgschauspielers, dem alten Ekdal aus Ibsens "Wildente" zum lebenszerstörenden Delikt: Ekdal wurde wegen illegitimen Holzfällens zu einer Gefängnisstrafe verurteilt, nach deren

[89] Vgl. *Am Ortler*: "[...] die Natur einatmen, plötzlich wieder die Natur einatmen in vollen Zügen und die Wissenschaft ausatmen, alles ausatmen, alles" (AO 103f.).

Verbüßung er nicht mehr im Hochwald leben konnte.[90] (Umgekehrt ist in Bernhards *Jagdgesellschaft* das Abholzen des Waldes am Schluß des Stücks symbolische Konsequenz des geistigen Auflösungsprozesses und zitiert seinerseits Čechovs "Kirschgarten".) Noch im (verbalen) Versuch, aus der Künstlichkeit seiner Rolle auszubrechen, reproduziert er sie symbolisch, wie der Artist in *Am Ortler* in die Vaterrolle zurückfällt. Das Verhältnis zur Ekdalrolle war für den Burgschauspieler ohnehin ein identifikatorisches, was die Umstände des intensiven Rollenstudiums (auf einer einsamen Berghütte kommt ihm die Erleuchtung, was der Ekdal ist, H 181) erkennen lassen. Diese Identifikation mit der Ekdal-Figur und nicht etwa mit der des jungen Gregers Werle, den der Burgschauspieler früher noch lieber gespielt hätte[91], markiert zugleich die Rolle, die der Burgschauspieler in Wirklichkeit auf der Gesellschaftsbühne spielt: wieder aus dem Gefängnis entlassen, bekommt Ekdal von Konsul Werle, der für die illegale Abholzung mitverantwortlich war, aber freigesprochen wurde, einen Schreiberposten als Schweigegeld. In diesem Punkt der 'Lebenslüge' und ihrer fatalen Aufdeckung durch den jungen Werle berühren sich Ibsens Drama und *Holzfällen*; nur daß nicht der Burgschauspieler die Rolle des Aufklärers Werle übernimmt, sondern Bernhard selbst, indem er über die in Bildungsheuchelei befangene Abendgesellschaft und ihre (aber auch seine eigene) Vergangenheit schreibt. Die 'Katastrophe' – Hedvigs Selbstmord in der "Wildente", Joanas Selbstmord in *Holzfällen* – ist dabei jedoch nicht Konsequenz, sondern Anlaß der von Bernhard nicht dramatisch, sondern raisonnierend geleisteten Aufklärungsarbeit; das Bekenntnis zum "Holzfällen" umgekehrt Klimax statt Vorgeschichte. – Von hier aus wird auch verständlich, wieso die Aufmerksamkeit auf das im Text ja nur beiläufig kurz erwähnte "Holzfällen" als Wunschbild des

[90] "*Werle.* Aber ist es nicht Ekdal gewesen, der die Karte von dem Terrain aufnahm – jene unzuverlässige Karte? Er war es, der die ungesetzliche Abholzung auf fiskalischem Grund und Boden vornahm. Er war ja doch für den ganzen Betrieb da oben verantwortlich. Ich hatte keine Einsicht in das, was Leutnant Ekdal trieb." (1.Akt)
"*Gregers* [zu Ekdal]. Wie kann ein Mann wie Sie – so ein Freiluftmensch – mitten in einer qualmigen Stadt, zwischen vier engen Wänden leben?" (2. Akt); H. Ibsen, Die Wildente; Sämtliche Werke, hrsg. v. J. Elias und P. Schlenther (1911), 4. Bd., S. 315 u. 338.

[91] "Der junge Werle, der Gregers, sagte der Burgschauspieler, das wäre eine Rolle für mich gewesen vor dreißig Jahren, [...]. Der Gregers hätte mir ja noch mehr entsprochen, sagte der Burgschauspieler" (H 203).

Burgschauspielers auch durch den *Titel* der ganzen Erzählung gelenkt wird. Die Technik der meisten von Bernhards lakonischen Ein-Wort-Titeln in der Prosa ist eine des 'understatements': sie greifen meist ein Wort auf, das im Text selbst nur einige Male beiläufig vorkommt, aber in vergrößerter Optik gleichsam in den Sinnkern der Erzählung führt. Dieser Sinn überschreitet und verdichtet den Bedeutungswert, den der Ausdruck für sich genommen besitzt. So meint "Frost" die geistig-existenzielle Erstarrung, "Watten" nicht nur Kartenspiel-Geselligkeit, sondern sozialen Kontakt überhaupt. Mit dem "Wetterfleck" ist dagegen nicht nur nicht Schutz verbunden, sondern der Mantel liefert seinen Träger dem Unglück aus. Titel wie "Ja", das als Antwort auf die Frage nach dem Selbstmord eigentlich ein Nein ist, "Beton", das auf die Betongräber verweist, "Korrektur" auf die tödliche Selbstkorrektur, "Der Untergeher" und "Holzfällen" verweisen auf die tödlichen Pointen der Erzählungen. Somit ist in kaschierter Form im Titel immer schon der Tod angesprochen; dieses 'understatement' gehört zu Bernhards spezifischem Humor.

c) Kunstkritik als skeptischer Kompromiß

In Bernhards "Komödie" überschriebener Erzählung *Alte Meister* von 1985, die sowohl von ihrem Gehalt wie ihrer Struktur her das Schlußstück einer Kunst-Trilogie neben *Der Untergeher* und *Holzfällen* bildet, wird der Konflikt zwischen Künstlichkeit und Natürlichkeit, Kunst und Leben vom Protagonisten auf anderer Ebene als in den vorangegangenen Erzählungen zu lösen versucht. Diese Lösung wäre als skeptischer Kompromiß zu umschreiben, der die bisherigen Optionen mit fatalen Folgen (Wertheimer, Joana, Burgschauspieler) vermeidet. Sie hat ihr geistesgeschichtliches Korrelat in der Überwindung von Schopenhauers Kunstphilosophie durch seinen 'Schüler' Nietzsche. – Im Mittelpunkt der Erzählung steht der zweiundachtzigjährige Wiener Musikkritiker Reger, der vom Erzähler, seinem Freund Atzbacher, einem Privatdozenten, beobachtet wird, wie er gewohnheitsmäßig im Bordone-Saal des Kunsthistorischen Museums sitzt und sich seinen Gedanken hingibt. Atzbacher, der mit Reger verabredet ist, zitiert als Erzähler fortwährend dessen Gedanken, an die er sich von früheren Begegnungen erinnert, womit er die Wartezeit ausfüllt; wie die Ich-Erzähler im *Untergeher* und in *Holzfällen* dabei in einer statischen Beobachterposition verharrend. Dieser voluminöse Erinnerungsmonolog umkreist Episoden mit Reger und hauptsächlich dessen kritische Ansichten zu Kunst und Kultur, die wörtlich zitiert werden. Zum Schluß treffen sich beide, und der Grund der Verabredung wird enthüllt: Reger bietet seinem Freund als "*perverse*[] *Verrücktheit*" (AM 311) einen Besuch im Burgtheater an, wo der "Zerbrochne Krug" gegeben wird. – Mit dem Milieu geht eine schwerpunktmäßige Thematisierung der Bildenden Kunst, nach dem Theater in *Holzfällen* und der Musik in *Der Untergeher*, einher. Wichtiger ist, daß die Aktivität Regers eine andere ist und eine neue Qualität gewonnen hat: nicht mehr selber ausübender Künstler, ist er als Musikkritiker der 'Times' Kunstrezipient. Darin verbirgt sich eine Umwertung der Kunst gegenüber den bisherigen Erzählungen.[92] An die Stelle eines Totalitäts- und Absolutheitsanspruchs und zerstörerischer Selbstkritik setzt Reger eine skeptische Poetik des Fragments, die auch beständig die Vollkommenheit anerkannter Kunstwerke alter Meister als Schein zu destruieren sucht.[93] Damit nimmt Reger Bernhards eigene Haltung gegenüber künstlerischen Vorbildern ein, wie sie in *Drei Tage* formuliert ist und wiederholt dessen Aversion gegenüber schöner Ganzheit und Vollkommenheit: "Es darf nichts Ganzes geben, man muß es zerhauen. Etwas Gelungenes, Schönes wird immer mehr verdächtig" (It 158). Was aussieht wie eine Idiosynkrasie, ist in Wahrheit Skepsis gegenüber dem klassischen Ganzheits- und Vollkommenheitsideal in der Kunst, das am Beispiel von Roithamers "Vollendung" (!) des Kegelkunstwerks als lebensfeindlich entlarvt wurde. *Alte Meister* holt damit thematisch ein, was schon immer poetologischer Kern von Bernhards Schreibform gewesen war, wie im nächsten Kapitel zu erörtern sein wird. Nicht in der Vollkommenheit, sondern in ihrem Gegenteil wird Trost gesucht. Reger erklärt:

[92] W. Schmidt-Dengler pointiert in seinem Aufsatz über *Alte Meister* das Novum dieses Romans anders: "Nicht um das Scheitern *an der* Kunst, sondern um das Scheitern *der* Kunst geht es: Das ist die radikale Umkehr in der ästhetischen Konzeption Bernhards" (Liquidation durch Anschauung, 1986, S. 89). Von den Kunstwerken aus gesehen, mag das stimmen (obwohl Regers Kritik-"Kunststückchen" gerade nicht scheitern), das eigentlich Neue liegt jedoch darin, daß der Protagonist (Reger) gegenüber der Kunst eine negativ-skeptische Distanz einnimmt, sich in seinen Ansprüchen ihr gegenüber bescheidet und ihr nicht, wie seine Vorgänger, selbstzerstörerisch verfällt.

[93] Vgl. bereits Wertheimer, der sich als Aphoristiker versteht (Ug 94).

> Die höchste Lust haben wir ja an den Fragmenten, wie wir am Leben ja auch dann die höchste Lust empfinden, wenn wir es als Fragment betrachten, und wie grauenhaft ist uns das Ganze und ist uns im Grunde das fertige Vollkommene. [...] Das Ganze und das Vollkommene ist uns unerträglich, sagte er. (AM 41)

Systematisch sucht Reger daher in den Werken der alten Meister nach Fehlern; sein Resultat:

> Keines dieser weltberühmten Meisterwerke, gleich von wem, ist tatsächlich ein Ganzes und vollkommen. Das beruhigt mich, sagte er. Das macht mich im Grunde glücklich. (AM 42)

Da Reger aber weiß, daß dieser "immer auf das Totale gerichtete Zersetzungsmechanismus" (AM 70) letztlich "die ganze Welt vergraust" (AM 69), daß nichts mehr Bestand hätte, versucht er diese destruktive Einstellung mit der "Kunst, nicht total zu lesen und nicht total zu hören und nicht total zu betrachten und zu schauen" (AM 69) zu korrigieren. Er erkennt, im Unterschied zu seinen Vorgängern, daß die totale Negation genauso schädlich ist wie das totale Geistesprodukt. Seine Kunstkritik versteht Reger als Kunst der Kritik:

> Ich empfinde mich ja durchaus als Künstler, eben als kritischer Künstler und als kritischer Künstler bin ich naturgemäß auch ein schöpferischer, das ist klar, also *ausübender und schöpferischer kritischer Künstler*, sagte er. (AM 107)

In der so verstandenen Kunstkritik halten sich Kritik der Kunst und Kunst der Kritik das Gleichgewicht. Reger ist "als Verfasser dieser Kunststücke immer Maler und Musiker und Schriftsteller zugleich und in einem", "*ein Künstler in allen Künsten* und doch in einer" (AM 107). (Nicht umsonst trägt er den Namen eines Komponisten.)

Die Synthese verwirklicht sich nicht in einer originären, einzigartigen Gesamtkunst, wie sie Roithamers Kegelkunstwerk darstellt, sondern in einer kritischen Meta-Kunst, die Reger ohne Hemmungen auch veröffentlicht (AM 176f.).[94] Die Schreibhemmung der früheren,

---

[94] Vgl. auch hier wieder Bernhards Äußerung in *Drei Tage*: "*das Vergleichen* [seiner selbst mit großen Vorbildern, W.H.] *ist überhaupt die Kunst, die man zu beherrschen versuchen muß. Es ist die einzige Schule, die einen Sinn hat und die einen weiter- und vorwärtsbringt*" (It 158).

originäre Totalität beanspruchenden Künstler ist aufgehoben. Aus Kunstwerken sind "Kunststückchen" (AM 275) geworden, von fragmentarischem und artistischem Charakter. (Hierin steckt ein poetologischer Selbstkommentar Bernhards, wie der 2. Hauptteil zeigen wird.)

Worauf die Kritik an den alten Meistern nun abzielt, ist zunächst ihre Korruption und ideologische Indienstnahme, welche die Wahrheit der Werke von vornherein in Frage stellen: "Die Künstler sind die Verlogensten, noch viel verlogener als die Politiker" (AM 62), sie "haben immer nur einem Herrn gedient, niemals sich und also der Menschheit selber" (AM 65), "religionsverlogene Dekorationsgehilfen der europäischen katholischen Herrschaften, nichts anderes sind diese Alten Meister" (AM 65f.). So betrachtet wird Kunst zur schönen Illusion, die dem Original immer hinterherläuft:

> Warum malen die Maler eigentlich, wo es doch die Natur gibt? [...] Selbst das außerordentlichste Kunstwerk ist doch nur eine armselige völlig sinn- und zwecklose Mühe, die Natur nachzumachen, ja nachzuäffen, sagte er. Was ist Rembrandts gemaltes Gesicht seiner Mutter, gegen das tatsächliche Gesicht meiner eigenen? (AM 63)

Die Skepsis gegenüber den "Verlogenheitsenthusiasten" (AM 64) bestätigt sich für Reger, als er, der "in die Kunst hineingeschlüpft [ist], um dem Leben zu entkommen" (AM 190), nach dem plötzlichen Unfalltod seiner siebenundachtzigjährigen Frau[95], hat erkennen müssen, daß die größten Kunstwerke und Philosophen die Endlichkeit, der der Mensch unterworfen ist, nicht aufheben können.

> [...] wir können uns noch so viele große Geister und noch so viele Alte Meister als Gefährten genommen haben, *sie ersetzen keinen Menschen*, so Reger, *am Ende sind wir vor allem von diesen sogenannten großen Geistern und von diesen sogenannten Alten Meistern alleingelassen und wir sehen, daß wir von diesen großen Geistern und Alten Meistern auch noch auf die gemeinste Weise verhöhnt werden.* (AM 291f.)

[95]Das Motiv der sterbenden Lebensgefährtin aus *Der Schein trügt*, die ihren Partner allein zurückläßt, ist damit wieder aufgenommen.

Die Inkongruenz von Kunst und Leben, Geist und Natur ist unaufhebbar[96], wird aber vom altersweisen Reger akzeptiert. Einerseits sind Kunst und Philosophie *sub specie naturae* lächerlich (AM 127)[97] und vergeblich, andererseits aber, *sub specie individui*, als "Überlebensmedikament" (AM 287) notwendige Fiktion.

> Die Kunst ist das Höchste und das Widerwärtigste gleichzeitig, sagte er. Aber wir müssen uns einreden, daß es die hohe und die höchste Kunst gibt, sagte er, sonst verzweifeln wir. Auch wenn wir wissen, daß jede Kunst in der Unbeholfenheit und in der Lächerlichkeit und im Müll der Geschichte endet, wie alles andere auch, müssen wir *geradezu selbstsicher an* die hohe und an die höchste Kunst glauben, sagte er. Wir wissen, was sie ist, eine stümperhafte, gescheiterte, aber wir dürfen dieses Wissen nicht immer wahrhaben, weil wir dann zugrunde gehen unweigerlich, sagte er. (AM 79)

Dieses zwiespältige Bewußtsein gegenüber der Kunst verweist auf Nietzsche, der die Erlösungshoffnung, die sein Lehrer Schopenhauer in die Kunst setzte, nicht mehr teilen konnte. Für Nietzsche ist der Künstler "Hanswurst und Gott benachbart; der Heilige und die Kanaille"[98], damit "das Höchste und das Widerwärtigste gleichzeitig" (AM 79). Diese Einschätzung äußert sich vor allem in Nietzsches mittlerer Phase, in der er sich selbstkritisch von seiner früheren Kunstmetaphysik ("Die Geburt der Tragödie") abwendet. In einem Fragment aus "Menschliches, Allzumenschliches" wird mit der Entlarvung des ideologischen Hintergrundes der alten Kunst diese auch ästhetisch fragwürdig gemacht:

> Nicht ohne tiefen Schmerz gesteht man sich ein, daß die Künstler aller Zeiten in ihrem höchsten Aufschwunge gerade jene Vorstellungen zu einer himmlischen Verklärung

[96]Die Einsicht von *Gehen*: "Die Natur braucht das Denken nicht" (G 10) ist damit wieder erreicht.

[97]Der Gedanke der Lächerlichkeit der großen Geister kommt bereits im *Untergeher* (Ug 96ff.) vor; vgl. auch schon den Arzt in *Watten*: "Meine Kunst ist immer wieder die lächerliche [...], die sich von meiner Natur auf das erschütterndste beschämen lassen muß" (W 76).

[98]F. Nietzsche, Aus dem Nachlaß der achtziger Jahre; Werke in 3 Bd., hrsg. v. K. Schlechta (1969), Bd. III, S. 774.

> hinaufgetragen haben, welche wir jetzt als falsch erkennen: Sie sind die Verherrlicher der religiösen und philosophischen Irrtümer der Menschheit, und sie hätten dies nicht sein können ohne den Glauben an die absolute Wahrheit derselben.[99]

An späterer Stelle bestreitet Nietzsche wie Reger (AM 62), daß es je einen freien Künstler gegeben habe:

> Sie waren zu allen Zeiten Kammerdiener einer Moral oder Philosophie oder Religion; ganz abgesehn noch davon, daß sie leider oft genug die allzu geschmeidigen Höflinge ihrer Anhänger- und Gönnerschaft und spürnasige Schmeichler vor alten oder eben neu heraufkommenden Gewalten gewesen sind.[100]

Reger erreicht damit die Stufe einer skeptischen Bejahung der Kunst als notwendigen Scheins, sofern sie dem Leben dient, ganz im Sinne Nietzsches. (Sein Ausdruck "Überlebensmedikament" könnte geradewegs in Nietzsches 'physiologischer' Kunstbetrachtung seinen Platz haben.) Diese lebenserhaltende und -rettende Aufgabe der Kunst spricht Reger deutlich aus, indem er sagt:

> Die Kunst insgesamt ist ja auch nichts anderes als eine Überlebenskunst [...], sie ist der alles in allem doch immer wieder auf selbst den Verstand rührende Weise gemachte Versuch, mit dieser Welt und ihren Widerwärtigkeiten fertig zu werden, was ja, wie wir wissen, vor allem immer wieder nur durch den Gebrauch von Lüge und Verlogenheit, von Heuchelei und Selbstbetrug möglich ist. (AM 302)

– Zugleich berührt sich Reger auf merkwürdige Weise wieder mit Maler Strauch, Bernhards erster Künstlerfigur, sieht man vom "Kulterer" ab. Der allzu selbstkritische Strauch fühlte sich in der Kritik zu gut beurteilt und hatte das Malen aufgegeben (F 132). In seinem pathologischen Nihilismus und übersteigerten Lebensekel kam für ihn die Kunst

---

[99] Nietzsche, Menschliches, Allzumenschliches Nr. 220; Werke Bd. I, S. 577; vgl. auch den Vorwurf der Dichterlüge (Also sprach Zarathustra; Werke Bd. II, S. 382ff.).

[100] Nietzsche, Zur Genealogie der Moral; Werke Bd. II, S. 843.

als "Überlebensmedikament" nie in Frage; er verflucht sie in einer exaltierten Haßtirade als "diese[] größte[] aller Totgeburten" (F 133). Zu Regers distanziert-abgeklärter Skepsis war er noch nicht fähig, dazu bedurfte es erst der großen Kunst-Projekte und ihres Scheiterns.

II. Selbstreflexion in der Form: Die beiden Strukturtypen der Rollenprosa

> Der Stachel für jedes intellektuelle Leben ist die Überzeugung vom Scheitern, von der Fehlgeburt oder der Unzulänglichkeit der früheren intellektuellen Leben.
>
> *Paul Valéry*[1]

Bezieht man diesen Satz auf die Kunstanstrengungen der Bernhardschen Protagonisten und ihrer Chronisten, so hat man eine gute Charakterisierung der inneren Motivierung, die der Erzählkonstruktion der Rollenprosa zugrundeliegt. Die bisher geleistete inhaltliche Nachzeichnung der Kunst-Modelle von *Am Ortler* (1971) bis *Alte Meister* (1985), in denen Bernhard seine Künstler-Protagonisten im Spannungsfeld von Natur und Gesellschaft mit ihren metaphysischen Kunstansprüchen und Mitteilungsabsichten scheitern läßt, konnte nur zu vorläufigen Ergebnissen führen, denn Form- und Darstellungsaspekte wurden bewußt ausgeklammert. Die Ergebnisse sollen vielmehr als Ausgangspunkt dienen, ein Verständnis der Struktur und der Formsignatur von Bernhards Rollenprosa zu erzielen; die *Form*problematik der Erzählungen wird immanent von ihren Erzähl*gegenständen*, den Kunst- und Künstlermodellen nämlich, aufzuhellen sein, wobei die Schreibform als eine Antwort auf die imaginierte Kunst-Problematik begriffen wird, die immer auch, wie sich gezeigt hat, eine Verständigungsproblematik ist. Selbstreflexiv ist die Schreibform der Rollenprosa insofern, als in ihr Schreiber über andere Schreiber berichten. Bereits Neumeister hat die Bedeutung der Verständigungsproblematik für Bernhard erkannt:

> Bernhard stellt sich damit zu den am Problem der Sprache orientierten Autoren unserer Tage. Zugleich wird sichtbar, wie anders, wie 'philosophisch' er die Frage nach der Form beantwortet, die sonst, etwa im französischen nouveau roman, eher als ein Problem der Erzähltechnik gestellt wird.[2]

Dem allerdings wäre zu widersprechen – gerade die *Erzähltechnik* ist Bernhards Versuch, das imaginierte Scheitern der Künstler zu reflek-

[1] Schlimme Gedanken und andere (1963), S. 7.
[2] Neumeister, Der Dichter als Dandy, S. 108.

tieren und zu bewältigen. In den Künstlerfiguren, insbesondere den Studien-Schreibern, mit ihren Schwierigkeiten Projektionen des Autors Bernhard zu sehen, liegt nahe. Dennoch würde der Aufweis biographischer Bezüge nicht ausreichen, die Schreibintention näher zu verstehen, wenn die Figuren und ihre Situationen nicht als immer neu durchgespielte Modelle verstanden werden, die der poetologischen Selbstreflexion ihres Autors dienen.[3] Das notorische Scheitern der Künstler wäre dabei keine Konsequenz weltanschaulicher Prämissen, die dem Schreiben Bernhards vorauslägen, sondern eine imaginierte Grenzerfahrung des Schreiber-Ichs. Die obsessive Iteration des gleichen Sujets, die Bernhards Schreibweise ja in hohem Maße auszeichnet, regt zu dieser Deutungsperspektive an, die – in Abweichung von der gewohnten Methode, das Erzählte durch die Art und Weise, wie es erzählt wird, zu deuten – umgekehrt die Form im Lichte ihres Sujets betrachtet, was bei einem so artifiziellen Autor wie Bernhard ohnehin einleuchten mag. Auch wirkungsästhetische Überlegungen, wie noch zu zeigen sein wird, sprechen für diese Optik: das Leserinteresse kann bei nur minimal variiertem Sujet, das dazu noch kaum Identifikationskraft im Sinne spontaner Wiedererkennung hat, allein durch artistische Gestaltung stimuliert werden.

Zwei *Strukturtypen*, die den Prosaarbeiten zugrunde liegen, sind dabei zu beschreiben. Sie sind nicht rein nach der äußeren Textform, sondern vor allem nach ihrem Kommunikationscharakter definiert. Es ist einmal der *Erzählerbericht als 'memoria mortui'*[4] mit dem *Zitat* als dominierendem Konstruktionsprinzip, zum anderen die als *'authentisch' fingierte Selbstdarstellung* und die *Monologform*. Zwei wesentliche Charakteristika von Bernhards Schreibweise sind damit erfaßt. Beide Strukturtypen sind spezifisch aufeinander bezogen und organisieren als Pole in einem (auch werkgeschichtlich zu verstehen-

[3] F. van Ingen spricht von Bernhards Prosa als der "Poesie der Poesie" (Denk-Übungen. Zum Prosawerk Thomas Bernhards, 1982, S. 86), ohne auf Friedrich Schlegels Fragment über "Transzendentalpoesie" (Nr.238), wo diese Wendung bereits vorkommt, Bezug zu nehmen.

[4] Diese abkürzende Bezeichnung für den Erinnerungsbericht über einen gescheiterten (i.d.R. auch gestorbenen) Protagonisten ist analog zum Ausdruck 'memoria passionis' gebildet, den vom Hofe/Pfaff für die Erzählung *Ja* benutzen (Die ästhetische Provokation des 'Eschaton', S. 57), soll jedoch *nicht* dessen christlich-theologische Konnotation haben.

den) Zirkel das gesamte Prosawerk Bernhards.[5] Sie können und sollen nicht alle Texte starr sortieren, sondern sind als dynamische Kategorien aufzufassen. – Es sei zunächst der erste Typ des 'Erzählerberichts als memoria mortui' untersucht, da er vor allem die Texte umfaßt, die soeben unter dem inhaltlichen Aspekt des in ihnen entwickelten Kunstverständnisses interpretiert wurden. Dieses Kunstverständnis der gescheiterten Protagonisten soll dabei auf die Schreibweise ihrer posthumen Protokollanten bezogen werden.

1. Erzählerbericht als 'memoria mortui'

Die Erfahrung vom Scheitern der Kunst wird nicht eindimensional realistisch als final fortschreitende Geschichte, womöglich in auktorialer Erzählsituation, präsentiert, sondern durch ein fingiertes Erzähler-Ich gebrochen vermittelt, das als Person mehr oder weniger hinter dem Protagonisten zurücktritt (*Frost*, *Verstörung*, *Kalkwerk*, *Gehen*) oder aber, wie in den meisten Fällen, entweder als Person in einer Rahmenhandlung gleiches Volumen wie die Figur, von der erzählt wird, besitzt (*Am Ortler*, *Billigesser*, *Untergeher*, *Holzfällen*) oder mit biographischem Gestus ganz im Vordergrund steht (*Beton*, *Ja*, *Midland in Stilfs*, *Wittgensteins Neffe*, die Autobiographien). Stets jedoch ist das Interesse des Ich-Erzählers auf einen ihm befreundeten Protagonisten (die Künstlerfigur) gerichtet, dessen Tod den Erzählvorgang, als 'memoria passionis', genauer: 'memoria mortis', motiviert. Der Ich-Erzähler reagiert schreibend auf den gescheiterten Versuch des Protagonisten, schreibend bzw. in einem anderen Kunstmedium seine Existenz zu bewältigen. Indem er über das Scheitern des anderen schreibt, teilt er auch etwas von sich und seiner Identität mit, sei es explizit oder in der Form seines Schreibens. (Es ist nicht unwichtig, zu sehen, daß die Erzähler in *Am Ortler*, *Ja*, *Beton*, *Untergeher* und *Alte Meister* selbst an einer Studie arbeiten und somit theoretisch *denselben* Problemen wie die Protagonisten ausgesetzt sind.) – Der Geschehenskern um den Protagonisten (dessen Tod und die Vorgeschichte) wird nie eigentlich erzählend entfaltet, sondern in einer kurzen Exposition der Erzählung vorangestellt. Seiner gedanklichen Umkreisung aus der Sicht des zitierten Protagonisten, nicht ihm selbst, gilt das erzählerische Interesse. In

[5] Die sich anschließende Untersuchung der *Stücke* wird ebenso verfahren und zwei dramaturgische Modelle herausarbeiten.

dieser Exposition ist alles an äußerer Handlung enthalten; es entsteht keinerlei Spannung durch sukzessive Entwicklung eines 'plots'.

Die Perspektive des Erzähler-Ichs kann noch zusätzlich gebrochen werden durch weitere *Berichterstatter* (durchgängig im *Kalkwerk* und in *Gehen*, teilweise in *Korrektur* und *Ja*), die dem Erzähler nähere Informationen über den Tod verschaffen, oder – wie in den letzten Erzählungen – durch die Konstruktion einer Rahmenhandlung mit einer *Erinnerungssituation*, in der der Erzähler sich die Hauptfigur und ihr Schicksal vergegenwärtigt. Der Erzähler zitiert in diesem Falle seinen eigenen Gedankenmonolog, der assoziativ die Hauptfigur umkreist.

a) Berichterstatterfiktion und Zitiertechnik

> jede Ihrer Figuren denkt wie Sie und spricht wie Sie
> Wenn man es genau nimmt
> sprechen alle aus dem einen
> und einer spricht immer wie alle
> dadurch bekommt das Ganze etwas Universelles[6]

"Das Zitat als solches hat etwas spezifisch Musikalisches, ungeachtet des Mechanischen, das ihm eignet, außerdem aber ist es Wirklichkeit, die sich in Fiktion verwandelt, Fiktion, die das Wirkliche absorbiert, eine eigentümlich träumerische und reizvolle Vermischung der Sphären."[7] Was Thomas Mann, wohlgemerkt über das *Fremd*zitat, äußert, gilt noch sinnfälliger erst recht für Thomas Bernhards Technik des *Binnenzitierens.*

Im *Kalkwerk* wird die 'Wirklichkeit' der Vorgänge zwischen Konrad und seiner Frau durch die Zitatberichte "absorbiert", wie Thomas Mann sagt, und gefiltert. Bedingt durch die kriminalistische Kernhandlung, den Mord Konrads an seiner gelähmten Ehefrau, ist die Darstellungsfiktion des Romans der Protokollbericht mit einer Vielzahl von Berichtperspektiven. Der Erzähler, ein Lebensversicherungsagent, der das Geschehen im Kalkwerk vor der Tat zu rekonstruieren versucht, bezieht sich in seinem Bericht zunächst auf die in den Gasthäusern (Lanner, Stiegler, Gmachl, Laska) kursierenden Gerüchte,

[6] Die Mutter zum dramatischen Schriftsteller in *Am Ziel*, S. 1052.

[7] Thomas Mann, Die Entstehung des Doktor Faustus, in: Schriften und Reden zur Literatur, Kunst und Philosophie (1968), 3. Bd., S. 103f.

dann auf Informanten, die mit Konrad in Kontakt waren (Fro, Wieser, der Baurat) und dessen Äußerungen überliefern. Diese Vervielfachung der Informationsquellen schafft nun gerade keine Gewißheit über das Geschehene, sondern erzeugt davor einen Filter und verunsichert den Leser. Gleich zu Beginn widersprechen sich schon die Angaben über den bloßen Tathergang (Kw 8).[8] Konrads Aussagen werden durchgängig konjunktivisch und stets mit der Floskel "soll Konrad gesagt haben" zitiert. Das kennzeichnet den Stil des Gerichtsprotokolls. Lindenmayr schreibt dazu:

> Die konjunktivische Wiedergabe ebnet die Emotionalität der Aussagen ein, verkürzt sie gleichzeitig um Expressionshandlung und Situationsgebundenheit, wodurch ein Teil der Aussage wegfällt. [...] Der Konjunktiv mag durch seine gezwungene Sachlichkeit den Eindruck der Objektivität, der unverzerrten Berichterstattung erwecken, tatsächlich aber ist er Ausdruck einer tiefgreifenden Verzerrung, einer trügerischen Reduktion, welche den Aussagewert schmälert.[9]

Kennzeichnend für diese Darstellungsform ist, daß der Erzähler nicht mehr als der Leser weiß und nur ganz abstrakt die Stelle bildet, an der die Informantenzitate (additiv und unbewertet) zusammenlaufen. Ebenso abstrakt und funktional eingesetzt ist der Ich-Erzähler in *Gehen*, dem formal wohl avanciertesten Prosastück Bernhards. Das Rahmengeschehen, ein Spaziergang des anonymen Erzählers mit Oehler, ist aus dessen zitiertem Monolog nur noch erschließbar[10], sprachlich ist der Hinweis auf den Gehvorgang auf der Geschehensebene dem voluminösen Denk- und Redevorgang eingebettet. So wird die behauptete Wechselbeziehung von Gehen und Denken (G 84ff.) in der

---

[8] Vgl. Lindenmayr, Totalität und Beschränkung, S. 20ff.

[9] Ebd., S. 24f.

[10] Die inquit-Formel "sagt Oehler" wird nur spät um den Kontexthinweis ergänzt: "[...] sagt Oehler, *wie wir vor dem Gasthaus Obenaus stehen*" (G 77, Herv. W.H.), "[...] sagt Oehler *und schaut auf den Verkehr auf der Friedensbrücke*" (G 84, Herv. W.H.). Außer dem ersten Satz von *Gehen* und der Beschreibung der Kleidung (G 8) sind nur noch ein Ortshinweis und die Schilderung des Vogelfütterns gegen Schluß (G 91f.) die einzigen *nicht*zitierenden Äußerungen des Erzählers. – Vgl. dagegen die Proportionierung von Geschehen und Rede, Gehen und Denken in *Am Ortler*, wo die Rahmenhandlung der Bergwanderung deutlich und breit geschildert wird.

Darstellung auch sinnfällig, die Denkbewegung Oehlers ist Gehbewegung und umgekehrt. Die immer wiederkehrende inquit-Formel ("sagt Oehler") verliert während des Redestroms ihre markierende Funktion und wird redundant, da ohnehin nur Oehler spricht. Die Zitatebenen vervielfachen sich allerdings in der Schilderung des endgültigen Zusammenbruchs Karrers, der (buchstäblich) Vor-gänger des Erzählers gewesen war, im Rustenschacherschen Hosenladen , dem Höhepunkt der äußeren Handlung, wenn Oehler dem Erzähler berichtet, was er, seinerseits Karrers Worte gegenüber Rustenschacher zitierend, dem Psychiater Scherrer mitgeteilt hat:

> Aufeinmal sagt Rustenschacher, sage ich zu Scherrer, so Oehler, Karrer könne den Versuch machen, von diesen auf dem Ladentisch liegenden Hosen, einen Knopf abzureißen. [...] Möglicherweise dachte Rustenschacher in diesem Augenblick erzieherisch, so Oehler zu Scherrer. Darauf Oehler zu Rustenschacher: so direkt dazu aufgefordert, alle diese rustenschacherschen Hosen zu zerreißen, so Oehler zu Scherrer, verzichte er, Karrer, darauf. Lieber mache ich eine solche Zerreißprobe nicht! sagt Karrer zu Rustenschacher, so Oehler zu Scherrer. (G 64)

Da es inhaltlich in gewissem Sinn keine Rolle spielt, wer was sagt – das Zitieren ist immer nur ein affirmatives Zitieren[11], und dem unablässigen Sprechen und Zitieren fehlt jeder pragmatische Kontextbezug –, verselbständigen sich die Zitatstruktur und damit auch ihre Indikatoren. Dies gilt ebenso für das *Kalkwerk*, wo die Berichterstatter Fro und Wieser für den Leser völlig austauschbar sind. Die inquit-Formeln gewinnen die Funktion, den Redefluß prosodisch zu gliedern. Beispielhaft deutlich wird das am Schluß von *Gehen* (G 94ff.), in dem Oehler nur noch Karrer-Sätze zitiert. Aus einem "so Karrer zu Oehler" (metrisch: υ'υ υ 'υ) (G 95) wird über die rhythmisch gleichwertigen Varianten "sagt Karrer, sagt Oehler" (G 96), "sagt Karrer, so Oehler" (G 96) und "so Karrer, sagt Oehler" (G 97) schließlich die fünfte Form "soll Karrer gesagt haben" (G 98) und danach die Kurzform "so Karrer" (G 99), das in zwanzigfacher Wiederholung und immer dichte-

[11] Dem Erzähler selbst fällt auf, "wie oft Oehler Karrer zitiert, ohne ausdrücklich darauf aufmerksam zu machen, daß er Karrer zitiert" (G 22). Im Unterschied zu Oehler ist er selber Karrer gegenüber eher indifferent eingestellt.

rer Folge den Text ausklingen läßt. Dieses buchstäbliche Aus-klingen als musikalische Struktur bestätigt Jurgensens These von Bernhards musikalisch-theatralischem Sprachdenken: "Die (sonst darstellende) Sprache wird zum Theater. Wenn die Sprache nichts mehr sagt, werden Wörter zu Tönen".[12]

Die Unscheinbarkeit der Rahmenhandlung (Spaziergang) und die Verteilung des Redestroms auf die verschiedenen Sprecherrollen läßt die Rede, sonst eigentlich eine Funktion kommunizierender Individuen, selbständig und ihre Sprecher umgekehrt zu deren Funktionen werden, die Gesagtes nur noch zitierend affirmieren. Die Rede wird zum theatralischen Rollentext, den sie nachsprechen. Daß die Figuren aus *Gehen* keine echten, unverwechselbaren Individuen sind, machen die künstlichen Oppositionen in den Kleidungsgewohnheiten vom Erzähler und von Oehler deutlich, die einzig durch diese Äußerlichkeiten individuelle Kontur gewinnen (G 8ff.). Auch gerade die durch die Sprecherrollen vermehrten Perspektiven dienen keiner gedanklichen Relativierung (wie umgekehrt die Polyperspektivik im *Kalkwerk* keiner Vereindeutigung), sowenig wie das Zitieren als ein Mittel der gedanklichen Distanzierung eingesetzt wird. Derselbe Gedanken- und Argumentationszusammenhang scheint vielmehr durch alle Sprecher hindurchzulaufen. B. Sorg spricht (in Bezug auf *Watten*) von der "Irritation durch die verschiedenen Sprach- und Denkebenen": "Freilich bewirkt das Prinzip der totalen Verschachtelung, das totalen Abstand suggerieren soll, eher den Eindruck einer völligen Identität aller Gefühle und Einsichten".[13] Das macht die Sprecherrollen musikalischen Stimmen vergleichbar, die Texte ähneln "Partituren polyphonisch ausgerichteter Gedankenstimmen, Libretti philosophischer Sprechopern".[14] War mit der Vielzahl der Berichterstatter im *Kalkwerk*, einhergehend mit konjunktivischer Rede, noch eine echte Polyperspektivik verknüpft, etwa der in Uwe Johnsons "Mutmaßungen über Jakob" verwandt, so sind die verschiedenen Sprecherrollen in *Gehen* nur Schein, da sie, verschachtelt, sich nicht in Frage stellen, son-

---

[12] M. Jurgensen, Die Sprachpartituren des Thomas Bernhard (1981), S. 114.

[13] Sorg, Thomas Bernhard, S. 130. - Nur *hier* gilt, was J. König (Studien, S. 178) als Gesamttendenz anführt: "Protagonist und Erzähler verschmelzen sprachlich, sie haben die gleichen Konturen".

[14] Jurgensen, Sprachpartituren, S. 101.

dern bestätigen. Diese *tautologische* Zitierperspektivik ist beispielhaft bereits in den Anfangssätzen der Erzählung enthalten:

1) Während *ich*, bevor Karrer verrückt geworden ist, nur am Mittwoch mit Oehler gegangen bin, gehe ich jetzt, nachdem Karrer verrückt geworden ist, auch am Montag mit Oehler.

2) Weil Karrer am Montag mit mir gegangen ist, gehen *Sie*, nachdem Karrer am Montag nicht mehr mit mir geht, auch am Montag mit mir, sagt Oehler, nachdem Karrer verrückt und sofort nach Steinhof hinaufgekommen ist.

3) Und ohne zu zögern habe ich zu Oehler gesagt, gut, gehen *wir* auch am Montag, nachdem Karrer verrückt geworden ist und in Steinhof ist.

Dasselbe Satzmaterial wird, unter redundanter Wiederholung einzelner Kola, grammatisch-perspektivisch nur hin- und hergeschoben ('ich' – 'Sie' – 'wir').

Dennoch dominiert nicht immer der musikalische Eigenwert der Zitatstruktur. Im *Kalkwerk* dient das konjunktivische Zitieren, wie schon erwähnt, der Relativierung und Verfremdung des Gesagten, in *Korrektur* und *Die Billigesser* macht es die Spannung zwischen dem Erzähler und seinem Geistesfreund bewußt. Der Erzähler in *Korrektur*, Schul- und Studienfreund Roithamers und von ihm zum Nachlaßverwalter erklärt, fürchtet, als er in die auratisierte "Höllersche Dachkammer" kommt (1. Teil des Romans), deutlich die Gefahr, damit auch in den zerstörerischen Sog von Roithamers Gedankenwelt zu geraten. Die Möglichkeit besteht, daß er, mit den gleichen Dispositionen wie Roithamer ausgestattet (er weist z.B.auf die Schlaflosigkeit hin, K 166) und in der Höllerfamilie als Nachfolger akzeptiert, schließlich Roithamers Krankheit zum Tode teilt:

> [...] es war wohl seine Absicht gewesen, mich durch die Beschäftigung mit seinem Nachlaß zu vernichten, deshalb hatte ich ja auch fortwährend Angst vor dem Einlassen mit diesem seinem Nachlaß, weil ich fürchtete, von dieser Beschäftigung vernichtet oder wenigstens zerstört oder wenigstens für immer dadurch irritiert zu sein, irreparabel. (K 160)

Bald darauf ergibt er sich aber in die Aufgabe: "Aber es ist schon klar, daß auch ich jetzt sehr rasch auf den Tod zugehen muß, wenn ich auch anders als Roithamer, nicht fortwährend zum Selbstmord tendierend, veranlagt bin" (K 167)[15]. Sein Entschluß, sich "nicht nur mit dem Nachlaß Roithamers zu beschäftigen, sondern auch gleich über diese Beschäftigung zu schreiben" (K 8), ist von daher als eine Art Selbstschutz durch Distanzierung zu verstehen, die sprachlich in der inquit-Formel "so Roithamer" manifest wird.[16] Der zweite Romanteil ("Sichten und Ordnen") gibt daher genaugenommen nicht einfach ungebrochen die Nachlaßfragmente Roithamers wieder, sondern liefert eine zitierende Paraphrase des Erzählers. Das stereotyp wiederholte "so Roithamer" hat hierbei keinerlei informatorische Funktion (im ganzen zweiten Teil spricht ausschließlich Roithamer), sondern ist ein Moment künstlicher (und auch krampfhafter) Distanzierung, mitunter noch dadurch verstärkt, daß der Erzähler kommentierend wie in einer philologischen Edition auf Hervorhebungen in Roithamers Manuskript *hinweist*, die typographisch schon wiedergegeben sind. Durch diese Mittel, gegen Schluß außerdem noch durch eingestreute Datierungen der Notizen ergänzt, wird dem Leser immer wieder die Nachlaß-Fiktion ins Bewußtsein gerufen. Die Formel "so Roithamer" gliedert und rhythmisiert außerdem unterschwellig den Gedankenstrom Roithamers ähnlich wie in *Gehen*. In *Verstörung*, dem außer *Korrektur* einzigen Buch mit zwei Abschnitten, deren letzter ebenfalls ein einziger zitierter Monolog ist, gewinnt das gliedernde "sagte der Fürst" zusätzlich eine Farbe durch alternierendes Zitieren in indirekter und direkter Rede, mitunter auch in gleichzeitiger Durchdringung.[17] Dieser Moduswechsel spielt in *Korrektur* allerdings keine Rolle; der Erzähler ist hier von dem Material, das er "sichten und ordnen" will, völlig

[15]Die unmittelbar anschließende Episode mit Höller, der einen schwarzen Vogel ausstopft, ein deutliches Todessymbol (K 168), verstärkt diese Befürchtung. (In "Monologe auf Mallorca", S. 8, das sei am Rande vermerkt, spricht Bernhard einmal scherzend vom "Todesvogerl").

[16]Dieser Schutz ist beim *Kalkwerk*-Erzähler, der Lebensversicherungsagent ist, bereits metaphorisch angedeutet.

[17]Z.B.: "Die ungeheure 'Gefühls- und Gesteinsgeschichte' fühle er oft 'ineinanderstürzen zu völlig neuen Substanzen', wodurch für ihn ein Prozeß sei, in dem 'alles vernichtet wird, um dann endgültig zu sein'" (V 103). – Die Reden des Malers in *Frost*, dort noch eingebettet in ein kontinuierliches Geschehen, werden vom protokollierenden Erzähler ebenfalls direkt wie indirekt zitiert.

verdrängt und das wohl auch psychologisch; einzig in der mechanischen Floskel "so Roithamer" ist seine Anwesenheit noch spürbar. Genauso angezogen von der Persönlichkeit des Protagonisten ist der Erzähler in *Die Billigesser*, der sich Koller bereits als Schüler in der ersten Begegnung "ausgeliefert" hat (Be 59) und ihm in einer Mischung aus Bewunderung, Neid und Furcht gegenübergestanden war. Er bewahrt jedoch – er ist Bankbeamter und von anderem Temperament als Koller – größere Distanz als der Freund Roithamers. Erst nach vierzig Seiten mit zitierter Koller-Rede führt er sich, sein Schreiben thematisierend, explizit ein: "Und mein hier unternommener Versuch kann nur wiederum darin bestehen, mich seiner [Kollers] diesbezüglichen Erinnerungen zu erinnern, seine Andeutungen anzudeuten" (Be 40). Er nimmt sich vor,

> zu schreiben, diesen Versuch zu machen allein zu dem Zweck, mir die kollerschen Mitteilungen nocheinmal klar zu machen, mich also seiner Erinnerungen nocheinmal zu erinnern, was mir jetzt zeitlich und tatsächlich ungestört möglich ist. (Be 40f.)

Damit sind prägnant die Brechungen beschrieben, die das Schreiben des Erzählers über die Billigesser bestimmen. Die Erzählstruktur wird jetzt durch die Konstruktion einer doppelten *Erinnerung* explizit verzeitlicht. (Diese Konstruktion liegt noch klarer der Darstellungstechnik von *Beton*, *Der Untergeher*, *Holzfällen* und *Alte Meister* zugrunde, die im Anschluß untersucht werden wird.) Der Erzähler erinnert sich, wie sich Koller ihm gegenüber an die Billigesser erinnert. In *Korrektur* dagegen waren *Erinnerung an Roithamer* und dessen (zitierte) Äußerungen kompositorisch voneinander abgetrennt.

Korrektur

A (1-192):	Erzähler in der Dachkammer über Roithamer (100-150 bei Tisch in der Höllerstube)	indir. Rede
B (193-363):	*Roithamers* Nachlaß	dir. Rede

Die Billigesser

A (1-39):	*Kollers* Äußerungen	indir. Rede
B (40-65):	Erzähler über Koller allgemein	dir. Rede
C (66-75):	Erzähler über Koller im "Auge Gottes"	dir. Rede
B (76-87):	Erzähler über Koller allgemein	dir. Rede
C (87-96):	Erzähler über Koller im "Auge Gottes"	dir. Rede
A (97-149):	*Kollers* Vortrag über die Billigesser	indir. Rede
(D (149f.):	Erzähler über Kollers Schicksal)	

Deutlich wird, daß der Monolog Kollers und die Erinnerungen des Erzählers an ihn nicht wie in *Korrektur* blockartig nebeneinanderstehen, sondern jener diese in der Komposition einrahmt (wobei dennoch der Erzähler das letzte Wort behält). Erkennbar ist auch die kompositorische Symmetrie, die sich daraus und aus den wechselnden Erinnerungsebenen des Erzählers (B und C) ergibt. Für beide Werke gilt beispielhaft, was Jurgensen allgemein über Bernhard festgestellt hat: "Sein gesamtes Werk ist eine andauernde Selbstdarstellung, die als Konstruktion beginnt [Zitiersituation Erzähler – Protagonist, W.H.] und als Komposition endet".[18] Die Schauplätze mit ihrem Rahmengeschehen, die Höllersche Dachkammer und ihr Pendant, das "Auge-Gottes"-Gasthaus, sind dabei unterschiedlich in die Erinnerungskonstruktion einbezogen. In *Korrektur* schildert der Erzähler, wie er sich in der Dachkammer an Roithamer erinnert; das erlebende Ich vertieft sich zum erinnernden – in den *Billigessern* erinnert er sich an Koller und schildert dabei, als *eine* Episode, den gemeinsamen Gasthausbesuch; das erinnernde Ich verdichtet sich zum erlebenden. Bedingt durch das Medium der Erinnerung sind die Kollerschen Reden allesamt distanzierend im Konjunktiv zitiert. Wie schon die Konrad-Zitate im *Kalkwerk* werden die Äußerungen dadurch entrückter, was sich zumal in der Beschreibung der vier Billigesser auswirkt, die der Erzähler ja selbst gar nicht kennt. Die indirekte Zitierweise ist aber auch Anzeichen einer viel größeren Unbefangenheit Koller gegenüber. Was der Freund Roithamers eher befürchtet, nämlich in die Rolle von dessen Nachfolger gedrängt zu werden, bereitet dem souveränen Freund Kollers keine Probleme. Das Fluktuieren der Erzähloptik von 'Streuung' (B) zu 'Bündelung' (C), das erzählerische Selbst-Bewußtsein des Erzählers in diesem Mittelteil,

[18] Jurgensen, Der Kegel im Wald, S. 147.

die Verteilung der reinen Koller-Partien auf Anfang und Schluß sowie die distanzierende Verlagerung der Protagonisten-Stätte aus dem Erinnerungsrahmen in die Erinnerung signalisieren das. Diese größere Unbefangenheit und Beweglichkeit des Erzählers geht nicht zufällig mit dem grotesk-komischen Tenor des Ganzen einher – wie schon im 1. Teil gesagt, verhält sich *Die Billigesser* zu *Korrektur* wie eine Travestie zum ernsten Vorbild. Der ironische Selbstbezug ergänzt dies noch: indem Kollers Freund das Scheitern von dessen Billigesser-Studie rekapituliert, schreibt er *selber* eine Studie über die Billigesser. Bernhards Titel "Die Billigesser" signalisiert diesen Selbstbezug[19]; der "Versuch" des Erzählers, "gerade über die Billigesser, die ich persönlich überhaupt nicht gekannt habe und die ich nur einmal kurz zu Gesicht bekommen habe, zu schreiben" (Be 40), wird dadurch Kollers Schreibversuch kommensurabel und – überlegen. Das Werk, das Koller in unmittelbarer Kenntnis und Anschauung seines Gegenstandes nicht gelungen ist, gelingt (paradoxerweise) dem Erzähler, der die Billigesser selbst gar nicht kennt. Sein Darstellungsmodus ist die *Mittelbarkeit* in Erinnerung und Zitat, Kollers (wie der übrigen Studien-Schreiber) Anspruch war unmittelbare (metaphysische) Erkenntnis mit seiner Schrift. Die durch Zitatstil gebrochene und mittelbare Optik des Erzählers ist so im Lichte von Kollers gescheitertem Schreiben zu sehen: das Zitieren ist, als Ausdruck von Sprach- und Darstellungsskepsis, Zeichen poetologischer Reflexion. Nicht zuletzt war das Problem, die Studie aufzuschreiben, für ihre Autoren ein Problem der *Sprache*. Der Buchhändler Goldschmidt, einer der Billigesser, sagt über die Sprache,

[19] Dieser Selbstbezug kann durchaus im Sinne der *romantischen Ironie* aufgefaßt werden; die Erzählung spricht zwar nicht (fiktionskritisch) von dem, was sie selbst ist, ist aber dafür auf höherer Ebene das, wovon sie spricht. Ein ähnlicher Fall liegt im *Untergeher* vor, wo das von Wertheimer bis auf den Titel zuammengestrichene Manuskript seines geplanten Buches denselben Titel trägt wie Bernhards reales Buch bzw. die Aufzeichnungen des Bernhardschen Ich-Erzählers über Wertheimer und Gould (Ug 78f.). Vgl. dazu Petrasch, Konstitution von Wirklichkeit, S. 261ff., die diese Stelle als Fiktionsbruch interpretiert, der in erkenntniskritischer Ironie der Verwischung von Fiktion und Realität diene. Hierbei geht sie zutreffend auch auf das von Gide so genannte "mise en abyme"-Prinzip ein, das sich in Schachtelungen wie Spiel-im-Spiel, Bild-im-Bild, Text-im-Text ausdrücken kann. Die charakteristische Ausprägung bei Bernhard hat es als Schreiben über die Schriften anderer gefunden.

daß sie vor allem aus Wörtern gleich Gewichten bestehe, von welchen die Gedanken fortwährend herunter und zu Boden gedrückt und dadurch in keinem einzigen Falle in ihrer ganzen Bedeutung und tatsächlichen Unendlichkeit offenbar werden könnten. Die Sprache belaste das festzuhaltende Denken in unglücklichster Weise und reduziere es in jedem Falle auf einen fortwährenden Schwächezustand des Geistes, mit welchem sich der Denkende aber abzufinden habe. Denken sei noch niemals in seiner Vollkommenheit und Unendlichkeit wiedergegeben worden [...]. (Be 133)

Dieser sprachkritische Befund ist ernstzunehmen; als Ausdruck eines Sprach- und Erkenntniszweifels durchzieht er, in unterschiedlicher Nuancierung, das ganze Prosawerk Bernhards. Ähnlich wie Goldschmidt hatte bereits Konrad raisonniert:

> Die Wörter ruinieren, was man denkt, das Papier macht lächerlich, was man denkt, und während man aber noch froh ist, etwas Ruiniertes und etwas Lächerliches auf das Papier bringen zu können, verliert das Gedächtnis auch noch dieses Ruinierte und Lächerliche. Aus einer Ungeheuerlichkeit mache das Papier eine Nebensächlichkeit, eine Lächerlichkeit [...]. (Kw 115)

Für Konrad gilt, nicht anders als für Roithamer, daß "das Tatsächliche [...] tatsächlich immer anders, das Gegenteil" ist und "daß wir aus Täuschung existieren und aus nichts sonst" (Kw 27). Das Problem ist nicht spezifisch für wissenschaftliche Erkenntnis; so sagt z.B. der Arzt in *Watten*: "Denn nicht der Verstand ist es [...], den man zu Papier bringt, die Lächerlichkeit ist es, die Unfähigkeit, die Niedertracht" (W 66, vgl. auch W 44).[20] Schon in *Frost* beschreibt der Famulant

[20]Für den Vater in *Verstörung* ist die schöne Literatur "eine in jedem Fall peinliche, ja in großen Zügen lächerliche Verfälschung der Natur" (V 26). Vgl. auch bereits die Sätze des Ich-Erzählers im 1959 entstandenen Frühwerk *In der Höhe. Rettungsversuch, Unsinn*, S. 5f.: "Tatsache, daß das, was wir ansprechen, niederschreiben, zehnmal dümmer ist, als das, was wir denken, trotzdem lassen wir uns, wie die großen Schriftsteller, darauf ein, als viel dümmer zu gelten, als wir sind, und begehen den *Unsinn*, etwas zu sagen, niederzuschreiben, eine Meinung zu äußern, eine Richtung zu vertreten, uns für einen Gedanken einzusetzen".

die prinzipiellen Schwierigkeiten, seine Beobachtungen angemessen in Sprache zu fassen:

> Und wie anders wird sich alles darstellen, wenn ich es mir aus dem, was ich da aufschreibe, herauslese. Alles ganz anders. Denn das Aufgeschriebene stimmt nicht. Kein Aufgeschriebenes stimmt. Kann nichts für sich beanspruchen. Nicht einmal Genauigkeit, wenn auch alles so, in bestem Wissen, in der Meinung, etwas zu wissen über eine ganz klare Sache, fixiert ist. Immer höchstens weniger falsch. Aber falsch. Anders. Unwahr also. (F 129)

In *Gehen* ist dieser Topos bekanntlich Thema von Oehlers philosophisch-erkenntniskritischem Diskurs:

> Man muß wissen, sagt Oehler, alle Sätze, die gesprochen werden und die gedacht werden und die es überhaupt gibt, sind gleichzeitig richtig und gleichzeitig falsch, handelt es sich um richtige Sätze. (G 16f.)

Die Zweifel an der Darstellungskraft der Sprache sind hier noch verschärft zu einem radikalen Erkenntniszweifel. Das Denken überhaupt ist nach Oehler "vollkommene Sinnlosigkeit", "der Irrtum [...] folgerichtig die einzige reale Grundlage" (G 46). Gerade *weil* Sprache, so lautet die paradoxe Zuspitzung, etwas anderes ausdrückt als Erfahrung, ist Verständigung möglich (G 16).[21] Die philosophischen Hintergründe dieser Art von Agnostizismus können hier nicht ausgeführt werden. Auf jeden Fall ist der in *Gehen* immer wieder erwähnte *Wittgenstein* zu nennen, der nicht nur dort philosophische Bezugsfigur ist.[22] Wichtig ist der Umstand, daß dieser Skeptizismus am schärfsten und

[21] Vgl. *Verstörung*, S. 139, wo der Fürst ähnlich argumentiert: nicht *obwohl* die Menschen sich nicht kennen ist Verständigung möglich, sondern *weil* sie sich nicht kennen: "Gäbe es eine Sprache, die verstanden wird, sagte der Saurau, erübrige sich alles".

[22] Vgl. dazu A. Weber, Wittgensteins Gestalt und Theorie und ihre Wirkung im Werk Thomas Bernhards (1981) sowie W. Schmidt-Dengler, Von der Schwierigkeit, Thomas Bernhard zu lesen (1981), S. 136, der im für Karrers Verrücktwerden wichtigen Hosenetikettieren eine Anspielung auf die in den "Philosophischen Untersuchungen" von Wittgenstein kritisierte 'Etikettenkonzeption' der Sprache sieht. Zu untersuchen wäre fernerhin, wie Bernhard sich in die Linie des spezifisch österreichischen Sprachzweifels (Hofmannsthal, Mauthner) einordnet.

ausführlichsten in dem Text (*Gehen*) artikuliert wird, wo auch Bernhards Zitattechnik ihre extremste Ausformung gefunden hat, was deren Funktion eines metapoetischen Indikators der skeptischen Schreibhaltung der Erzählerfiguren, wie sie an *Korrektur* und *Die Billigesser* erläutert wurde, erhärtet. Ihre Verbindlichkeit gewinnt die durch Zitieren und Erinnern mediatisierte und dabei reflektierte Darstellungsform jedoch weniger durch die vielerorten[23] abstrakt formulierte Sprach- und Darstellungsskepsis, sondern vielmehr durch die fiktional durchgespielten Projekte der Studien-Schreiber, die, obwohl der Problematik bewußt, mit ihrer Kunst (Studie) Totalerkenntnis zu verwirklichen hoffen und dabei, auf unterschiedlichem Niveau[24], scheitern. Die Erzählerfiguren versuchen ihnen, poetisch reflektiert, nachzuschreiben. Nicht die verfehlten Studien-Projekte sind somit Ausdruck Bernhardscher Selbstreflexion, sondern das Nach-Schreiben ihrer Chronisten im Medium des Zitats. "Denn immer glauben wir, wir sind authentisch und sind es in Wirklichkeit nicht und glauben, wir sind konzentriert und sind es in Wirklichkeit nicht" (Ug 108). Diese Erkenntnis des Wertheimer-Freundes deutet den Stand seiner Schreibreflexion an; die gültige Niederschrift ist damit aber noch nicht ein für allemal sichergestellt, wie sein eigenes Laborieren an der "Glennschrift" beweist (Ug 108f.). Er aber resigniert nicht[25] und beschließt zuletzt:

> Ich werde mich in der Calle del Prado einsperren und über Glenn schreiben und ganz von selbst wird mir Wertheimer deutlich werden, dachte ich. Indem ich über Glenn Gould schreibe, werde ich mir Klarheit über Wertheimer verschaffen, dachte ich auf dem Weg nach Traich. (Ug 224)

Es ist, in Analogie zu den *Billigessern*, anzunehmen, daß *Der Untergeher* eben diese Schrift *ist*, die der Erzähler hier anspricht.

---

[23]Gewendet zu Verständigungsskepsis findet sie sich etwa in *Drei Tage*: "Verständlichmachen ist unmöglich" (It 147); daneben auch V 138, Ug 99f., W 78, Wv 957.

[24]Erst bei Roithamers Korrekturen wirkt sich die Skepsis praktisch aus. Er sieht ein, daß "in nichts tatsächliche Erkenntnis, aber doch angenäherte" möglich ist (K 194).

[25]Ähnlich zuversichtlich ist die Haltung des Schreibers in *Ja*: "Es gibt ja nur Gescheitertes. Indem wir wenigstens den Willen zum Scheitern haben, kommen wir vorwärts [...]" (J 44).

Es ist erkennbar geworden, daß für Bernhard Schreiben sich seiner Möglichkeiten vergewissert, indem es das Schreiben anderer thematisiert. Die Erzählerfiguren und Freunde der Gescheiterten sind daher nicht einfach künstliche Vehikel für den Autor, der *durch* sie *hindurch* die 'Geschichte' des Protagonisten erzählt, sondern als Schreibende sind sie selber *Gegenstand* von Bernhards selbstreflexiver Darstellungsstrategie. In dieser Selbstreflexion im Zitatmedium[26] käme das vielzitierte "Geschichtenzerstören" Bernhards (It 152) zur Wirkung, das nicht als willkürliche Destruktion von Zusammenhang (der im übrigen nie ganz aufgehoben wird; siehe Kap. IV) mißverstanden werden darf.

Zum Schluß sei angemerkt, daß Bernhards Zitierstil auch eine Wurzel in einer prinzipiellen vernunftkritischen Einsicht hat: es kann nur noch zitiert werden, weil ohnehin alles schon Zitat *ist*. "*Im Grunde ist alles, was gesagt wird, zitiert*", sagt Karrer in *Gehen* (G 22). Der "zitaten*feindliche*" Saurau in *Verstörung* erklärt einmal:

> Aber wir sind eingeschlossen in eine fortwährend alles zitierende Welt, in ein fortwährendes Zitieren, das die Welt *ist*, Doktor. (V 140)
>
> Wir kommen auf nichts Neues. Wie wir in den Wissenschaften auf nichts Neues kommen. Alles ist vor*geschrieben*. (V 150)
>
> Und tatsächlich, Doktor, ist alles *gesagt*. Der Mensch aber spricht immer weiter, redet immer weiter und weiter von seinem Ekel, wenn er von seinem Schicksal spricht. (V 164)[27]

Auch hier klingt deutlich Wittgensteins frühe Sprachphilosophie an, die das sinnvoll Sagbare a priori als durch die Summe aller "Sachverhalte" ontologisch determiniert dachte.

---

[26] Jurgensen faßt diese Reflexion als Selbst*gespräch* auf, wenn er schreibt: "Wir haben es beim erzählerischen Beobachter Bernhardscher Prosa stets mit der transparenten Formfiktion des Autors selbst zu tun. Der Leser spürt jederzeit: hier spricht jemand zu sich selbst. Die Sprache steht im Dienste einer Entzweiung des Ich" (Der Kegel im Wald, S. 139).

[27] Vgl. später: "Das Leben an sich, die Existenz, alles ist ein Gemeinplatz" (*Der Keller*, S. 109).

b) Rahmenfiktion und Erinnerungsmonolog

Nach den *Billigessern* setzt Bernhard sein Schreiben unverändert als 'memoria mortui', jedoch unter Einsatz veränderter Mittel in *Beton*, *Der Untergeher*, *Holzfällen*, *Alte Meister* und – mit Einschränkung – *Auslöschung* fort.[28] Im folgenden sollen die kompositorisch-strukturellen Merkmale dieser Prosagruppe sowie schließlich das Verhältnis von Autor und Leser untersucht werden. – Der Chronist seines gescheiterten Künstler-Freundes tritt selbst als Person in den Vordergrund und hebt sich auch sprachlich vom Protagonisten ab. Er ist, im Unterschied zum Ich-Erzähler in früheren Erzählungen, in einem Rahmengeschehen situiert, von dem aus er sich in einem immer wieder durch Schilderung der Rahmensituation unterbrochenen Bewußtseinsstrom an die zu schildernde Person *erinnert.* Signifikante Formel dieser Erinnerungskonstruktion ist ein "dachte ich", welches, ähnlich wie vorher die Markierungen der Fremdzitate, jetzt immer wieder das Erinnerte als *eigenes Gedankenzitat* des Erzählers bewußt machen soll. Die Erinnerung setzt mit der 'Krise' der Person ein (Anna Härdtl, Wertheimer, Joana), verfolgt episodisch deren weiteren Lebensweg und endet in allen Fällen mit der Begräbnisbeschreibung. Diese Konstruktion hatte schon im ersten Teil von *Korrektur* die Darstellung bestimmt, wo reines Erinnern und reines Zitieren auf zwei Blöcke verteilt waren, Erinnerungsmonolog des Erzählers und Nachlaßmonolog Roithamers in einem paritätischen Verhältnis standen. Der Monolog verlagert sich jetzt vom Protagonisten ganz auf die Erzählerfigur, die perspektivische Brechung der Sicht auf den Protagonisten erfolgt durch die eigene Erinnerung anstatt durch zitierte Berichterstatter. Durch diese Konstruktion ergeben sich, wie zu zeigen ist, neue Möglichkeiten einer skeptisch-reflektorischen Darstellungsform, insbesondere durch Sprünge zwischen den zeitlichen wie auch räumlichen Ebenen. – Zunächst sei die kontinuierliche Verschiebung der Propor-

[28] Die Erzählung *Wittgensteins Neffe* (1983) ist zwar eine 'memoria mortui', gehört aber stofflich und erzähltechnisch zur autobiographischen Prosa, die hier ausgeklammert bleibt (siehe dazu Kap. IV. 4.). In *Auslöschung. Ein Zerfall* (1986) bezieht sich die 'memoria mortui' nicht auf eine Kunstfigur, sondern auf die tödlich verunglückten Eltern und den Bruder des Ich-Erzählers; die Familien- und Vergangenheitsthematik hat die Kunstproblematik verdrängt. Aus diesem Grund und wegen der größeren Komplexität des Romans (Nebenfiguren etc.) wird auf ihn hier nicht näher eingegangen; er erforderte eine gesonderte Untersuchung.

tion zwischen Selbstdarstellung des Ich-Erzählers und Darstellung der erzählten Person sowie deren Verteilung auf die Präsentationsformen von *Erinnerung* (in der Rahmensituation) und *Beobachtung* (in der Rahmensituation) in einer Übersicht dargestellt.

		erinnert	beobachtet
Beton (1982)	Erzähler	→ Anna Härdtl †	
Der Untergeher (1983)		→ Gould †	
		Wertheimer †	
Holzfällen (1984)		→ Joana † (Auersberger u.a.)	Burgschauspieler (Auersberger u.a.)
Alte Meister (1985)	Protagonist	→ Reger	Reger

Alte Meister ist schließlich wieder ein einziger großer Rollenmonolog der Hauptfigur (wie in *Verstörung*), hinter dem der Erzähler/Beobachter ganz zurücktritt. – Mit der Abnahme der Selbstdarstellung des Erzählers geht – was nicht notwendig so sein muß – eine Verkürzung der *erzählten Zeit* einher. Der Grund dafür wiederum ist eine zunehmende topographische Verengung der Rahmenhandlung. Sie vollzieht sich zwar immer als ein einmaliger Ortswechsel der sich erinnernden Erzähler, ist aber sonst stationär. War noch Rudolf, der Erzähler in *Beton*, nach einem längeren Aufenthalt in seinem Peiskamer Arbeitszimmer und einem Besuch im nahegelegenen Niederkreut, darauf nach Palma di Mallorca gereist, wo er sich an die Geschichte der Anna Härdtl erinnert und dann ihr Betongrab aufsucht, so legt der Erzähler im *Untergeher* nach einem langen Gedankenmonolog im Gasthaus von Wankham stehend (drei Viertel des Buches) nur den Weg ins nahe Traich, zum Jagdhaus Wertheimers zurück. Diese räumliche Bewegung mit dem Ziel von Wertheimers letzter Aufenthaltsstätte spiegelt dabei die gedankliche Annäherung, die sich an der groben Chronologie der Wertheimergeschichte orientiert hatte; sie endet *räumlich* beim *zeitlichen* Ausgangspunkt der Fabel: "Glenns *Goldbergvariationen* [...], die ich auf Wertheimers Plattenspieler liegen gesehen hatte, der noch offen war" (Ug 243). Die nachfolgenden Erzähler wechseln, wie bereits der *Korrektur*-Erzähler, der von der Dachkammer an den Höllerschen Tisch herunterkommt, nur noch den Raum. Die Erzähler der letzten beiden Romane sind zugleich *Beobachter*, die aus dem Verborgenen heraus (auf dem Ohrensessel im Vorzimmer bzw. vom benachbarten Museumssaal heraus) die Protagonisten beobachten und dabei deren Vergangenheit rekapitulieren. Die Ohrensesselposition in *Holzfällen* und das völlige Unbeteiligtsein des Erzählers haben zudem die Konnotation des Theatersessels, was der Text explizit bestätigt.[29] Der Erzähler ist Zuschauer in einem künstlichen Gesellschaftstheater, in dem man den Auftritt des Burgschauspielers erwartet.[30] Schon in *Beton*, wo der Erzähler seinen Gedankenmonolog ebenfalls in einem Sessel führt, heißt es: "Während sie [seine Schwester] längst ihren Auftritt in Wien hat, warte ich auf meinen Auftritt in Palma. Tatsächlich war alles an uns theatralisch, es war die furchtbare Wirklichkeit, aber theatralisch" (B 114). Diese Theatersituation ist Bestandteil des wesentlich *dramaturgischen* Aufbaus aller Erzählungen. Das *Warten* auf den Burgschauspieler ist nun ein wichtiges dramaturgisches Mittel (neben anderen), den Monolog zu strukturieren. Bernhard setzt es in den hier erörterten Erzählungen und, noch viel deutlicher, in nahezu allen seinen Stücken ein, um dem stationären und dazu auch statischen Rahmengeschehen ein Ziel und eine innere Dynamik zu verleihen.[31] Es ist ein einfacher Kunstgriff, um äußere Spannung zu erzeugen, die der voluminöse Gedankenstrom nicht entwickelt. Das Warten der Erzählerfiguren auf einen noch Abwesenden oder auf einen Zeitpunkt steht zugleich in Zusammenhang mit ihrem Ortswechsel. So wie Roithamers Freund in seiner Dachkammer auf die Abendmahlzeit mit der Familie Höller wartet, erwartet Rudolf in *Beton* den Flug nach Palma (B 108) und der Erzähler im Wankhamer Gasthaus die Wirtin, bevor er sich nach Traich aufmacht. Wann der erwartete Burgschauspieler eintrifft, ist ungewiß; für Atzbacher in *Alte Meister* jedoch gilt es genau eine Stunde auf Reger zu warten (AM 7). Hier haben sich erzählte Zeit (eben eine Stunde) und Erzählzeit am weitesten einander angenähert.[32] Mit diesem Ortswechsel ändert sich zugleich der *Modus der Darstellung*: nicht mehr wird nur aus dem Erinnerungsmonolog zi-

---

[29] Es heißt in *Holzfällen*: "[...] dachte ich auf dem Ohrensessel, von welchem aus ich die Gäste im Musikzimmer beobachtete, die wie auf einer Bühne agierten im Hintergrund, einer beweglichen Photographie ähnlich" (H 54).

[30] Vgl. die künstliche Theatralik der Friedhofsszene (H 107ff.).

[31] Zum dramaturgischen Zentralmotiv des Wartens vgl. die Arbeit von J.M. Winkler, L'attente et la fête. Recherches sur le théâtre de Thomas Bernhard (1989).

[32] Siehe dazu die Graphik S. 82.

Erzählerposition

Sebastiano-Saal	Bordone-Saal	*Alte Meister* (1985)
Ohrensessel im Vorzimmer	bei Tisch	*Holzfällen* (1984)
Gasthaus (Wankham)	Jagdhaus (Traich)	*Der Untergeher* (1983)
Peiskam	Palma	*Beton* (1982)
Dachkammer	bei Tisch (Höllerstube)	*Korrektur* (1975)

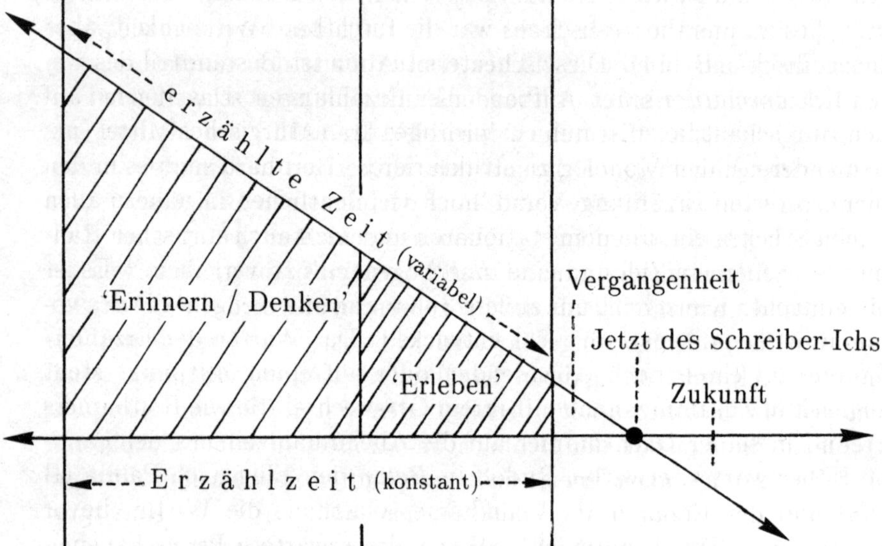

Darstellungsmodus

'dachte ich'	'sagte ich'	*Korrektur*
'dachte ich'	('sagte sie') 'dachte ich'	*Beton*
'...(sagte er), dachte ich'	'sagte er' 'dachte ich'	*Der Untergeher*
'dachte ich'	'sagte er' 'dachte ich'	*Holzfällen*
'...sagte er, dachte ich'	'sagte er'	*Alte Meister*

tiert, sondern auch unmittelbar aus dem erzählten Rahmengeschehen. (Die Ausnahme bildet *Beton*, wo der Erzähler in Palma die Binnengeschichte der Anna Härdtl ja zum größten Teil auch als deren Bericht *erinnert* und nur die Fortsetzung (Selbstmord auch der Anna Härdtl) auf dem Friedhof *erlebt*.)

Im *Untergeher* wird der Erinnerungsvorgang durch das Gespräch mit der Wirtin (Ug 164ff.) und später vom Bericht des Holzknechtes Franz (Ug 226ff.) unterbrochen. Das Auftreten der Wirtin löst die Bewegung des Erzählers, seinen Ortswechsel, aus. Diese Informantenberichte ergänzen die Erinnerung des Erzählers um das gerade Zurückliegende, wie schon Höller in seinem Bericht über die Entdeckung Roithamers auf der Lichtung (K 150), der bezeichnenderweise selbst ausgespart bleibt. Zwischen dem Auftritt der Wirtin und dem des Holzknechts ist in retardierender Funktion eine abschweifende Binnengeschichte (der "Dichtelmühlprozeß", Ug 190ff.) im Medium der Erinnerung eingefügt, welche mit dem Bisherigen in keinerlei Zusammenhang steht. Auch die Vorstellung der einzelnen Billigesser waren stofflich Binnengeschichten (als Lebensgeschichten), dort aber Zielpunkt, auf den sich der ganze Erzählbogen hinspannt. Nicht weniger abrupt und unvermittelt als die Prozeßgeschichte wird die Geschichte der Härdtls in *Beton* eingeführt, auch sie ist, der Titel deutet das an, der Zielpunkt der ganzen Erzählung. Keine Binnengeschichte, sondern ein Binnen*geschehen* schließt den ersten Teil von *Korrektur* ab; es ist die Episode der Beobachtung Höllers in seiner Präparatur (K 168-192), die, nach einer Phase krankhafter Spekulation, mit dem Eintreten des Höller in die Dachkammer endet. Wie der Kunstgriff des Wartens ist die Einfügung einer Binnengeschichte kurz vor dem Schluß ein kompositorisches Mittel. Der Schluß der Binnengeschichte liefert in *Beton* wie in *Korrektur* auch der Rahmensituation mit ihrem Erinnerungsstrom, der von sich aus nicht terminiert ist, ihren kompositorischen Abschluß oder retardiert diesen, wie im *Untergeher*. Diese Terminierung ist möglich, weil die Geschichte der Anna Härdtl teils erinnert wird (als deren Bericht vom Selbstmord ihres Mannes), teils aber, als ihr eigener Selbstmord, im Friedhofsbesuch auf die Rahmenhandlung übergreift (Erzähler in Palma). Erlebtes (Reise) und Erinnertes (Härdtlgeschichte) verschränken sich und werden auf diese Weise zu *einem* Ende geführt. Im *Untergeher* braucht die Wertheimergeschichte dies nicht zu leisten, da sie bereits in ihrer Chronologie als abgeschlossen erinnert und danach (Ug 90ff.) nur episodisch vertieft und ergänzt wird. Stattdessen kehrt die Rahmengeschichte, wie schon erwähnt, zum symbolischen Ausgangspunkt der Wertheimergeschichte, den "Goldbergvariationen", zurück, der damit zum Endpunkt der ganzen Erzählung wird. Die eigentliche Binnengeschichte fungiert als retardierende Abschweifung in dieser Bewegung. Auch der Schluß von *Holzfällen* ist formal eine Wendung zum Anfang; das erlebende Ich nimmt sich als schreibendes vorweg, indem das Ende der erzählten Zeit als Beginn der Erzählzeit, d.h. des Schreibvorgangs reflektiert wird:

> " [...] und ich lief und lief und dachte, ich werde *sofort* über dieses sogenannte *künstlerische Abendessen* in der Gentzgasse schreiben, egal was, nur *gleich* und *sofort* [...]" (H 321).[33]

Die Dynamik dieses Übergangs – der Schreibende versucht sich selbst als Erlebenden einzuholen – wird sprachlich in einem dreieinhalb Seiten langen, atemlosen Satz fühlbar gemacht. Dennoch ist dieser Schluß eine formale Lösung. Der eigentliche Höhepunkt, auf den hinerzählt wird, ist zweifellos das Bekenntnis des Burgschauspielers zur Natur. Es erwächst aus einer Replik an Jeannie Billroth, die das Thema der vulgär-auratisierenden Kunstrezeption schlagartig zu einem dramatischen Konflikt verdichtet. In den Bemerkungen über Künstlichkeit und Natürlichkeit erreicht die Rede des Schauspielers ihren rhetorischen Höhepunkt (H 301ff.), der auch zugleich in die Kernaussage der Erzählung führt, wie der Titel "Holzfällen" signalisiert. Was sich hinter dieser Betonung verbirgt, ist bereits erörtert worden. Dieses unerwartete Bekenntnis des Schauspielers ist geradezu eine Peripetie nach seinem konformen Auftreten in der Abendgesellschaft (H 173), das den in allen Erzählungen vorhandenen strukturellen Wendepunkt von einem Erinnern ("dachte ich") zu einem überwiegenden Schildern des Gehörten ("sagte er") markiert.

Nach demselben Schema ist *Alte Meister*, die letzte Erzählung dieser Serie, angelegt. Die strukturelle Mitte[34] ist hier das Treffen von

[33] Dieselbe Figur der *Selbstbeziehung* des Textes auf sich selbst kommt in *Auslöschung* (1986) vor; Murau, der Ich-Erzähler, sagt gegen Schluß des Romans: "Schon habe ich wieder etwas im Kopf. *Auslöschung* heißt es möglicherweise, dachte ich, [...]" (Al 542f.) sowie auch Al 457.

[34] Wie schematisch dieser Übergang angelegt ist, mag man daran ersehen, daß er

Atzbacher und Reger im Bordone-Saal des Kunsthistorischen Museums, wonach Reger direkt und nicht mehr episodisch aus der Erinnerung Atzbachers zitiert wird. In diesem Monolog läuft schließlich der Tod von Regers Frau, bisher nur zwischendurch kurz angesprochen, mit dem Hauptthema der Kunst-Kritik zusammen. Das Motiv des tragischen Todesfalles ist in *Alte Meister* nicht, wie in den bisherigen Erzählungen, als Geschichte entfaltet, sondern nur in wenigen episodischen Andeutungen, die aber von Reger in chronologischer Folge erinnert werden, eingearbeitet: Bekanntschaft mit seiner Frau (AM 196f.), Unfalltod (AM 246) und schließlich, als Höhepunkt der 'memoria mortui', wie in den früheren Werken auch: Begräbnis (AM 264). Reger faßt am Schluß seine Abneigung gegenüber den alten Meistern zusammen, zutiefst enttäuscht darüber, von ihnen in seiner Lebenskrise alleingelassen worden zu sein (AM 286ff.). Die 'memoria mortui' hat sich verdoppelt: Atzbacher erinnert sich, wie sich Reger an den Tod seiner Frau erinnert. Diese Erinnerung an den Tod und das Verdikt über die alten Meister und großen Geister bildet jedoch nur den inhaltlich-thematischen Höhepunkt und Abschluß; formal wird die Erzählung wiederum durch einen Kunstgriff zum Ende geführt: als Auflösung eines Rätsels. Der Grund der Verabredung mit dem Musikphilosophen ist dem Leser genausowenig wie dem wartenden Atzbacher bekannt. Er enthüllt sich am Schluß (AM 309) als heitere Pointe, die Hauptmotiv für den auffälligen Untertitel "Komödie" ist. Komisch ist die Pointe insofern, als sich der Spannungsbogen, der den ganzen Kunstmonolog des verzweifelten Philosophen trägt, in einer Bagatelle entlädt, die sich nahezu als Entscheidung existenziellen Ausmaßes drapiert: "drei qualvolle Stunden habe ich überlegt, wie ich Ihnen sage, daß ich zwei Karten für den *Zerbrochenen Krug* gekauft und dabei *nur an mich und an Sie gedacht* habe" (AM 310), eröffnet Reger seinem Freund. Allerdings ist diese Schlußidee nicht ohne Beziehung zum Vorangegangenen, veranschaulicht sie doch pointiert als *"Vergnügen dieser perversen Verrücktheit"* (AM 311) das gespaltene Verhältnis Regers zur Kunst und im besonderen zum Burgtheater, das er wie nichts sonst haßt (AM 309). An dieser Schlußpointe läßt sich zeigen, vergleicht man sie mit dem Schluß von *Beton*, wie Bernhard mit seiner erzählerischen Konstruktion spielt. In *Beton* läuft *dieselbe*

(zufälligerweise!) *seitengleich* mit der entsprechenden Stelle im ungefähr gleichlangen *Holzfällen* ist (S. 173).

Konstruktion – die Protagonistin (Anna Härdtl) hat ihren Partner verloren und versucht, über diese Erschütterung hinwegzukommen – auf eine *tragisch-makabre* Pointe hinaus. Rudolf muß vor dem Grabstein zur Kenntnis nehmen, daß Anna Härdtl den Tod ihres Mannes nicht hat überwinden können. Der Text schließt darauf:

> Ich zog die Vorhänge meines Zimmers zu, schreibt Rudolf, nahm mehrere Schlaftabletten ein und erwachte erst sechsundzwanzig Stunden später in höchster Angst. (B 212f.)

In *Alte Meister* ist der Selbstmord, der von der aufgebauten Erwartung her – Reger hat schließlich seinen seit dreißig Jahren lebenswichtigen Besuchsrhythmus durchbrochen – ebenso denkbar wäre, durch die Theatervorstellung ausgetauscht, die mit dem Suizid nur noch metaphorisch die Entsetzlichkeit teilt. Tod und Theater sind für Bernhard auch kompositorisch eines:

> [...]*gehen Sie mit mir heute abend ins Burgtheater, teilen Sie mit mir das Vergnügen dieser perversen Verrücktheit* [...]. Tatsächlich bin ich am Abend mit Reger in das Burgtheater und in den *Zerbrochenen Krug* gegangen, schreibt Atzbacher. Die Vorstellung war entsetzlich. (AM 310f.)

Diese Schlüsse und die Schauspielerrede in *Holzfällen* sind deshalb so wichtig, weil sie die Aussage der voraufgegangenen Erzählung determinieren, die sich, handlungsarm und in kreisender Monologbewegung, auf sie hinspannt. Die Titel *Beton*, *Holzfällen*, *Alte Meister* unterstreichen diese Rolle. Durch den Tod der Anna Härdtl ist der kranke und schreibgehemmte Erzähler nun noch mehr gefährdet, die Reise nach Mallorca ist als Fluchtversuch gescheitert. Die heiter-komische Schlußwendung in *Alte Meister* unterstützt dagegen noch Regers Lebenszuversicht. Für Bernhards Ästhetik sagt der Vergleich der Schlüsse zweierlei aus. Zum einen illustriert er den Bernhardschen Topos der Ununterscheidbarkeit von Komik und Tragik (siehe dazu Kap. IV.5.), indem ein zu Tragik neigender Handlungsverlauf einmal tragisch und einmal komisch zu Ende geführt wird (und im ganzen sogar als "Komödie" bezeichnet wird). Zum andern belegt er, daß die formale Konstruktion der Erzählung diesen gehaltlichen Tendenzen oder Geisteseinstellungen gegenüber indifferent ist. Allen Erzählungen liegt, wie gezeigt wurde, dieselbe Konstruktion zugrunde, die nur stofflich jeweils anders besetzt ist und in den Proportionen (Erzähler–Hauptfigur, Erzählzeit–erzählte Zeit) Verschiebungen erfährt.

Wie das reine Zitieren ist das in einem Rahmengeschehen situierte Erinnern eine Form mediatisierter Erfahrung. Im Nebeneinander von Gedankenmonolog und äußerem Stillstand, der in Bewegung übergeht, spiegelt sich das für Bernhard wichtige Verhältnis von 'Gehen' und 'Denken' in einer poetischen Konstruktion. Eine musikalische Kontrapunktik wie vormals zwischen den zitierten 'Stimmen' in *Gehen* wird aufgebaut, zeitliche und räumliche Sprünge zwischen in der Rahmensituation Beobachtetem und dem Erinnerten sind möglich. Während das immer mehr reduzierte Rahmengeschehen in seiner chronologischen Folge geschildert wird, kann der Gedankenmonolog nur in der Rekapitulation des gescheiterten Lebens bis zum Begräbnis (A. Härdtl, Wertheimer, Joana, Frau Reger) chronologisch verfahren; der übrige Teil vergegenwärtigt episodisch oder ist, wo die Äußerungen der Figur zitiert werden, achronisch, da hier das essayistische Denken das epische ganz verdrängt.[35] So wird in *Alte Meister* nicht Regers Leben erinnert, sondern vielmehr seine Reden über Kunst und Kultur aus der Erinnerung zitiert. Erinnerung wird zum Zitat und umgekehrt. Einen äußeren Grund für die als Kunstmittel eingesetzte Erinnerung in der Rollenprosa seit *Korrektur* mögen die von 1976-82 erschienenen autobiographischen Bücher Bernhards darstellen. Auch sie versetzen nicht einfach in die Vergangenheit, sondern Erinnerung ist hier, auch gerade als selektive (es wird stark episodisch und nicht kontinuierlich erzählt), zugleich Distanzierung, worauf der Autor auch stets reflektiert.[36] Das *Selbst*zitat des Erinnerten scheint nun diese Distanzierung, die sonst im Fremdzitat ("sagte er") schon ausgedrückt ist, noch zu verstärken. Die Verstärkung des bloß erinnernden Schreibens zu einem Schreiben *über* einen Erinnerungsvorgang, etwa in *Holzfällen*, signalisiert aber

[35] Zum Verhältnis von essayistischer und epischer Struktur siehe Kap. IV.3.

[36] In einem Interview kommentiert Bernhard seine Autobiographie: "Ich sagte mir: 'Ich habe nicht mehr so lange zu leben. Wieso nicht versuchen, mein Leben bis zum Alter von neunzehn aufzuschreiben. Nicht so, wie es in Wirklichkeit war – Objektivität gibt es nicht –, sondern so, wie ich es heute sehe'" (Interview für 'Le Monde', 1984, S. 105). Zu den autobiographischen Büchern als 'memoria passionis' vgl. im übrigen den Aufsatz von G. vom Hofe, Ecce Lazarus. Autor-Existenz und 'Privat'-Metaphysik in Thomas Bernhards autobiographischen Schriften (1981).

Distanz nicht in dem Sinne, daß der Schreiber zur Zeit der Niederschrift als für das Gesagte Verantwortlicher vom damals Erinnerten Abstand nähme, die Konstruktion einer doppelten Erinnerung ist vielmehr artistisches Verfahren. Das führt zu der Frage, inwieweit die pragmatische Funktion zitierender Rede, nämlich sich auf Gesagtes beziehen zu können, ohne es dabei zu bejahen, auch im Bernhardschen Zitatstil eine Rolle spielt. Für *Das Kalkwerk* und *Gehen* ist diese Frage bereits verneint worden: immanent dient das Zitieren einmal als konjunktivisches der Relativierung, in *Gehen* fehlt ihm die gedankliche Distanznahme. – Wie aber ist die Bernhardsche Technik des Rollenmonologs im Hinblick auf die *Autormeinung* zu interpretieren? Diesem Problem hat U. Schweikert in seinem wichtigen und scharfsinnigen Aufsatz[37], einer der wenigen Arbeiten, die Form und Struktur der Bernhardschen Prosa nachgehen, nachgeforscht. Er konnte sich dabei nur auf die Prosa vor *Korrektur* beziehen; seine Befunde gelten jedoch ohne Modifikation ebenso für die 'memoria mortui'-Erzählungen als "Rollenprosa innerhalb der Rollenprosa".[38] Für Schweikert sind Identifikation des Erzählers mit seiner Figur und Distanzierung keine Alternative, sondern in der Spannung zwischen beiden Polen sieht er gerade die spezifische Wirkung auf den Leser:

> In dem ständigen Changieren zwischen Artistik und Aussage – einem formalen Konstituens der Rollenprosa – liegt ein Teil der Faszination, die Bernhard ausübt, begründet. [...] Gerade in der Vielfalt der Brechungen und Perspektiven spiegelt sich formal die Spannung zwischen Aussage und Artistik wider.[39]

Man könnte sogar sagen, daß je weniger sich der Erzähler vom Zitierten distanziert, um so auffälliger die Zitatmarkierung im Text ist (Beispiel *Gehen*). Was für den Erzähler und die zitierte Figur zutrifft, gilt auch für den *Autor*. Nicht nur identifizieren sich die Erzählerfiguren mit den Zentralgestalten, sondern auch der Autor mit ihnen, wie sich bisher an den Künstler/Denker-Figuren zeigen ließ. Deren biographische Züge sind dabei nicht so wichtig wie deren Rolle als poetologische Reflexionsfiguren Bernhards. Indem er sie jedoch an ihrer

[37] U. Schweikert, "Im Grunde ist alles, was gesagt wird, zitiert." Zum Problem von Identifikation und Distanz in der Rollenprosa Thomas Bernhards (1974).

[38] Ebd., S. 4.

[39] Ebd., S. 2f.

Kunst scheitern läßt, distanziert er sich zugleich von ihnen. Identifikation und Distanz sind nicht anders als dialektisch zu begreifen; die Ich-Erzähler-Figur, die das Scheitern des Protagonisten verarbeitet, ist dabei die poetische Manifestation genau dieses Verhältnisses. Dieser Ich-Erzähler, der wohl treffender Schreiber-Ich zu nennen wäre, da sich die Rede stets statt im Hörerbezug eines Erzählenden im Selbstbezug eines Schreibenden artikuliert, ist das Medium der Verständigung des Autors über seinen Selbstentwurf. Als einfach zitierende oder aber erinnernd-zitierende ist die Darstellung objektiviert, insofern der Dargestellte nicht unmittelbar selbst spricht, sondern durch seinen Chronisten; durch dessen Selbstaussage, die damit verbunden ist, stellt sie sich dem Leser als subjektiv gebrochen dar. "Objektivierung und subjektive Ich-Aussage, Identifikation und Distanz stehen in dauerndem Spannungs- und Wechselverhältnis".[40] G.P. Knapp und F. Tasche sprechen in ihrer Strukturuntersuchung[41] (im Blick auf *Frost* und *Verstörung*) vom Prinzip der "Dissimulation" als eines Darstellungsverfahrens, das den Leser zugleich distanziert und anzieht.

> [Es] sieht vor, das Verhältnis des Lesers zur *Handlung* zu versachlichen, unmerklich (abermals "dissimuliert") zu distanzieren, das Verhältnis zum Sujet der Handlung [für die Verf. "das Leiden des Menschen an sich und an seiner Umwelt", W.H.] hingegen zu subjektivieren.[42]

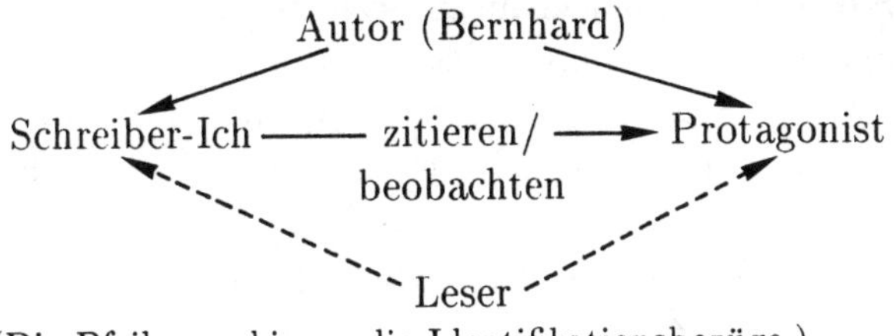

(Die Pfeile markieren die Identifikationsbezüge.)

[40] Ebd., S. 4 ; vgl. ähnlich M. Tabah, Die gestörte Erkenntnis. Form, Sinn und Gehalt in Thomas Bernhards Werk am Beispiel des Romans "Verstörung" (1982), S. 264.

[41] G.P. Knapp/F. Tasche, Die permanente Dissimulation. Bausteine zur Deutung der Prosa Thomas Bernhards (1971).

[42] Ebd., S. 487.

Man könnte hier von einem epischen *Rollenspiel* sprechen. Der Autor figuriert zum einen im mehr oder weniger ausgestalteten Schreiber/Beobachter-Ich und zum andern im beschriebenen/zitierten Künstler-Protagonisten, beides in distanzierender Spannung. Der Leser wird in dieses Spiel von Identifikation und Distanzierung förmlich hineingezogen. Dies um so mehr, als er ständig nach einer Einordnungs- und Bewertungsmöglichkeit der von den Protagonisten vorgetragenen, seinen Erfahrungs- und Wertehorizont oft provozierenden Gedanken zu suchen geneigt ist. Rückverwiesen auf den Ich-Erzähler, durch den allein der Protagonist sich darstellt und der gemeinhin solche Orientierung verspricht, findet er auch dort keinen Anhaltspunkt. Diese Konstruktion ist ein mustergültiges Beispiel für eine strukturelle *'Leerstelle'* im Iserschen Sinne. Wie Autor-Kommentare in auktorialen Erzählungen Unbestimmtheit nicht reduzieren, sondern neue Leerstellen schaffen[43], so bringt hier das Nebeneinander zweier Standpunkte bzw. Perspektiven, das bewußt nicht aufgelöst und vereindeutigt wird, auf gegenteilige Weise Unbestimmtheitsstellen für den Leser hervor. "Wie bei ihm [Bernhard] alles abzielt auf die Identifikation des Lesers mit dem Gesagten, so geht auch der Autor als Person in seinem Werk auf."[44] Darin ist Schweikert zuzustimmen: "daß man Rollenprosa nicht mit der Aussage des Autors gleichsetzen dürfe"[45] gilt hier nicht – schon weil Bernhard in nicht-fiktionalen Kontexten ebenso spricht wie seine Figuren – die Brechung durch Erzählerfiguren wird damit aber gerade nicht zu einer für die Aussage entbehrlichen Manier der Einkleidung. Sie ist es deswegen nicht, weil die literarische Aussage, als reflektierte Schreiberfahrung anhand von Kunstfiguren, nicht mit dem Monolog dieser Figuren identifiziert werden darf, sondern diese nur ein Faktor der erzählerischen Konstruktion sind. Eine Fixierung der Monologe Karrers, Roithamers, Regers etc. auf die Meinung Bernhards ist zwar suggeriert, verkürzt jedoch die poetische Konstruktion der Texte.

[43]Isers Bestimmung der "Leerstelle" (Die Appellstruktur der Texte, 1970, S. 235) ist geradezu wörtlich applizierbar: "Zwischen den 'schematisierten Ansichten' entsteht eine Leerstelle, die sich durch die Bestimmtheit der aneinander stoßenden Ansichten ergibt. Solche Leerstellen eröffnen dann einen Auslegungsspielraum für die Art, in der man die in den Ansichten vorgestellten Aspekte aufeinander beziehen kann. Sie sind durch den Text selbst überhaupt nicht zu beseitigen".

[44]Schweikert, Identifikation und Distanz, S. 6.

[45]Ebd.

Renate Fueß hat in einer interessanten Studie[46] versucht, im Bernhardschen Werk Double-bind-Strukturen aufzuweisen, hauptsächlich auf der Ebene der dargestellten Figurenbeziehungen (*Amras*, *Kalkwerk*, *Macht der Gewohnheit*). Doch stellt sie sich auch die Frage, "inwieweit der reale Leser Bernhardscher Texte in ein ähnliches System eingebunden werden soll".[47] Sie stützt sich auf implizite Text-Leser-Metaphern (siehe dazu der nächste Abschnitt), versteckte Leseanweisungen und auf Strategien der Leserirritation wie gezielte Unklarheiten und Brüche in der Mitteilung oder Diskrepanzen zwischen Form und Inhalt. Fueß bemerkt:

> Ohne Zweifel wird also der Leser im Werk Bernhards in eine Fülle gegensätzlicher Signale eingebunden, die ihm das *Eindringen in den Text* erschweren. Dabei kommen die verschiedenen Irritationsphänomene unterschiedlich zur Geltung.[48]
>
> Bernhard stellt seinen Leser in ein Feld von Irritationen, die über verschiedenen Ebenen ablaufen und deren Strukturen den paradoxen Signalen des Double-bind entsprechen. Die Reaktion des einzelnen Lesers aber mag dahingestellt sein.[49]

Nun gehen die unbestreitbaren Schwierigkeiten beim "Eindringen in den Text" (semantische Dunkelheit in der Figurenrede etwa) eigentümlicherweise einher mit der Lektüreerfahrung des Sogs und des Hineingezogenwerdens in den Text, die für Bernhard charakteristischer ist. Es scheint zunächst so, daß, weil Fueß nur verstreute Indizien zusammenstellt und das Grundschema der Rollenprosa nicht vor Augen hat, sie den Double-bind-Ansatz an falscher Stelle appliziert und ihn so nicht ausnutzt. Eine genauere Betrachtung zeigt jedoch, daß die Wirkung des epischen Rollenspiels auf den Leser nicht auf der Double-Bind-Struktur basiert, einfach deswegen, weil er keinen einander widerstreitenden Handlungsgeboten (oder zumindest Aussagen) ausgesetzt wird. Es ist ja vielmehr gerade so, daß die Aussagen von

[46] R. Fueß, Nicht fragen. Zum Double-bind in Interaktionsformen und Werkstruktur bei Thomas Bernhard (1983).

[47] Ebd., S. 206.

[48] Ebd., S. 210, Herv. W.H.

[49] Ebd., S. 213.

Schreiber-Ich und Protagonist einander nicht nur nicht dementieren, sondern inhaltlich nahezu verschmelzen, *obwohl* – das ist das eigentlich Irritierende – die reichlichen Signale wie inquit-Formeln und oratio obliqua – eine Distanzierung ermöglichten und erwarten lassen.

An dieser Stelle sei kurz ein literarischer Querverweis eingeschaltet. Interessanterweise wirkt die Staffelung der (bis zu vier) Erzähler in Samuel Becketts "Watt", die, wie R. Breuer gezeigt hat[50], kritisch die Unmöglichkeit objektiver Erkenntnis dartun soll, ähnlich 'dissimulierend' und desorientierend auf den Rezipienten. Was Breuer dazu schreibt, läßt sich im Prinzip auf Bernhard übertragen:

> Die Staffelung der Erzähler eröffnet überdies dem Autor die Möglichkeit, sich in einer Art Versteckspiel zu entziehen, und entspräche dann der Ironie in den früheren Werken [...]. Der gemeinsame Nenner von Ironie (überhaupt allem schizophrenem Verhalten) und Zitieren liegt dabei darin, daß der Textproduzent dem Kommunikationspartner, d.h. dem Textrezipienten, die Wahl überläßt, was gemeint sei, wobei sich die möglichen Deutungen durchaus widersprechen, sogar ausschließen können. Ja, diese Widersprüchlichkeit macht diese Redeformen dem, der sich verweigern will, überhaupt erst interessant.[51]

Der 'Quest' der Beckettschen Helden von "Murphy" bis zur Trilogie als scheiternder Sinn- und Ichsuche entspräche strukturell bei Bernhard die "Studie" der Protagonisten mit ihrem Kunst- und Erkenntnisanspruch, die die skeptische Annäherung der zitierenden/beobachtenden Chronisten motiviert; dem Ich-Erzähler gelingt so, was dem Künstler-Helden nicht möglich war: "Das Scheitern des Künstlers schlägt daher paradox in Gelingen um".[52]

Das Modell des über einen gescheiterten Schreibversuch schreibenden Erzähler ist so beharrlich von Bernhard iteriert worden, daß man

---

[50] R. Breuer, Die Kunst der Paradoxie. Sinnsuche und Scheitern bei Samuel Bekkett (1976).

[51] Ebd., S. 73.

[52] Ebd., S. 23; an weiterer Stelle (S. 16) heißt es: "Dieses Scheitern auf der Ebene der Protagonisten bzw. der Handlung wird nun aber paradoxerweise in eben dem Maße zum Triumph des Kunstwerks und der Kunstabsicht, als dieses das Scheitern in sich spiegelt und beglaubigt, d.h. auf der Meta-Ebene nachvollzieht, und, voll auf seine Problematik eingehend, sich dadurch überhaupt erst konstituiert".

geneigt ist, darin eine persönliche, im Biographischen wurzelnde Obsession zu sehen. Die Studienschreiber, die alle deutliche Züge einer *Vater-* und *Lehrerfigur* tragen (Atzbacher nennt Reger sogar seinen "Gedankenvater", AM 25) haben ihr biographisches Substrat in Bernhards Großvater, dem Schriftsteller Johannes Freumbichler[53], dessen Bedeutung für Bernhard, der seinen leiblichen Vater nie zu sehen bekam und unter seiner unehelichen Geburt zu leiden hatte, wohl nicht zu überschätzen ist.[54] Die obsessive Fixierung auf das Erzähl- und Erfahrungsmodell 'Erzähler – (gescheiterter) Protagonist' und seinen Identifikationsbezügen wird mit Bernhards Erklärung in *Der Keller* verständlicher, wenn er sagt:

> Was mich betrifft, habe ich drei Erfahrungen gemacht, die Erfahrung meines Großvaters und die Erfahrung aller anderen für mich weniger wichtigen Mitmenschen und die eigene. (Ke 110)

[53]In *Der Keller* wird er von Bernhard beschrieben wie einer der fiktiven Studienschreiber; sein schriftstellerischer Ehrgeiz und seine rigorose Lebensführung müssen den Enkel wohl tief geprägt haben.
"Im Vorzimmer, gleich neben der Wohnungstür im Bett liegend, verfolgte ich mit der Aufmerksamkeit des empfindsamen und liebenden, noch nicht mit allen grausamen Vergeblichkeiten und Hoffnungslosigkeiten vertrauten Enkels die Geräusche, die neuerliche Überwindung der Todesangst und den immer wieder von neuem aufgenommenen Verzweiflungskampf des von mir wie keinem anderen geliebten Menschen, *der sein sogenanntes Hauptwerk zu Ende gebracht haben wollte.*" (Ke 71, Herv. W.H.)
"Um drei Uhr früh hörte ich, wie er hinter seiner Polstertür seinen Prozeß eröffnete. Seine Lage war die aussichtsloseste, die man sich vorstellen kann, aber er kämpfte, er kämpfte auch noch nach vier Jahrzehnten einer totalen Erfolglosigkeit, in welcher jeder andere längst aufgegeben hätte. Er hatte nicht aufgegeben. Mit dem Zunehmen und mit dem Immer-unerträglicher-Werden seiner Erfolglosigkeit verschärfte sich seine Besessenheit seinem Gegenstand gegenüber, der sein Werk war. Er war kein mitteilsamer Mensch, und er haßte die Gesellschaft. *Er hatte sich mit seiner Arbeit, mit seinem Lebenswerk als Schriftstellerei eingekerkert*, sich aber die Freiheit genommen, allein zu sein und alles andere zu unterwerfen." (Ke 72, Herv. W.H.)
Im letzten Band der Autobiographie, *Ein Kind*, heißt es über ihn: "Er hatte immer die unglaublichsten Ideen, aber er fühlte, daß er an diesen Ideen scheiterte. Wir scheitern alle, sagte er immer wieder. Das ist auch mein fortwährender Hauptgedanke" (Ki 118).

[54]Einflüsse von Freumbichlers Arbeiten auf das frühe Werk von Bernhard hat B. Seydel nachgewiesen: Die Vernunft der Winterkälte. Gleichgültigkeit als Equilibrismus im Werk Thomas Bernhards (1986).

Die Erzählungen leben davon, daß der Ich-Erzähler im imaginierenden Nachvollzug der Erfahrungen des Protagonisten seine *eigene* zu machen versucht. Das Zitieren ist dabei die Darstellungsform, welche Vergegenwärtigung des Fremden in der Perspektive des Eigenen ermöglicht.

Bernhard selber ist sich dieses Darstellungsmittels wohl bewußt und hat es, darauf sei zum Schluß hingewiesen, in der Figur des Museumsdieners Irrsigler in *Alte Meister* ironisiert:

> Irrsigler ist das Sprachrohr Regers, fast alles, das Irrsigler sagt, hat Reger gesagt, seit über dreißig Jahren redet Irrsigler das, was Reger gesagt hat. Wenn ich genau hinhöre, höre ich Reger durch Irrsigler sprechen. (AM 12f.)[55]

Umso fraglicher ist es, ob die Bernhardschen Protagonisten "Sprachrohre" ihres Autors sind.

c) Die "Studien" der Protagonisten und die Kunstwerke der Trilogie als reflexiv-poetologische Symbole

Nachdem Bernhards charakteristische Schreibform in den Erzählerberichten als 'memoria mortui' immanent als von den Erzähler-, besser: Schreiberfiguren darstellerisch reflektierte Bewältigung der gescheiterten Kunstbemühung ihrer Genie-Protagonisten interpretiert worden ist, sollen in dieser Perspektive noch einmal die "Studien", der Kegel und die (realen) Kunstwerke im *Untergeher*, *Holzfällen* und *Alte Meister* kurz, zum Teil ergänzend, in den Blick gerückt werden. Sie sind zum einen Elemente der erzählten Welt (in der Künstlertrilogie auch der wirklichen), darüber hinaus aber versteckte Spiegelungen von Bernhards Poetik und von daher als reflexiv-poetologische Symbole zu bezeichnen. Sie ergänzen so die poetologische Projektionsrolle der Künstlerfiguren, an denen der Autor Kunst-Konzepte durchspielt und scheitern läßt, was wiederum die Struktur des Berichts bestimmt.

Noch vor J. Königs allgemeiner Deutung des Roithamerschen Kegels als "Ausdruck einer Utopie der vollkommenen Kommunikation"[56], welche im Kegel "ein Buch als vollkommenes Kunstwerk" sieht[57], hat

[55] Vgl. den Papagei Friedrich in *Immanuel Kant* als ähnlich ironische Anspielung.
[56] König, Studien, S. 137.
[57] Ebd., S. 138.

M. Jurgensen darauf hingewiesen, daß der Kegel als Symbol für Bernhards Werk überhaupt zu verstehen ist: "Der Roman, die Erzählung, das Schauspiel: sie alle sind Bernhards 'Kegel', Gedanken- und Beschreibungsentwürfe, die sich radikal dahingehend korrigieren, daß sie sich als total versprachlichte Komposition zu erkennen geben".[58] Die buchstäbliche Grund-Lage (und damit Grundlage!) für Roithamers Kegelpläne waren an die Wände geklebte Buchseiten

> mit den mir wichtigsten Sätzen von Pascal und Novalis und Montaigne, bevor ich sie mit den Skizzen und überhaupt allen möglichen Gedanken für den Kegelbau zugeheftet und zugeklebt gehabt habe [...]. (K 301)

Jurgensen erklärt dazu: "Aber eben diese Konstruktion erweist sich als tödlich, sie ist menschlich nicht bewohnbar. Sie bleibt ästhetisches Phänomen, so wie das Bernhardsche Prosawerk".[59] Der Kegel als ein Konstrukt aus Zitaten und Mathematik wäre so Abbild von Bernhards Prosa. Dieser poetologische Aspekt ergänzt die schon erörterte kunstphilosophische Bedeutung, die er für seinen fiktiven Schöpfer, Roithamer, besitzt. Eine ähnliche Ergänzung läßt sich an Kollers Billigesser-Studie vornehmen, wenn man sie inhaltlich näher betrachtet. Waren an Koller bereits biographische Züge seines Autors festgestellt worden, so weisen, darauf hat H. Haider in einer Rezension[60] aufmerksam gemacht, auch die vier Billigesser selbst solche Züge auf. In ihrer lebensnahen Zeichnung als 'Durchschnittsmenschen' und mit ihren auffälligen, nicht wie alle Bernhardschen Männernamen auf -er endenden Namen heben sie sich von Bernhards Kunstfiguren auffällig ab. Haiders "Vermutung, alle vier Billigesser neben Koller, der Kleinkaufmann, der sozial engagierte Belesene, der Sammler und Reimeschmied sowie der Flunkerer ergäben miteinander ein Bildnis ihres Autors"[61], läßt sich durch Indizien erhärten. Die Billigesser sind entweder Kaufleute (Weninger, Grill), wie es Bernhard selbst einmal werden wollte, oder Intellektuelle (Goldschmidt, Einzig). An Kaufmann Weninger wird sein "ausnahmslos anzüglich[er]" Witz hervorgehoben

[58] Jurgensen, Der Kegel im Wald, S. 147.

[59] Ebd.

[60] H. Haider, Scheitern im Wiener "Auge Gottes". Eine "Künstlernovelle" von Thomas Bernhard (1980).

[61] Ebd.

(Be 124) sowie der "lebenslängliche[ ] Trick, populär zu sein" und dabei zurückgezogen auf dem Lande zu leben. Er "verstehe, die Welt auszunützen. Politisch habe er sich als ein echter Vertreter seines Standes niemals so weit engagiert, daß es ihm auch nur im geringsten hatte gefährlich werden können" (124f.): ergänzt um seine Musikalität (Be 126), liest sich das wie eine ironische Selbstcharakterisierung des Autors. Der jüdische Buchhändler Goldschmidt teilt Bernhards Lesegewohnheit, statt ganzen Büchern nurmehr noch Sätze zu lesen (Be 131).[62] Der Melancholiker Grill[63] neigt zur "sogenannten Schriftsprache" (Be 136) und schreibt Gedichte, "in einer Monotonie[!], die der letztenendes unterdrückten Persönlichkeit Grills entspreche, aber doch nichts als nur unerträglich [...] sei" (Be 137). Der Juraprofessor Einzig schließlich, Adel vorschwindelnd und von den anderen als der "*Abwegige*[ ]" (Be 147) bezeichnet, erinnert an Bernhards Tätigkeit im Gerichtssaal. – All diese biographischen Details wären nur spielerische Ausschmückung, würden sie nicht Kollers "Physiognomik" als Spiegelung von Bernhards zunächst ebenfalls vierteiliger Autobiographie sichtbar machen. Der zunächst rätselhafte Satz, Koller sei mit den Billigessern "aufeinmal [...] im Besitze seiner eigenen *Physiognomie*" (Be 147), klärt sich in diesem Licht auf. Durch die "vier Physiognomien, zu welchen *als fünfte noch seine eigene heranzuziehen* und von ihm zu analysieren sei" (Be 147, Herv. W.H.), gewinnt Koller schließlich Klarheit über sich selbst, so wie Bernhard seinen vier autobiographischen Büchern 1982 noch als fünftes zur Komplettierung *Ein Kind* hinzugefügt hat. In Kollers "Physiognomie" kommentiert Bernhard sich selbst: die Schilderung scheinbar fremder Charaktere ist in Wahrheit versteckte Selbstbeschreibung und -erkundung[64], wie überhaupt Bernhard in seinen Werken, entgegen dem Anschein, nie über äußere Realität schreibt.[65] – Diese Selbstreflexion des Autors

[62] Th. Bernhard, *Drei Tage* (It 157) sowie "Bei Bernhard. Eine Geschichte in 15 Episoden. Von Peter von Becker" (1978), S. 83.

[63] Bernhard spricht in *Drei Tage* (It 158) von seiner Melancholie.

[64] Bereits die Studie Konrads läßt sich nach H. Reinhardts subjekttheoretischer Deutung (Das kranke Subjekt. Überlegungen zur monologischen Reduktion bei Thomas Bernhard, 1976, S. 347) als "Versuch des Subjekts [...], sich durch die Niederschrift [...] der eigenen Identität zu versichern" verstehen.

[65] Vgl. Monologe auf Mallorca (1981): "Ich schreibe nur immer über innere Landschaften, und die sehen die meisten Leut' nicht, weil sie innen fast nichts sehen, weil sie immer glauben, wenn's drinnen ist, ist's finster und dann sehen sie nichts"

wird in der Künstler-Trilogie in ebenfalls sehr hintergründiger Weise (das sei eingeräumt) fortgesetzt. Daß in den drei Erzählungen stets ein bestimmtes Kunstwerk jedes Genres im Zentrum steht – Bachs "Goldbergvariationen" (Ug), Ibsens "Wildente" (H) und Tintorettos "Weißbärtiger Mann" (AM) – dürfte schwerlich zufällig sein und ist damit interpretationsbedürftig.

Die "Goldberg-Variationen" mögen in erster Linie durch die authentische Person Glenn Goulds motiviert sein, mit dem sie wie kein anderes Klavierwerk verknüpft sind. Dennoch sagen sie mehr aus als ihre Zugehörigkeit zur erzählten Welt zunächst erkennen läßt. Man könnte in ihnen, einem Höhepunkt der musikalischen Variationsform überhaupt, – dieser Vergleich sei gewagt – die Bernhardsche Ästhetik repräsentiert sehen. Ein ostinato-Thema wird durch 30 höchst artifizielle Variationen unterschiedlicher Couleur und wechselnden Charakters hindurchgeführt (zum Schluß im musikalisch parodierenden Zitat !) bis es wieder in seiner Grundform (Aria) erscheint, unverändert und doch nicht mehr dasselbe. Nicht anders führt Thomas Bernhard ein Grundthema durch immer neue Variationen , sich dabei selbst zitierend und parodierend und in der Gesamttendenz, wie sich noch (für das Prosawerk) herausstellen wird, ebenfalls zyklisch. Bachs "Goldberg-Variationen" bilden dabei als 'absolute' Musik in ihrer Farbigkeit und ihrem Stimmungsreichtum nie Inhalte ab, sowenig wie Bernhards Ästhetik eine der realistischen Abbildung oder Nachahmung von Wirklichkeit ist.

Ganz anders ist die "Wildente" von Henrik Ibsen, als Premierenstück und Gesprächsthema des Burgschauspielers, in *Holzfällen* motiviert. Mit diesem Stück ist eine werkimmanente Bezugsebene des Autors eingeführt, die die Identifikation des Ich-Erzählers mit dem Schauspieler in dessen 'Bekenntnis' zur Natur in subtiler Weise fragwürdig macht, wie bereits ausführlich gezeigt wurde. Der Motiv-

(S. 4); ähnlich noch im zweiten Fleischmann-Interview, das sechs Jahre später entstand: "Innere Vorgänge, die niemand sieht, sind das einzige Interessante an Literatur überhaupt. Das, was niemand sieht, das hat an Sinn, aufzuschreiben. [...] Das ist ja das Schöne an meinen Büchern, ja, daß das Schöne überhaupt nicht beschrieben ist, und dort entsteht es von selbst, ja, und die, die nur Schönes schreiben, sind die Bücher alle schiach und grauslich" ("Die Ursache bin ich selbst". Thomas Bernhard – ein Widerspruch. Ein Portrait von Krista Fleischmann, zit. nach meiner Mitschrift der ZDF-Ausstrahlung am 15.6.1987).

bezug des Holzfällens hintergeht das sonst affirmierende Zitieren und relativiert damit die Gesamtaussage.

Weniger verborgen ist die besondere Bedeutung des "Weißbärtigen Mannes" von Tintoretto, einem Portrait, vor dem der Kunstfreund Reger im Wiener Kunsthistorischen Museum seine Zeit verbringt und das er wie kein zweites schätzt.[66] Das Bild, welches übrigens wirklich an bezeichneter Stelle hängt, ist Gegenstand einer von Reger erzählten Episode. Eines Tages, als Reger wieder seine Sitzbank aufsuchen wollte, habe dort bereits ein Engländer gesessen und Tintorettos "Weißbärtigen Mann" studiert. Schließlich stellt sich heraus, daß dieser Engländer "bei sich *zu Hause einen ebensolchen Weißbärtigen Mann* über dem Kamin seines Schlafzimmers in Wales hängen [habe], *tatsächlich denselben Weißbärtigen Mann*" (AM 151). Diese bestürzende Entdeckung scheint zur Feststellung zu zwingen: "*Eins von beiden muß eine Fälschung sein*" (AM 158), doch zum Schluß räumt der walisische Kunstsammler ein,

> daß es aber auch durchaus möglich sei, daß beide *Weißbärtigen Männer* echt sind, also von Tintoretto und echt sind. Nur einem so großen Künstler wie Tintoretto mag es [...] tatsächlich gelungen sein, ein zweites Gemälde nicht als *ein vollkommen gleiches, sondern als vollkommen dasselbe zu malen. Das wäre dann immerhin eine Sensation.* (AM 160)

Tatsächlich sind von Tintorettos Bildnis *zwei* gleiche, wenn auch unterschiedlich große Versionen des Meisters (und daneben noch eine kleine Kopie von Teniers d.J.) nachgewiesen.[67]

In dieser hintergründigen und poetologisch aufschlußreichen Episode kommentiert Thomas Bernhard sich selbst. Der verwirrte Eng-

---

[66] Vgl. AM 301. Das hat zunächst einen einfachen identifikatorischen Grund; Reger ist selbst ein Greis.

[67] S. dazu: C. Bernari/P. de Vecchi, L'opera completa del Tintoretto (1970), S. 104 u. 123 (mit Kleinabbildungen) sowie E. von der Bercken, Die Gemälde des Jacopo Tintoretto (1942), S. 134. Das ist I. Hoesterey in ihrem subtilen Aufsatz (Visual Art as Narrative Structure – Thomas Bernhard's "Alte Meister", 1988) entgangen, wie sie überhaupt auf die Plagiat-Problematik nicht eingeht und stattdessen am "Weißbärtigen Mann" den Maleffekt des den Betrachter überallhin verfolgenden Blicks aufweist; dies als Visualisierung des narrativen Themas vom gebietenden Einfluß der 'alten Meister', vom Schreiben "unter Aufsicht alles bisher Geschriebenen" (B. Strauß).

länder ist gleichsam der Leser Bernhards, der gewohnt ist, Kunst mit den Kategorien Original und Fälschung zu betrachten, die sich hier jedoch nicht mehr als adäquat erweisen: Bernhard plagiiert in der Wiederholung der immergleichen Erzählmodelle und Topoi sich selbst, so wie Tintoretto es in seinem Portrait getan hat.[68] Bekannt ist der Fall, daß Bernhard eine an die 'Zeit'-Redaktion gesandte Fälschung im nachhinein einfach weitergeschrieben hat.[69] Die Fälschung wird, wie in der Tintoretto-Episode, zum Original, wie umgekehrt gilt: "Jedes Original ist ja eigentlich an sich schon eine Fälschung" (AM 118). Diese Grenzauflösung wird in Kap.IV. noch zu besprechen sein.

2. 'Authentische' Selbstdarstellung

Ihrem Entstehen nach *vor* den Erzählerberichten als 'memoria mortui' liegt eine andere Textgruppe, welcher der Strukturtyp der als authentisch fingierten Selbstdarstellung zugrunde liegt. Beide Typen von Bernhards Rollenprosa sind, wie bereits gesagt, keine starren Klassen, sondern überschneiden sich im Werk und bestimmen die Dynamik seiner strukturellen Entwicklung. – Der zweite Rollenprosatyp ist der einfachere. Er suggeriert gegenüber der vermittelten Darstellungsform des Erzählerberichts Unmittelbarkeit und Authentizität: ein meist namenloser Sprecher berichtet in direkter Rede monologartig von sich und seiner Umwelt, entweder in diarischer Chronologie (*Frost*, *Verstörung*) oder in der Form von Briefen, Nachlaß oder Fragmenten.

a) Mischformen: integrierte Monologe

In den beiden ersten großen Prosawerken Bernhards, *Frost* (1963) und *Verstörung* (1967) sind die beiden Pole von monologischer Selbstdarstellung und Erzählerbericht, in die sich die späteren Rollenerzählungen aufspalten, noch ungetrennt in einer Erzähleinheit gestaltet.

---

[68] Im besonderen ist dabei an die *Billigesser* als 'Plagiat' von *Kalkwerk/Korrektur* und an *Beton* als 'Plagiat' von *Ja* zu denken (s. dazu Kap. IV.5.).

[69] Der doppelte Herr Bernhard. Eine Fälschung, eine sommerliche Korrespondenz und ein doppelgängerisches Happy-End (1979). Eine andere Bernhard-Imitation, die der Schriftsteller Jürg Laederach in Form einer Rezension eines fiktiven Bernhard-Romans im Herbst 1984 'erfolgreich' verbreitete (prima facie war sie nicht als fingiert zu erkennen), sagt ebenfalls mehr über Bernhard als über den Plagiator (Jürg Laederach über Thomas Bernhards dramatischen Papst-Roman, 1984).

Beide Texte sollen nach ihrer Kommunikationsform befragt und in den soeben entfalteten Zusammenhang des Erzählerberichts als Medium der Selbstreflexion eingeordnet werden. Was beide von den bereits untersuchten Erzählerberichten unterscheidet, ist zunächst eine Rahmenhandlung, in der sich Ich-Erzähler und der Protagonist (Strauch bzw. der Fürst) begegnen. Die Erzählung liefert ein Bild von Strauch und dem Fürsten aufgrund dieser einen, für den Erzähler ersten Begegnung.

Der Bericht über diese Begegnung ist in *Frost* als Tagebuch, das Eintragungen über 27 Tage umfaßt, abgefaßt. Für den Berichterstatter, den jungen Medizinstudenten, ist sie die naheliegendste Form, dem Auftrag seines Vorgesetzten, dem Assistenzarzt und Bruder des Malers, nachzukommen: "Er verlangt von mir eine präzise Beobachtung seines Bruders, nichts weiter. Beschreibung seiner Verhaltensweisen, seines Tagesablaufs; Auskunft über seine Ansichten, Absichten, Äußerungen, Urteile" (F 12). Für den Leser hingegen ist damit ein Ordnungsprinzip gegeben – das der kontinuierlichen Zeitfolge – welches den Beobachtungen und Episoden einen Halt gibt. Gleichzeitig steht es aber in Spannung zu den abschnittsweise wiedergegebenen Episoden, die insgesamt keine Entwicklung spiegeln; die Ansichten und Äußerungen Strauchs kennen keine Bewegung. (Im *Kalkwerk* ist später auf diese zeitliche Achse, welche den Sprechsituationen zugrundeliegt, konsequent verzichtet, wie auch das äußere Geschehen – i.U. zu *Frost*, wo die Darstellung der realen Chronologie folgt – vorweggenommen und dann analytisch entfaltet wird.) Die Figur des Famulanten, durch in die Tagebucheintragungen eingestreute Selbstbeschreibungen und Erinnerungen als Person ebenso breit ausgestaltet wie der Maler, hat nun darüberhinaus eine wichtige funktionale Bedeutung. Sie ist für den Leser eine Identifikationsfigur, die ihn an den Maler heranführt; dies von einem mit dem Leser geteilten Bezugshorizont aus, der eine bis zum Schluß des Berichts durchgehaltene Distanzierung ermöglicht. Dieser Bezugshorizont ist der des 'normalen', 'gesunden' Bewußtseins, das in der Auszeichnung des Beobachters als Wissenschaftler noch verschärft wird. Vor diesem Horizont wird die Selbstdarstellung des Malers in seinen Reden zwar nicht in ihrer Wirkung aufgehoben, wohl aber relativiert. Die dem Leser angebotene distanzierte Beobachterrolle schwächt die Irritation, die vom geisteskranken Maler ausgeht. Er erscheint von vornherein als pathologischer 'Fall'. Im Erzählstil drückt sich die distanzierte Beobachterrolle des Famulanten im dauernden Wechsel von direkter und indirekter Redewiedergabe aus, die eine geistige Beweglichkeit des Zitierenden gegenüber dem Zitierten suggeriert. Charakteristisch ist stellenweise eine fragmentierende Zitierweise, die Satzteile aus Strauchs Reden in die eigene Beschreibung einmontiert, wie es besonders deutlich die eingeschobene Reflexion über Strauchs Sprache erkennen läßt (F 137). Hier schlägt die Souveränität gegenüber den Reden des Malers um in eine passive Assimilation der "alles erschreckende[n] Worttransfusion in die Welt, in die Menschen hinein" (F 137). Das zeigt schon, daß die Beziehung des Mediziners zum Maler nicht unverändert und stabil bleibt; jener fühlt sich mehr und mehr in den Bann des Malers gezogen und ihm ausgeliefert, was er selbst immer wieder in Selbstreflexionen mitprotokolliert. "So eine Sache wie die, den Maler Strauch zu beobachten, auf mich wirken zu lassen, wie verhält sich die zu mir? Und wie ich mich zu ihr?" (F 51). Dieser früh notierten Unsicherheit folgen bald Selbstbeschreibungen, wie um sich der eigenen Identität zu vergewissern:

> Ich versuchte eine Beschreibung meines Zimmers zu Hause. Zwang mich, Schritt für Schritt, alles in meinem Zimmer zu sehen [...]. (F 118)
>
> Unten auf der Baustelle erinnerte ich mich an die Zeit, als ich in der blauen Arbeitshose über die großen Brücken ging. [...] (F 121)

Am 13. Tag zweifelt der Protokollant am Sinn seines Unternehmens:

> Ich vergesse ganz, wozu ich da bin. Daß ich meine Beobachtungen zu machen habe. [...] Warum kann Ordnung nicht sein? In bezug auf meine Beobachtung des Malers. Beobachte ich ihn denn? Schaue ich ihn nicht nur an? Beobachte ich ihn, indem ich ihn anschaue? Ihn anschaue, indem ich ihn beobachte? Was geschieht dann? Ich werde ziemlich hilflos dem Assistenten gegenübersitzen und nichts sagen können. (F 128f.)

Der Zweifel wird sogleich zu Bernhards grundsätzlicher Schreibskepsis, die bereits erörtert worden ist, generalisiert:

> Alles ganz anders. Denn das Aufgeschriebene stimmt nicht. Kein Aufgeschriebenes stimmt. [...] Immer höchstens weniger falsch. Aber falsch. Anders. Unwahr also. (F 129)

Die Tagebuchform, die bereits von sich aus Geschehen in einem äußeren Zeitraster und aus zeitlicher Distanz selektiv wiedergibt, ist Reflex dieser schreibskeptischen Einsicht.[70] Im "15.Tag", nachdem der Erzähler eine (schon vorher abgebrochene) Beziehung zu einer Frau resignativ mit den Augen des Malers als Lüge erkannt hat ("Wie bin ich jung! Ja! Vorbei! [...] Aber es kann nicht mehr anfangen, es darf nicht mehr", F 145), bekennt er schließlich:

> Denn ich stehe ganz unter dem Einfluß des Malers, ich muß mit ihm gehen, und ich muß gar nicht, ich kann nicht anders, als mit ihm gehen [...]. (F 159)

Dieses Ausgeliefertsein geht schließlich bis zur Selbstaufgabe:

> Ich bin nicht mehr ich. Nein, nein, ich bin nicht mehr ich, dachte ich. [...] Ich entdeckte mich fortwährend abgehackt durch den Mund dieses Menschen sprechend. [...] Ich weiß nicht, ist alles Unsinn? Unsinn, was ich jetzt schreibe, denn ich schreibe ja tief in der Nacht, in der "grenzenlosen Unwissenheit der Finsternis". (F 281)

Bereits in den Gedanken, Strauchs Sprache betreffend (F 137) waren ja Ausdrücke des Erzählers von zitierten oft nur noch durch Anführungszeichen zu unterscheiden gewesen. Dennoch verfällt der junge Student nicht dem Einfluß des Malers; kurz vor Schluß sind die Briefe an den Assistenten eingefügt, die wieder eine distanzierte Perspektive verraten. Nach dem (wahrscheinlichen) Tod des Malers, setzt er sein Studium fort. Damit ist auch der Leser befreit. Durch die für *Frost* charakteristischen zwei Perspektiven, die im Erzählerbericht und in den Monologen des Malers zutage treten, hat Bernhard sich

[70] Jurgensen kennzeichnet den Erzählstil durch "subjektive Intensität und objektive Präzision, eine persönliche Beobachtung und Berichterstattung, die für das Tagebuch charakteristisch ist" (Der Kegel im Wald, S. 140). Deswegen ist jedoch nicht Bernhards Prosa eine "*wesentlich* diarische Ausdrucksform" (ebd., Herv. W.H.); dies gilt allenfalls für die Prosa der authentischen Selbstdarstellung, später tritt die Chronologie als Darstellungskategorie deutlich zurück.

die Möglichkeit einer "formalisierten Eigenreflexion"[71] geschaffen, wie Jurgensen im Hinweis auf die Sprachreflexion des Medizinstudenten (F 137) bemerkt. Er folgert daraus: "So erweist sich der Roman *Frost* als die Aufzeichnung eines Assimilationsprozesses vor allem im Bereich der Sprache. (Jemanden) Verstehen heißt (dessen) Sprache sprechen".[72] Die Nachfolger des Famulanten in den späteren Erzählungen verzichten auf die Aufzeichnung dieses Prozesses, indem sie sich entweder mit "Sichten und Ordnen" (*Korrektur*) oder bloßem Nach-Zitieren (*Gehen*) begnügen. Ihre Schreibform als Form der (posthumen) Auseinandersetzung mit den Protagonisten bezeugt das Verhältnis zu ihnen, wie bereits ausführlich gezeigt wurde. Sie *assimilieren* sich nicht der Sprache und Schreibform der Studienschreiber, sondern versuchen sie und ihr Scheitern zu *überwinden*. Die Konsequenz sowohl des ausgesparten expliziten Erzählerkommentars wie überhaupt dessen Präsenz als Person für den Leser ist das Auftreten einer 'Leerstelle' im Iserschen Sinn. Indem der Ich-Erzähler als vermittelnde Instanz zwischen der ("verstörten") Gedankenwelt des Protagonisten und dem 'normalen' Leserbewußtsein ausfällt, wird der Leser unmittelbar dem Figurenmonolog ausgesetzt. Die Rolle der naturalistischen Szenerie, der Nebenfiguren und -handlungen in *Frost* übernimmt dann einzig die Rhetorik des Monologs, dessen Vermittlung mit seinem Horizont der Leser selber leisten muß. Nicht zuletzt genau dieser Leerstelle verdankt Bernhards Rollenprosa einen Teil ihrer Wirkung.

Der Roman *Verstörung* von 1967, auf den nur noch kurz eingegangen werden soll, ist ein weiterer Schritt in diese Richtung. Kompositorisch vereinigt er als 'Mischform' wie *Frost* einen Ich-Erzähler, der eine breit ausgeführte Rahmenhandlung durchlebt, und den selbstdarstellerischen Monolog des wahnsinnigen Protagonisten.[73] Beide Anteile sind, im Gegensatz zu *Frost*, auf zwei getrennte Abschnitte verteilt, deren zweiter und längerer "Der Fürst" überschrieben ist. Der Ich-Erzähler, ein Student der Montanistik, und sein Vater, ein visitierender

[71] Jurgensen, Der Kegel im Wald, S. 139.

[72] Ebd., S. 140.

[73] Auf eine Diskussion dieses vielschichtigen, schwierigen Textes, der fast zwei Drittel der Erzählung einnimmt, wird bewußt verzichtet; vgl. dazu die – gleichermaßen überzeugenden – philosophischen Deutungsversuche von Reinhardt, Das kranke Subjekt (Kants Bewußtseinstheorie) und Tabah, Die gestörte Erkenntnis, (Wittgensteins frühe Sprachphilosophie) sowie den sozialhistorischen Ansatz von König, Studien, S. 58-68.

Landarzt, erreichen darin die letzte Station ihrer Reise durch eine Welt von Krankheit, Verkrüppelung, Brutalität und Tod. Von manchen Interpreten mit einem Bildungsroman verglichen[74], ist doch, da der 'Held' nur unbeteiligter Beobachter bleibt, die Führung des Studenten durch seinen Vater eher eine bittere Travestie von Dantes "Göttlicher Komödie" als großem literarischem Vorbild; nur ist der Weg über die einzelnen Stationen sowenig 'göttlich' wie eine 'commedia' (d.h. gut ausgehend) – jede Station, auch das 'Paradies' Hochgobernitz, ist die Hölle. Zwar ist der Ich-Erzähler nur zufälliger Beobachter der kranken, verstörten Welt, doch verdrängt die unerwartete Landvisite eine familiäre Spannung mit seinem Vater, dem er einen Brief geschrieben hat, indem sie die klärende Verständigung darüber verhindert. Der Sohn muß erkennen: "Meine in dem Brief gestellten Fragen wird mein Vater nie beantworten können. Unser Verhältnis ist ein durch und durch schwieriges, ja chaotisches [...]" (V 21).

> Die Krankenbesuche stellen sich in dieser Konstellation dar als Antwort des Vaters auf den Brief des Sohnes, als stummes Moment der Erziehung hin zur Erkenntnis einer allgemeinen und totalen Verstörung.[75]

Nach Meinung des Vaters ohnehin 'verstörungsanfällig' (V 14), zeigt sich der Sohn vom erlebten Elend bald beeindruckt: "mir erschien auf einmal die Welt tatsächlich als eine unheimliche" (V 66); wie der Beobachter des Malers muß er sich redend seiner vertrauten Umgebung vergewissern, um "aus einer mit der in der Schlucht herrschenden Finsternis vollkommen übereinstimmenden Depression herauszukommen" (V 68). Nur anfangs noch (V 103) wechselt er in seiner Wiedergabe des Fürstenmonologs zwischen indikativischer und distanzierend-konjunktivischer Darstellung, später ist er sprachlich als selbständige Instanz nicht mehr erkennbar, der Bericht endet abrupt mit dem Abbrechen des Monologs. Der wahnsinnige Fürst, als Figur weitaus künstlicher als der Maler Strauch, da einzig in seinem Reden greifbar und konturiert, entzieht sich einer Diagnose, die dem Beobachter (und damit dem Leser) Sicherheit verschaffen könnte.

---

[74]So Tabah, Die gestörte Erkenntnis, S. 250.

[75]Sorg, Thomas Bernhard, S. 86.

b) Nachlaß, Brief und Fragment

Die Texte dieser Gruppe sind als fingierte Selbstzeugnisse, Aggregate verschiedener Textsorten aufzufassen, die in sich wiederum verschachtelt sein können. In Bernhards erstem größeren Text, *In der Höhe. Rettungversuch, Unsinn* von 1959, der als sein letzter publiziert wurde (1989), sind Erzählsubjekt und Erzählgegenstand noch weitgehend eines. Der Ich-Erzähler, ein Gerichtsreporter wie der Autor selbst es gewesen war, erzählt in unverbundenen Abschnitten verschiedener Länge von seinem Aufenthalt in einem Gasthaus und von den Menschen, die er dort trifft, ohne daß jedoch eine narrative Kontinuität im Sinne einer zeitlichen Ordnung entstünde. Beobachtungen, Erlebnisepisoden, Gesprächsbrocken, Gedankensplitter und Traumvisionen stehen abrupt nebeneinander, oft in unvollständigen Sätzen und ausschließlich durch Kommata und Zwischenräume abgeteilt (der einzige Punkt des Textes steht am Schluß). Daher und wegen des gleichsam lyrischen (Erzähler)-Ichs und der Lyrismen in der Sprache nennt der Klappentext diese Aufzeichnungen zu recht "ein großes Gedicht als Erzählung". Die fragmentarisch-zerrissene Darstellungsweise setzt sich in *Amras* von 1964, Bernhards zweiter wichtiger Veröffentlichung nach *Frost*, fort, ist dort jedoch durch Zwischenüberschriften stärker gegliedert. Auch erscheinen diese fragmentarischen Aufzeichnungen von einem nicht in Erscheinung tretenden Herausgeber chronologisch arrangiert, so daß eine gewisse Kontinuität im dargestellten Geschehensverlauf erkennbar ist. Schreiber ist ein Naturwissenschaftler, der sich mit seinem epileptischen Bruder nach dem gemeinsamen Selbstmord der Eltern, der auch die Geschwister einschließen sollte, in einen Turm flüchtet und dort bis zu dessen Selbstmord mit ihm in Finsternis und Kargheit haust. Er nimmt in seinen abschnittsweisen Bericht, der unadressiert ist, vereinzelte Briefe an den Psychiater auf, die den Krankheitsbericht äußerlich motivieren, einzelne Episoden ("Böden und Mauern", "Das Augsburger Messer") sind abgesetzt. Nach einmontierten Aufzeichnungen des verstorbenen Bruders ("'Sätze' Walters", A 64ff.) gehen die Erzählernotizen diarisch weiter. Der Schlußteil "In Aldrans", geschrieben nach dem Tod des Bruders, hat keinerlei epischen Charakter mehr, sondern besteht nur noch aus kürzeren, wieder von kurzen Briefen an den Onkel durchsetzten, notierten Beobachtungen des Schreibers. Ebenso aus Briefen, (diarischen) Notizen und Fragmenten zusammengesetzt ist die Erzählung *Ungenach* von

1968, deren Figurenkonstellation fast gleich ist: Geschehenskern ist die Abschenkung des nach der Ermordung seines Halbbruders Karl ererbten Landbesitzes, die der Erzähler, Robert, mit dem Notar Moro zu regeln versucht. Nach einer langen Tagebuchnotiz Roberts, die neben einmontierten Amtsdokumenten den Monolog des Notars zitierend wiedergibt, kommt im zweiten Teil gleichberechtigt in den "Papiere[n] Karls" (U 45) dessen Perspektive in Briefen und Notizen zur Geltung. Hier bereits ist das zweiteilige Kompositionsprinzip aus *Korrektur* erkennbar, wo die verstreuten Aufzeichnungen des Erzählers und der zweiten Person jeweils chronologisch komprimiert und zu einem Block verschmolzen sind. Auch in *Ungenach* ist epische Kontinuität durch fragmentarische Zustandsbeschreibung ersetzt. Die Welterfahrung ist extrem subjektiviert und diskontinuierlich. Man mag das in Verbindung mit den pathologischen Charakteren in Verbindung bringen, die sich in ihren Aufzeichnungen, wie die psychisch kranken Strauch und Saurau in ihren Monologen, selbst darstellen. Entscheidend jedoch ist, daß sie eine Schreibform repräsentieren, die keinen *zentralen* Zugriff auf Wirklichkeit mehr hat. Die Figurenperspektivik ist koordinierend, jeder Bruder kommt selbst unmittelbar zu Wort (vgl. *Am Ortler*). Wirklichkeit ist in diesen Rollenerzählungen nur greifbar im alles ausfüllenden Bewußtsein der Figuren selbst, die ihrerseits wiederum nur in ihrem Reden bzw. Schreiben zu fassen sind. Statt im "richtigen Augenblick" Totalität zu erfassen, wie es die Intention der Studienschreiber gewesen war, dokumentieren die Protagonisten ihr Leiden an der Welt im sprachlich fragmentierten Selbstzeugnis. Die extreme Subjektivierung der Schreibform in monologischen Selbstzeugnissen ist der komplementäre Pol zu deren gesteigerter Objektivierung im zitierenden Erzählerbericht. In beiden Schreibformen manifestiert sich eine skeptische Poetik, beide vermitteln Bewußtsein einmal als 'horizontal' gebrochen (zeitliche Fragmentarisierung, *ko*ordinierende Perspektivik), im anderen Fall als 'vertikal' (Auflösung epischer Sukzession, *sub*ordinierende Perspektivik im Zitieren/'Verschachtelung') gebrochen.

Beide Formen können sprachlich verschmelzen, wie die als Nachlaß fingierte Erzählung *Watten* (1969) zeigt. Dieser 'Nachlaß' ist ein einziger Monolog in Briefform, der in einem zu Beginn knapp angedeuteten Rahmen motiviert wird: ein Arzt, der Erzähler, läßt sein Erbe einem Juristen für dessen Rehabilitierungszwecke zukommen und wird von ihm daraufhin um eine "Selbstbeschreibung" (W 8) gebeten, deren Rahmen der vorausgegangene Tag des Arztes sein soll. In dieser Selbstbeschreibung versucht er, seinen Entschluß, nicht mehr wie gewohnt zum gemeinschaftlichen Kartenspielen (Watten) zu gehen, zu rechtfertigen. Dies jedoch nicht dem Briefadressaten gegenüber, sondern im vortägigen Gespräch mit dem Fuhrmann, einem der Mitspieler, einer vom Autor rein funktional eingesetzten Nebenfigur. Sie ermöglicht dem Sprecher, sich im Brief in Gedanken und Äußerungen selbst zu zitieren und damit in seine Rede eine Brechung einzuführen. Beide Ebenen werden ständig durch die Formeln "geehrter Herr" und "sage ich (zum Fuhrmann)" bewußt gehalten. Wie in *Gehen* haben diese Floskeln prosodische Wirkung; an den Fuhrmann im *zitierten* Gespräch gerichtete Sätze wechseln in rascher Folge mit Sätzen an den Briefadressaten. In einer Binnenerzählung des Fuhrmanns über dessen Erlebnis mit einem Reisenden im Gasthaus erfährt die Perspektive eine erneute Brechung. Die Figur des Fuhrmanns verdient deswegen Aufmerksamkeit, weil sie verdeutlicht, daß Bernhards Zitatstil nicht episch motiviert ist, etwa um verschiedene Zeitebenen zu verknüpfen oder Redeinhalte nach ihren Sprechern zu unterscheiden, sondern vom Beginn an ein verfremdendes Kunstmittel ist; dem Fuhrmann gilt kein eigenes Erzählerinteresse, er fungiert nur als Stichwortgeber für den monologisierenden Arzt. – Anders verhält es sich in den ebenfalls als Brieferzählungen fingierten Prosastücken *Am Ortler* und *Der Wetterfleck* (beide 1971), die von ihrer Figurenkonstellation und Erzählstruktur bereits eher zum zweiten Strukturtyp tendieren. Die Erzähler, der Naturwissenschaftler und der Anwalt Enderer, geben zunächst keine reine 'Selbstbeschreibung' mehr, sondern berichten über ihr Erlebnis mit einer zweiten Figur (der Artistenbruder bzw. der Klient Humer). Beide Erzählungen haben novellistische Form; sie sind auf eine Schlußwendung hin geschrieben, wie danach erst wieder *Ja*, *Billigesser* und *Beton* – die enttäuschende Ankunft der Brüder an der Hütte bzw. der Selbstmord Humers. Die Perspektivik beider Texte ist jedoch unterschiedlich. In *Am Ortler* herrscht noch die nebenordnende Perspektive von *Amras* und *Ungenach* vor (wie überhaupt die Fiktion des Bruderpaares übernommen wird); der Text ist der unveränderte Brief des Naturwissenschaftlers , der sich selbst durch die Anredeformel ("geehrter Herr") – mangels Rahmenfiktion wird der Leser zu deren Adressat – als solcher ausweist. Der Briefschreiber zitiert in einem zunächst alternierenden "sagte ich" – "sagte er" sich selbst und seinen Bruder. Im *Wetterfleck* dagegen ist die Perspektive, charakteristisch für den zweiten Strukturtyp des Erzählerberichts, unterordnend (verschachtelt). Der Briefcharakter wird jetzt von einer nur im Eingangssatz angedeuteten Rahmenfiktion her markiert: "Von dem Innsbrucker Anwalt Enderer, unserem Vormund, erfuhren wir (wörtlich) folgendes:..." (Wf 39). Sie hat rein funktionalen Sinn, da die Schilderung Enderers dann als doppeltes Zitat – "... schreibt Enderer, sagt Humer" – präsentiert werden kann. Darüber hinaus ist die Kommunikationssituation (Unterhaltung beim Gehen, Anwaltsgespräch) noch realistisch dargestellt, im Unterschied zu den späteren Aufzeichnungen der Chronisten (*Kalkwerk*, *Korrektur*). Primär inhaltliche Bedeutung hat nun das Zitieren in *Der Wetterfleck*. Die Geschichte Humers wird, noch während dieser sie dem Anwalt vorträgt, von dessen Beobachtungen und Vermutungen verdrängt, bis sie selbst zitierend erzählt wird. Das eigentliche Erzählinteresse gilt jedoch auch hier nicht Humer und seinem Schicksal, sondern dieser ist als Träger des Wetterflecks nur Rollenträger, der die Vermutung des Anwalts, der Wetterfleck sei der seines ertrunkenen Onkels, schließlich durch seinen Selbstmord erfüllt (vgl. Wf 81). Die Pointe der Erzählung (und die Spannung für den Leser) liegt nicht im Freitod Humers, sondern darin, daß sich die anfangs aufgestellte Alternative: "mir war nicht klar, was interessiert dich mehr, Humers Wetterfleck oder Humers *Schicksal*" (Wf 52), die sich erzählerisch im Nacheinander der Wetterfleck-Spekulation des Erzählers und Humers Bericht ausdrückt, als Scheinalternative entlarvt: der Wetterfleck *ist* Humers Schicksal. Durch den Wetterfleck, dessen Name, so O.F. Best, "wie eine Boje im Strom der Mutmaßungen [wirkt]" und "als 'gegenständliches Korrelat' [...] zum Bedeutungsfokus der ganzen Geschichte wird"[76], wird in der Erzählung die *realistische* Kausalität (der Selbstmord Humers ist für sich genommen ausreichend motiviert) von einer *symbolischen* verdrängt: sein Tod erscheint als vom Mantel bewirkte Wiederholung des Todes seines Erstbesitzers.[77] Ganz ähnlich fungiert in *Am Ortler* der Berg und insbesondere die Berghütte als Auslöser eines Vergangenes reproduzierenden Rollenspiels. Dort hatte sich der Ar-

[76]O.F. Best, Säkularisierte Eschatologie (1981), S. 72.

[77]Ohne den fatalen tieferen Sinn zu ahnen, sagt Humer einmal: "Das Leben sei nichts anderes als Wiederholung der Wiederholung" (Wf 46).

tistenbruder in die Vaterrolle hineingesteigert und die Hoffnung auf Befreiung vom zerstörerischen Kunst-Denken in der Schutzhütte zunichte gemacht. Die Dialektik von Schutz und Zerstörung ist ebenso im Wetterfleck angelegt, denn noch im kalten Anwaltszimmer zieht sich der frierende Humer "mehr und mehr in den Wetterfleck zurück" (Wf 46, 56). Man könnte soweit gehen, zu sagen, daß der Selbstmord Humers nicht psychologisch von ihm aus motiviert wird, sondern eine nach außen projizierte symbolische Folge der bohrend dem Wetterfleck seines Onkels nach-denkenden Erzählerbewußtseins darstellt. Nicht ist es der Erzählung ja darum zu tun, eine magische Eigenkraft des Wetterflecks zu suggerieren.[78] Weil der Erzähler für sich monologisch-kreisend im Wetterfleck an den Tod seines Onkels *denkt*, provoziert er die Wiederholung dieses Todes in Humer. Dieser ist nur scheinbar für Enderer ein plötzlich auftauchender Fremder, denn gleich zu Beginn wird darauf hingewiesen, daß beide wie das Brüderpaar in *Am Ortler* gleicher Herkunft sind und zwanzig Jahre in gegenseitiger Unkenntnis aneinander vorbeigegangen sind (Wf 39). Nur auf den ersten Blick hat Humers Geschichte mit Enderer nichts zu tun; er unterliegt derselben zerstörerischen Logik wie die Brüder aus *Am Ortler*: "Denken ist der Tod" (AO 104). Was sich dort sinnfällig an den perfektionistischen Denkern selber vollzog, ist hier von Enderer (der Name ist ein sprechender Name !) auf eine zweite Person projiziert und von sich selbst damit abgelenkt. Wie die Brüder ihre Kunst und den Ortler hassen, haßt Enderer "alles, was mit diesen Wetterflecken zusammenhängt" (Wf 51), weil dieser insgeheim *ihn* bedroht. Was vom Anwalt scheinbar beiläufig nur über die kalte Jahreszeit – "trübe Nebelstimmung, [...] alles ist verfinstert"[79] – gesagt wird, bezeugt wie der Ortleraufstieg eine tiefere Anstrengung: "man müsse sich *beherrschen und durchkommen* [...], alles ist einer ungeheuerlichen Belastungsprobe ausgesetzt, [...] Körper, Verstand, Kopf, Verstand, Körper" (Wf 42f.). Auch *Der Wetterfleck* ist somit als ein fiktionalisiertes *Selbst*gespräch im Sinne

[78] B. Sorg, den Text als *realistische* Novelle und seinen Gehalt als pessimistische Philosophie mißverstehend, sieht im Wetterfleck "Bernhards Idee von einer Metaphysik des Bösen und des unentrinnbaren Schicksals" ausgedrückt (Thomas Bernhard, S. 160). Der Mantel ist jedoch Realchiffre für zerstörerisches *Denken*, nicht für eine metaphysische Macht.

[79] Vgl. zum Leitbild der Finsternis bei Bernhard Jurgensen, Der Kegel im Wald, S. 108ff.

Jurgensens[80] zu begreifen, das der Autor in den fiktiven Rollenfiguren Enderer und Humer mit sich führt. Die Erzählung ist nur scheinbar eine realistisch-psychologische Novelle. Bereits Best hatte erkannt: "Was als Dialog intendiert war, zerfasert sich zu zwei aneinander vorbeifließenden Monologen. [...] So reden sie [Enderer u. Humer, W.H.] aneinander vorbei, ohne Brücke zur Verständigung."[81] Das beschreibt aber nur die manifeste Ebene der Kommunikation. Was als Dialog der Figuren scheitert, gelingt – auf zerstörerische Weise allerdings – als geistiges Selbstgespräch, dem stellvertretend für den Beobachter Enderer Humer zum Opfer fällt. Die späteren Selbstgespräche Bernhards laufen zwischen schreibenden/beobachtenden Chronisten und autonom-fiktiven Studienschreibern ab, die nicht mehr wie die Humer-Gestalt vordergründig als Opfer eines unglücklichen Schicksals gezeichnet sind.

Es wird deutlich, wie die späteren Erzählungen ("Rollenprosa innerhalb der Rollenprosa"[82]) aus der einfachen Rollenprosa als Selbstdarstellung herauswachsen; die anfangs nur funktional eingesetzte Reflexionsfigur (der Fuhrmann in *Watten*)[83] wird über die Figuren der geistigen Reflexion (Humer, Artist) unter steter Beibehaltung des Zitierstils schließlich zum alles einnehmenden Künstler-Denker (Konrad u.a.). Auf Beobachter und Hauptfigur verbindende (naturalistische) Rahmensituationen, wie in *Frost* und *Verstörung* als Hintergrund des Gesprächs zwischen den Studenten und den Wahnsinnigen, ist dann verzichtet. – Jurgensen hat die hier nach zwei Strukturtypen untersuchte Prosa nach ihrem "stilistischen Formkonzept" als "Andeutung" und "Annäherung" beschrieben[84] und dabei besonders auf die Bedeutung der Aphorismen in den "Selbstdarstellungen" hingewiesen. Dabei bezieht auch er die Schreibform auf den fiktional dargestellten, von ihm aber nicht näher charakterisierten Inhalt[85], nur läßt er umge-

---

[80] Ebd., S. 113, 118.

[81] Best, Säkularisierte Eschatologie, S. 72. – Sowohl *Der Wetterfleck* wie auch *Am Ortler* sind genau *hälftig* gegliedert: nach dem Scheindialog während Enderers Spekulation folgt Humers Bericht (Wf 60); das Brudergespräch mündet in den Monolog des Artisten (AO 102).

[82] Schweikert, Identifikation und Distanz, S. 4.

[83] 'Reflexion' ist hier als 'Reflektion' zu verstehen: die Figur 'bricht' die Erzählerrede.

[84] Jurgensen, Der Kegel im Wald, S. 140ff.

[85] Ebd., S. 144: "Die inhaltliche Fiktion konkretisiert Bernhards gedankliche Aussageform".

kehrt Bernhards Schreibform diesem dargestellten Inhalt *voraus*gehen, anstatt jene, wie hier durchgeführt, aus diesem, d.h. dem Scheitern des traditionellen Konzepts 'metaphysischer' Kunst nämlich, allererst *herzuleiten*. So kommt es zu einer "Übersetzung der Reflexion in Beschreibung", einer "Fiktionalisierung der Gedankenform"[86], welche die Verbindlichkeit der Form *vor* ihrer inhaltlichen Fiktionalisierung unterstellen muß, ohne auch die stoffliche Fiktion für sich genommen befragt zu haben.

c) Das Formprinzip der Spirale

> Im Grunde ist es immer die eine gleiche Prosa
> und die eine Art, für die Bühne zu schreiben.
>
> *Th. Bernhard*[87]

Gemeinhin sind einzeltextübergreifende Beobachtungen nur von werkgeschichtlichem und den Autor betreffendem Interesse und geben auf Interpretationsebene zwar wohl nützliche Informationen, sind aber ohne unmittelbaren Aussagewert für die Intention des Werkes. Das ist bei Thomas Bernhards so ökonomischer wie zugleich wirkungssicherer Schreibweise anders. Aus den soeben untersuchten Strukturtypen sind Parameter zu gewinnen, welche, als Koordinatensystem angeordnet, ein Raster ergeben, dem die Prosatexte in (annähernd) genetischer Folge einbeschrieben werden können.[88] Es ergibt sich die Form einer *Spirale*, wobei die Positionen nicht absolut im Koordinatensystem, sondern relativ zueinander zu verstehen sind. (Daß z.B. *Der Untergeher* gerade im Nullpunkt eingetragen ist, hat nichts zu sagen.)

---

[86] Ebd.

[87] "Ich könnte auf dem Papier jemand umbringen". Der Schriftsteller Thomas Bernhard über Wirkung und Öffentlichkeit seiner Texte (1980), S. 178.

[88] In seiner vom Melancholiebegriff ausgehenden Arbeit (Bewegung – Korrektur – Utopie. Studien zum Verhältnis von Melancholie und Ästhetik im Erzählwerk Thomas Bernhards, 1986) hat Thomas Fraund bereits eine "entwicklungsorientierte Betrachtung des Prosawerks" angedeutet (S. 186), ohne sie jedoch in extenso auszuführen: "Das Grundmuster der produktiven Austragung existenzieller Spannung auf der Basis melancholischer Affektivität kristallisiert sich demzufolge als die ständige 'Bewegung' im Prosawerk – im Geflecht von Handlung, Raum, Zeit, Figurenkonstellation und Erzählperspektive. Diese konstituierenden Determinanten sind für jeden Text in ihrer spezifischen Akzentsetzung gesondert zu bestimmen" (S. 185).

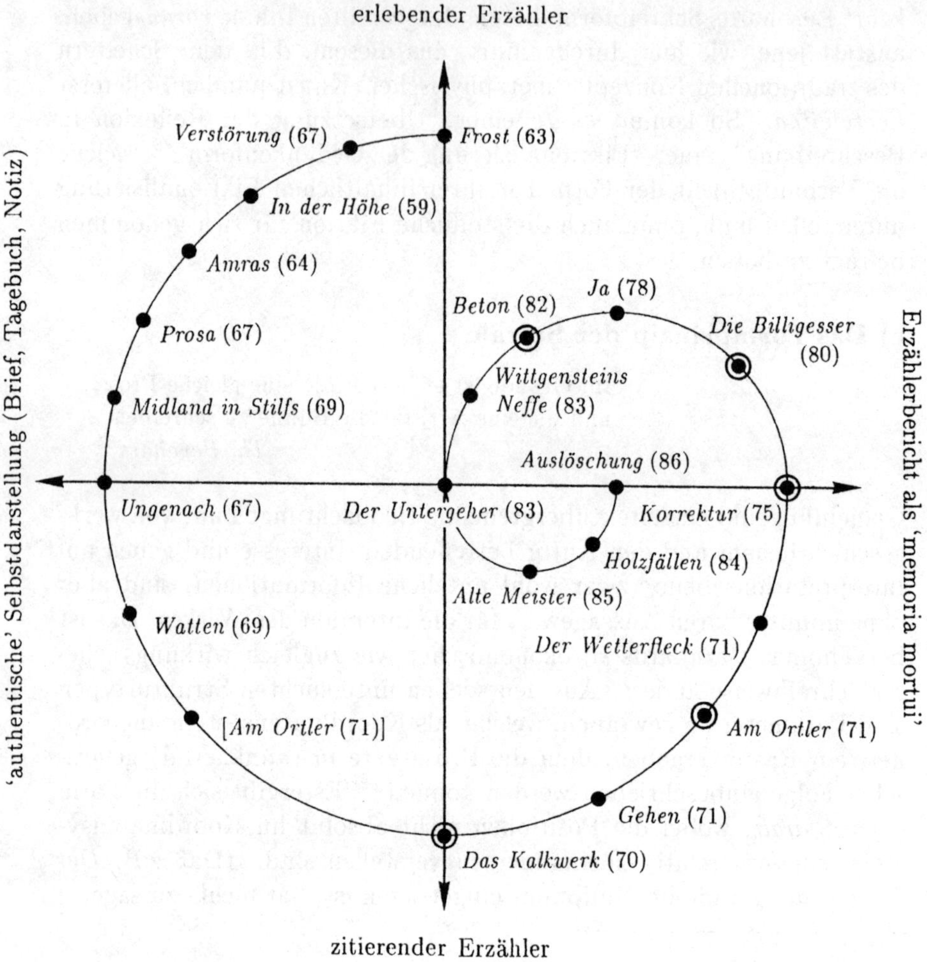

Anmerkung: ◉ = Berichte über gescheiterte Studien

"Am Ortler" ist doppelt eingetragen, da es als Brieffiktion zur 'Selbstdarstellung', als Bericht über den Artistenbruder zur 'memoria mortui' gehört.

Auf der Horizontalen sind als 'Richtungen' einmal der für die Prosa der 60er Jahre charakteristische Typ der 'authentischen Selbstdarstellung' und zum andern der 'Erzählerbericht als memoria mortui' eingetragen. Extrempositionen bilden hier die Fragmentensammlung *Ungenach*, in der die Figuren sich selbst in Tagebuch und Briefen darstellen und *Korrektur* auf der anderen Seite; gleichzeitig markieren diese beiden Werke auf der *vertikalen* Achse die Position des Gleichgewichts von erlebendem und zitierendem Erzähler: in *Ungenach* gibt es keinen alle Textstücke integrierenden Erzähler, in *Korrektur* zeigt sich das Gleichgewicht in der Zweiteiligkeit des Romans – im ersten Teil (Höllersche Dachkammer) dominieren Erinnerung und Beobachtungen des Erzählers im Höllerhaus, im zweiten Teil (Sichten und Ordnen) Zitate aus Roithamerpapieren. Quer dazu steht die Achse 'erlebender/zitierender Erzähler'; ihre Randpositionen sind besetzt mit *Frost*, wo der Ich-Erzähler noch am stärksten eigenes Profil besitzt (indem er selbständig erlebt und, neben seiner Protokollaufgabe gegenüber dem Künstler-Denker-Figur, eigene Beobachtungen macht und wiedergibt) und *Das Kalkwerk*, wo er einzig in der Zitierfunktion, nicht als Person, greifbar ist. *Das Kalkwerk* markiert zugleich den Übergang zum 'Erzählerbericht über einen scheiternden Protagonisten' (meist Künstler-Denker), der in den 70er und 80er Jahren die Erzählungen strukturiert. – Die Rollenprosa der 'Selbstdarstellung' wird mit diesem Typ des zitierenden Erzählerberichts nicht aufgegeben. Sie ist darin (im Hegelschen Sinne) aufgehoben und kommt auf höherer Stufe, verschoben auf die Erzählerfigur, in der Prosagruppe der 'Erinnerungskonstruktion' (Künstler-Trilogie und *Auslöschung*) als Rahmenfiktion wieder zur Entfaltung (kleiner Innenkreis der Spirale).

Mit *Ja* (1978) und *Beton* (1982) rückt der Ich-Erzähler selbst mit seinem Innenleben (Gedanken, Beobachtungen, Erinnerungen) wieder stärker ins Blickfeld der Erzählung; der der 'Unglücksfigur' gewidmete Erzählraum verringert sich drastisch von *Ja* zu *Beton*. Diese Tendenz mag mit den in dieser Werkphase nebenher entstehenden autobiographischen Büchern (1975-82) zusammenhängen, die wegen ihrer differenten Erzählkonstruktion und der Übersicht halber nicht in die graphische Darstellung mit aufgenommen wurden. (*Wittgensteins Neffe* ist vom Stoff her zwar auch als autobiographisch anzusehen, vom Typus jedoch den Nachbarwerken verwandt.) In *Alte Meister* als letztem Teil der Künstler-Trilogie ist der Ich-Erzähler fast wieder nur Zitiermedium der Hauptfigur – die Strukturbewegung hat sich, eine Schraubenwindung höher, wiederholt. Mit *Auslöschung* von 1986, Bernhards umfangreichstem Prosawerk, bricht die Linie der Künstler-Trilogie ab. Es steht kein Künstler-Protagonist mehr im Mittelpunkt des Romans, die Kunst ist nur noch ganz am Rande kurz thematisiert (Kritik an der Fotografie im 1. Teil). Doch in der formalen Komposition gibt es Ähnlichkeiten zu früheren Werken, besonders zu *Korrektur*, dem es im Koordinatensystem positionell korrespondiert. Von *Korrektur* ist die Zweiteiligkeit im Aufbau übernommen, die inhaltlich aus der Reise des Erzählers zum Begräbnis seiner Eltern und des Bruders – ein kompositorisches Versatzstück – erwächst; seine eigenen Gedanken- und Rede-Zitate ("dachte ich" bzw. "sagte ich zu Gambetti") und Beobachtungen sind wie im entwicklungslogischen Pendant von 1975 gleichgewichtig verteilt. Auf der Motivebene hat das Familien- und Herkunftsmotiv, in *Korrektur* noch Nebenthema, Kegelbau und Studie als Hauptthema der Erzählung abgelöst. Es scheint, als habe Bernhard den Familienkomplex (Altensam) und Roithamers Tod zu *einem* Motiv (Unfalltod von Eltern und Bruder) neu verschmolzen und in der alten Kompositionsform abgehandelt. Die Schrift gegen die Familie (Roithamers "Altensam"-Schrift) ist jetzt nichts mehr, was *in der* Erzählung vorkommt, sondern ist *diese selbst:* die "Auslöschung" ist das, wovon sie berichtet.[89]

Für A. Gößling[90] ist *Auslöschung* "ein Werk, in dem der Autor überraschend das ästhetische Verfahren seiner Frühzeit wieder aufgreift, das aber als deren bloß verspäteter Abkömmling gleichwohl mißdeutet wäre".[91] Er begründet dies vor dem Hintergrund der von ihm angesetzten zwei Prosaphasen:

> Während das imaginierende Ich im Verlauf der frühen Phase [bis 1975, W.H.] sein spezifisch *subjektives Vermögen* just an die herrschende, eindimensionale Objektivität verlor, gegen die es sich seiner Eigenart doch zu vergewissern suchte, zieht es sich in der autobiografischen Phase auf

[89] Siehe dazu S. 84, Anm. 33 sowie S. 74, Anm. 19.

[90] A. Gößling, Die "Eisenbergrichtung": Versuch über Thomas Bernhards "Auslöschung" (1988).

[91] Ebd., S. 9.

individual- und zeitgeschichtliche Erinnerung zurück, demnach umgekehrt jene objektive Dimension ausblendend.[92]

Auslöschung wäre dann – denkt man sowohl an die symbolische Gestaltung[93] wie an das fingiert-autobiographische Substrat – aufzufassen als "Synthese der wesentlichen und produktiven Momente der beiden früheren Phasen"[94], so wie *Korrektur*, auf dem Außenring der Spirale, eine Art Synthese oder Quintessenz der ersten Phase darstellt. Mir scheint diese Situierung zutreffend, nur ist die Opposition 'subjektiv-objektiv' zu ungenau für eine Beschreibung der Entwicklungstendenz, wie es auch problematisch ist, von "autobiografischer Phase" zu sprechen. Die Schauplätze verlieren nach *Korrektur* zwar an atmosphärischem Symbolwert, doch die Konstruktion 'Ich-Erzähler-Protagonist' bleibt – in wechselnder Ausgestaltung und Akzentuierung – erhalten, sieht man von den eigentlichen autobiographischen Texten ab. Auch *Auslöschung* ist noch Rollenprosa wie das ganze Erzählwerk Bernhards, das sich in artistischen Schraubenwindungen zwischen den beiden polaren Strukturtypen entfaltet.

> Die Technik der Rollenprosa erlaubt es Bernhard, seine unterm Bann der Katastrophe angesiedelte Weltsicht aufs immer neue zu variieren, ohne doch zwischen Identifikation und Distanz sich entscheiden zu müssen.[95]

Dieser, auch heute noch gültige Befund von Schweikert kann nun auf die *gesamte* Rollenprosa mit ihrer spezifischen Formtendenz bezogen und in wirkungsästhetischer Hinsicht genauer entwickelt werden. Dabei wird deutlich, daß diese Formtendenz nicht die der bloßen *Wiederholung* ist, aber auch nicht die beliebiger Variationen des Immergleichen. Die für Bernhards Texte charakteristische Lesehaltung einer gespannten Erwartung und gleichzeitiger Voraussicht des Altbekannten könnte durch bloße, statische Wiederholung (reine Zirkularität) auf längere Sicht in ästhetisch befriedigender Weise nicht aktiviert werden. In der Wiederholung ist ein *Fortschreiten* auf einen imaginären

---

[92]Ebd., S. 8f.

[93]Gößling schlüsselt die Symbolik des Romans unter verschiedenen Aspekten (Landschaft, Fotografie, Kindheit) auf und stellt eine Beziehung zum Frühwerk *Amras* her.

[94]Die "Eisenbergrichtung", S. 9.

[95]Schweikert, Identifikation und Distanz, S. 7f.

Punkt hin erkennbar, womit sich eben die Form der Spirale in der anschaulichen Darstellung dieser Tendenz ergibt. – Diese 'Vermessung' mag konstruiert erscheinen. Sie *ist* konstruiert – nur eben um nichts mehr als das artifizielle Prosawerk Bernhards, das dieses Koordinatensystem in seiner Entwicklungslogik zu beschreiben sucht.

Die hier erkennbare Formsignatur wäre eher von zufälligem Aussagewert, korrespondierte sie nicht mit Beobachtungen auf anderer Ebene. So bestätigt sie Jurgensens Stil- und Formkonzept der "Annäherung" für die gesamte Werkstruktur. Daß Kreisförmigkeit ein Kennzeichen des Bernhardschen Denk- und Darstellungsstils ist, hat man, zumal auf syntaktischer Ebene, oft beobachtet.[96] Sie ist auch als kompositorische Struktur nachweisbar (z.B. in den Texten der Künstlertrilogie, siehe Kap. I.2. und II.1.).

In einem fiktiven Kunst-Gespräch aus *Die Berühmten* hat Thomas Bernhard versteckt auf die Kreisbewegung und Invarianz seines Werkes hingewiesen. Der kurze Gesprächsausschnitt sei daher zitiert.

> KAPELLMEISTER
> Ist das der einzige Adler
> den es hier gibt
> BASSIST
> Der einzige
> er zieht immer dieselben Kreise
> REGISSEUR
> Immer dieselben Kreise
> wie der große Künstler
> immer dieselben Kreise zieht

[96] So z.B. Sorg (Thomas Bernhard, S. 141), der bereits auf syntaktischer Ebene Spiralförmigkeit konstatiert hatte: "Die langen Perioden, formal immer untadelig, neigen zur ständigen Wiederholung, zum kreisförmigen Aufnehmen des schon Bekannten, das aber dadurch, daß es jetzt mit Neuem verknüpft wird, eine irritierende, veränderte Qualität bekommt und so *den Kreis zur Spirale öffnet*, eine Spirale freilich, die nach unten zeigt" (Herv. W.H.). – M. Lüdke schreibt dem Werk "eine Art prozessualer Logik" zu; über *Alte Meister* sagt er: "Der Monolog wird selten monoton, weil es vom Hölzchen zum Stöckchen geht, weil in den langen gewundenen (Satz-)Schleifen stets nur der Ausgangspunkt wieder erreicht, dabei aber selbst ein Stück weiter vorgerückt wird. Diese Bewegung entspricht tatsächlich dem (dialektischen) Modell der Springprozession" (Die alte Litanei mit neuen, unerhörten Tönen. Thomas Bernhards Roman-Komödie "Alte Meister", 1985, S. 132).

VERLEGER
Der wahre Künstler
ist immerfort Schöpfer einundderselben Kunst
Denken Sie nur an Mozart
KAPELLMEISTER
Zwei Takte und es ist Mozart
Oder Beethoven
es ist immer dasselbe
nur ganz leicht verändert
VERLEGER
In sich verändert
Diese Beobachtung machen Sie
an allen bedeutenden Künstlern
sie schaffen alle immer nur ein einziges Werk
und verändern es immer in sich ununterbrochen
unmerklich

(Br 520f.)

III. Selbstreflexion im Rollenspiel: Die beiden Strukturtypen der Stücke

Die Strukturanalyse, die Bernhards Rollenprosa unter dem Aspekt poetologischer Selbstreflexion erschlossen hat, ist auf seine Theaterstücke übertragbar. Dies ist schon deswegen von einiger Evidenz, als über die Hälfte aller Stücke Künstlerdramen sind. Gleichzeitig ist damit eine Dimension eröffnet, die es ermöglicht, eine über einzelne stoffliche Bezüge hinausgehende thematische Einheit von Prosa- und Bühnenwerk herauszuarbeiten.[1] Es lassen sich (mit wenigen Ausnahmen) alle Stücke zwei Strukturtypen zuordnen, die sich, als dramaturgische Figurenkonstellationen, den Strukturtypen der Rollenprosa vergleichen lassen.[2] Wie in diese geht in deren Bestimmung die Kommunikationsstruktur der Figuren mit ein. Anders als diese jedoch sind sie keine dynamischen Pole, sondern alternieren, betrachtet man das Bühnenwerk in diachroner Hinsicht, in unregelmäßiger Folge ohne eine fortschreitende Tendenz in Form und Gehalt.[3] Trotz der Eigenart des dramatischen Genres sind beide Typen als Konstruktionen, die auf dramaturgisch unterschiedliche Weise dem Autor im Rollenspiel Selbstdarstellung und Selbstreflexion ermöglichen, mit den Strukturtypen der Rollenprosa zu parallelisieren.[4] Damit eng verbunden, stellt sich auch hier wieder das Problem des Verhältnisses von Autor und Figuren, Identifikation und Distanz, wenn auch in gattungsbedingt veränderter Form (die Selbstdarstellung im Rollenspiel ist hier viel

[1] Eine integrative Interpretation ist bislang noch nicht vorgelegt worden; die Gesamtdarstellungen machen sich meist Bernhards eigene Höherschätzung der Prosa zu eigen (so Gamper, Thomas Bernhard, S. 80). J. König (Studien, S. 24) rechtfertigt die Ausklammerung des Bühnenwerks in seiner Untersuchung mit seinem rein privaten Geschmacksurteil und – fragwürdig genug – mit dem Produktionsrhythmus der Stücke. Vgl. zum Bewertungsproblem Bernhard selbst: "Stücke sind einfacher. Dialoge sind immer einfacher zu schreiben" (Bei Bernhard, S. 86). "Ich wechsel ja immer ab, nach der Prosa muß a Theaterstück her, damit das wieder frisch kommen kann. [...]" (Ansichten eines unverbesserlichen Weltverbesserers, 1981, S. 162).

[2] J.M. Winkler bezieht in seiner großen Studie über das Bernhardsche Bühnenwerk (L'attente et la fête, 1989) dessen Einheit als Dramaturgie des Nichthandelns auf die beiden Pole des Wartens und des Zeitvertreibs ('divertissement'), die hauptsächlich motivische Versatzstücke sind und über die Figurenkonstellation noch nichts sagen. In der Tat motivieren Wartesituationen und gesellige Mahlzeiten auf der Bühne in allen Stücken, vom *Fest für Boris* bis *Heldenplatz* das unablässige Reden der Figuren.

[3] Aus diesem Grund ist die Untersuchung nicht diachron angelegt.

[4] Auf die (schon verbale) Affinität wird weiter unten (Kap. IV.1.) eingegangen.

transparenter). – Zunächst soll aber der dramaturgische Typus der *monologischen Selbstdarstellung des Künstlers* entwickelt und interpretiert werden.

1. Der Künstler und sein Publikum

> Gegen das Publikum naturgemäß,
> weil das Publikum für mich wie
> eine Mauer ist, gegen die ich
> ankämpfen muß. Ich muß gegen das
> Publikum sein, um meine Arbeit
> machen zu können.
>
> *Th. Bernhard*[5]

Über die Hälfte aller Stücke gehören diesem Typ an. Er sei zunächst formal kurz beschrieben. Im Zentrum steht die Künstlergestalt, die mit ihrem fast ununterbrochenen Monolog das ganze Stück und damit die Kommunikation mit den restlichen Figuren, die ihr sozial untergeordnet sind, beherrscht.[6] Diese sind nicht mehr als Statisten und fungieren für den Monologisten als Stichwortgeber, Befehlsempfänger und geduldige Zuhörer. (Die einzige Ausnahme bilden der Dialog zwischen Spaßmacher und Dompteur in der 2. Szene der *Macht der Gewohnheit*, die Dialoge in *Der Ignorant und der Wahnsinnige* und *Die Berühmten*, das formal eine Sonderstellung einnimmt.) Die Geschichte dieser Künstler (zu denen der Einfachheit halber zunächst auch die Philosophen Kant und der Weltverbesserer gerechnet werden) ist stets die gleiche: die ihres Scheiterns oder Gescheitertseins. Das inhaltliche Substrat scheint somit das gleiche wie in den Erzählungen der Studienschreiber zu sein, sieht man einmal von den 'Erfolgreichen' aus *Über allen Gipfeln ist Ruh* und *Die Berühmten* ab, die ihre Entsprechungen in *Holzfällen* haben.

---

[5] Thomas Bernhard spricht (1975), S. 79.

[6] B. Matheja (Kunst – Gesellschaft – Existenz im Bühnenwerk Thomas Bernhards, 1979, S. 74) spricht in seiner Figurentypologie, die sich nicht auf die hier vorgeschlagene Typologie der dramaturgischen Modelle abbilden läßt, treffend von "hochgestellten Köpfen".

a) Schausteller: Herrschaft und Niederlage

Bernhards viertes großes Bühnenstück ist gleichermaßen als Gesellschaftsparabel[7] wie als Kunst-Komödie zu deuten. Es setzt ein bekanntes Sujet der Unterhaltungskunst: das verkehrte bzw. vergebliche Zusammenspiel von Musikern, bekannt vom Musikclown im Zirkus und brillant inszeniert auch von Karl Valentin in seinem Kurzfilm "Orchesterprobe", für seine Zwecke ein. Mit dieser Adaption kommt eine Gegenstandskomik ins Spiel, die Bernhard ausgiebig ausspielt (Kolophonium, Haube des Spaßmachers, Taschentuch des Jongleurs). Nichtsdestoweniger geht es dem Stück um ein Kunst-Konzept, wie es in *Am Ortler* und *Das Kalkwerk* dargestellt wurde: Kunst als Anstrengung zum Ideal hin in einer deformierten Umwelt, die nichts ist "als Dummheit/ und Krankheit/ und Unverständnis" (MG 319). Caribaldis Mitspieler, die Zirkusartisten, repräsentieren diese Umwelt, der Zirkus ist Metapher für die arbeitsteilig organisierte Gesellschaft *und* – das ist die wichtige Ambivalenz – für die Befreiung von deren Zwängen zugleich.[8] Caribaldis Tragik, von vordergründig-skurriler Komik überspielt, ist sein Scheitern im Versuch, sich durch Kunst von dieser Ordnung zu befreien – nicht umsonst hört man seinen Namen sofort als '*G*aribaldi', den italienischen Freiheitskämpfer und Republikaner. Als Therapie gegen Konzentrationsschwäche im Artistenberuf zweckrational betrieben (MG 261)[9] und als Ausgleich dazu gedacht, reproduziert sie mit Gewalt die dort geltende Rationalitätsmaxime:

> Alles Unwillkürliche soll in ein Willkürliches/ verwandelt werden (MG 279)
>
> Kopf und Körper/ Körper und Köpfe/ unter ständiger Kontrolle/ Die Gedankenlosigkeit ist das abstoßendste (MG 312).

[7]Vgl. Gamper, Thomas Bernhard, S. 152ff. u.v.a. E. Grohotolsky, "Die Macht der Gewohnheit" oder: die Komödie der Dialektik der Aufklärung (1983). – Federico Fellini hat in seinem Film "Orchesterprobe" (1978) dasselbe Sujet – rebellische Musiker widersetzen sich ihrem Dirigenten und sabotieren die Probe – als Gesellschaftsparabel inszeniert.

[8]In *Amras* ist die Zirkuschiffre ebenso ambivalent – der Zirkus ist den Brüdern entfremdete Außenwelt (A 15) und später der einzige Gesprächskontakt (A 68, 71).

[9]"Die Kunst ist ein Mittel/ für eine andere Kunst" (MG 266).

Bereits Matheja hatte Caribaldis Artisten als dessen *Publikum* gedeutet[10], das gescheiterte Quintettspiel meint dann die gescheiterte Kommunikation des Künstlers mit seinem Publikum, das , sonst Einzelinteressen nachgehend (Zirkusfächer als Berufe !), sich hier dem Ganzen unterordnen und auf ein Kunstwerk (buchstäblich) 'einstimmen' muß. (Gestützt wird diese interessante Deutung durch die parallele Schlußwendung im *Theatermacher*: wie Bruscon die (wirklichen) Zuschauer davonlaufen, so dem Zirkusdirektor seine Mitspieler (als Publikum).) Caribaldis Gebrechen und physische Verkrüppelung (Holzbein) stehen auch hier zeichenhaft für geistig-seelische Deformation (vgl. Koller, Frau Konrad). Von den Stör-Kräften leistet der selbstbewußte Jongleur am 'rationalsten' Widerstand; er droht Caribaldi mit seinem Weggang und hält ihm seine Tyrannei vor (MG 269). Die abgerichtete Enkelin Caribaldis repräsentiert marionettenhafte, mechanische Existenz, der betrunkene Dompteur und der Spaßmacher brutale bzw. dressierte Animalität (der Dompteur wird von Caribaldi als "Tier" hinausgeworfen, MG 348). Nicht zufällig ist Caribaldi mit zweien seiner Mitspieler (Enkelin, Dompteur) verwandt. Er ist als Zirkusdirektor zugleich - im *Wohn*wagen - autoritäres Familienoberhaupt (wie später der Theatermacher Bruscon explizit), dem alle ausgeliefert sind:

> Durch diese Tür/ kommen Ihre Opfer herein/ Herr Caribaldi/ ihre Instrumente/ Herr Caribaldi/ Nicht Menschen/ Instrumente (MG 269).

Die Herrschaft ist, wie in *Am Ortler*, zugleich ein Beherrschtwerden. Der Dompteur, seine Tiere beherrschend wie der Direktor die Artisten, formuliert das für sich:

> Die Tiere gehorchen mir/ umgekehrt/ gehorche ich den Tieren (MG 290) eine Verschwörung *mit* den Tieren einerseits/ *gegen* die Tiere/ andererseits (MG 291).

Unter diesen Zwängen ist allenfalls artistische Geläufigkeit zu erzielen, nicht aber ein harmonisches Zusammenspiel. Nicht *obwohl*, sondern *weil* Caribaldi seine geistig und physisch deformierten Mitspieler rücksichtslos zu beherrschen versucht, wo die Aufhebung von Zwängen

[10] Matheja, Kunst - Gesellschaft - Existenz, S. 132.

im freien Zusammenspiel intendiert wäre, scheitert sein Projekt. Durch ähnlich rücksichtslose Selbstdisziplinierung und Herrschaft des Kopfes über den Körper als das Natürlich-Widerständige hatten sich die Künstler-Brüder aus *Am Ortler* vom gesellschaftlichen Zwang (Eltern) zu befreien versucht und waren auf dem Weg in die rettende Natur gerade an der Reproduktion dieses Zwanges (Imitation des Vaters) gescheitert, war Konrad, dem seine Studie sowenig gelingt wie Caribaldi die (wenigstens *ein*malige) Aufführung des Forellenquintetts, ins Kalkwerk geflüchtet. Für alle gilt die Einsicht des Fürsten Saurau, der von sich sagt: "Daß er sich genau in dem Grade, in welchem er glaubt, sich der Welt entziehen zu müssen, ihr ausliefere" (V 102).

"Die Gesellschaft stößt/ wer gegen sie verstößt/ aus" (MG 319), formuliert Caribaldi seine Außenseiterrolle als Künstler. Das Quintett, von dem er seit 22 Jahren nicht lassen will, ist zugleich Ursache seiner Gebrechen und Schmerzen wie deren Trost: "Kein größeres Vergnügen/ als mit dem Quintett/ den Schmerz besiegen" (MG 325f.). Das in der Schlußpointe technisch reproduzierte Forellenquintett aus dem Radio, anstelle eines gemeinsam erlebten Originalspiels, verurteilt und verhöhnt seine Kunstanstrengung als anachronistisch. Ein weiterer Kunstgriff zeigt Caribaldis Anstrengung im Lichte *tragischer Ironie*: daß er mit seinem unentwegten Üben sich nicht von der Artistik und den dort herrschenden Zwängen befreien kann, sondern selbst nur wieder eine artistisch-zirzensische 'Nummer' liefert, können nur Autor und Zuschauer wissen, nicht er selbst; metafiktiv zitiert er gleichsam das, wovon er sich Distanzierung erhofft. Seine Aussichtslosigkeit wird nicht allein *thematisch* gespielt, sondern liegt unaufhebbar schon in der *Form* dieses Spiels. Die Clownerie ist somit nicht bloße zufällige Stoffadaption oder komische Einkleidung, sondern integraler Teil der Aussage des Stücks.

In Caribaldi hat Bernhard, der übrigens selbst Cello gespielt hat und Zirkusliebhaber ist[11], auch sich und sein Selbstverständnis als Künstler dargestellt:

> Alles nur widerwärtig/ alles was geschieht/ geschieht widerwärtig/ Das Leben die Existenz/ widerwärtig [...] Wir wollen das Leben nicht/ aber es muß gelebt werden [...] Wir

[11] S. die Äußerungen Bernhards im Interview mit P. von Becker: Bei Bernhard, S. 87).

hassen das Forellenquintett/ aber es muß gespielt werden (MG 278f.).

Bernhard sagt in *Drei Tage*: "Es sind lauter Widerstände von Anfang an, wahrscheinlich schon immer gewesen. [...] Widerstand ist Material. Das Gehirn braucht Widerstände" (It 149). Als dauernde Abwehrreaktion wird Kunst zu etwas Krankhaftem. Caribaldi ergänzt:

> Was hier ohne weiteres/ als eine musikalische Kunst bezeichnet werden kann/ ist in Wirklichkeit/ eine Krankheit (MG 279).

Für Bernhard ist "ein Buch nichts als ein bösartiges Geschwür, ein Krebsgeschwür" (It 148), das Schreiben eine "krankhafte Leidenschaft"[12]. Caribaldi ist jedoch nicht einfach 'Sprachrohr' seines Autors; er und seine Mitspieler, die Artisten, fassen vielmehr Bernhards in der Prosa immer wieder gestaltetes Kardinalthema des künstlerischen Scheiterns aufgrund von Perfektionismus in ein szenisches Bild.

Ein genaues Pendant zu Caribaldi ist der Theatermacher *Bruscon* im gleichnamigen, zehn Jahre später veröffentlichten Stück, das bei den Salzburger Festspielen 1985 uraufgeführt wurde. Auch Bruscon übt – er ist Dichter und Schauspieler in einem – zwei Künste aus und zieht mit seiner Familie als Wanderbühne durch die österreichische Provinz. Einziges Stück der Truppe ist die von Bruscon selbst verfaßte "Menschheitskomödie" "Das Rad der Geschichte" (Th 14), "die in Wahrheit/ eine Tragödie ist" (Th 15). Im "Staatsschauspieler" Bruscon und im Modell des 'Spiels im Spiel' reflektiert Bernhard sich selbst als 'Theatermacher' und Künstler. Als neues Moment gegenüber der *Macht der Gewohnheit* tritt auf thematischer Ebene der Publikumsbezug von Kunst hinzu, der dort noch implizit angelegt war (Artisten als Publikum). Bruscons Komödie, "eine Art Welttheater" (Th 28), in der Hitler, Stalin, Napoleon, Cäsar, Metternich und Churchill sich ein Stelldichein geben, soll im Tanzsaal eines Dorfwirtshauses aufgeführt werden, was schließlich an der Sensationsgier des Publikums scheitert. Als endlich alles zum 'Vorhang auf' vorbereitet ist und die ländlichen Zuschauer auf den Beginn der Komödie warten, schlägt der Blitz im nahen Pfarrhof ein und lockt das gesamte Auditorium hinaus; das Natur-Schauspiel hat Bruscons Kunstwerk den Rang abgelaufen.

---

[12]Ebd., S. 81.

Doch bereits vor dieser Schlußpointe ist nur allzu offensichtlich, daß ein Theatermacher wie Bruscon mit seiner "hohen Kunst" (Th 150) zum Scheitern verurteilt ist. Im Unterschied zum naiv-unverdrossenen Caribaldi aber gibt sich Bruscon keinerlei Illusionen hin:

> Wenn wir ehrlich sind/ ist das Theater an sich eine Absurdität/ aber wenn wir ehrlich sind/ können wir kein Theater machen/ weder können wir wenn wir ehrlich sind/ ein Theaterstück schreiben/ noch ein Theaterstück spielen/ wenn wir ehrlich sind/ können wir überhaupt nichts mehr tun/ außer uns umbringen (Th 36).

In der gleichzeitigen Einsicht in die Unwahrheit und Scheinhaftigkeit der Kunst gegenüber der Natur und von deren Lebensnotwendigkeit trifft sich Bruscon mit Regers Kritik an den "alten Meistern".

> Was Schauspieler darstellen/ ist immer falsch dargestellt/ eben verlogen mein Herr/ und gerade deshalb ist es Theater/ Dargestelltes ist Verlogenes/ und dargestelltes Verlogenes lieben wir [...] das Theater ist eine jahrtausendealte Perversität/ in die die Menschheit vernarrt ist/ und deshalb so tief in sie vernarrt ist/ weil sie in ihre Verlogenheit so tief vernarrt ist/ und nirgendwo sonst in dieser Menschheit/ ist die Verlogenheit größer und faszinierender/ als auf dem Theater (Th 38) .

Das Theater wird hier, wie so häufig bei Bernhard[13], als 'theatrum mundi'-Topos zur Existenzmetapher schlechthin, das Leben selbst ist angesichts seiner Todesverfallenheit Theater:

> Wer existiert/ hat sich mit der Existenz abgefunden/ wer lebt/ hat sich mit dem Leben abgefunden/ so lächerlich kann die Rolle gar nicht sein/ die wir spielen/ daß wir sie nicht nicht spielen (Th 44f.).

In dieser "lebenslängliche[n] Theaterkerkerhaft/ ohne die geringste Begnadigungsmöglichkeit" (Th 138) bleibt nur das Weiterspielen.

---

[13]Die einschlägigen Stellen sind zu zahlreich, als daß sie zitiert werden könnten; vgl. die Zusammenstellung im Aufsatz von A. Barthofer: Vorliebe für die Komödie: Todesangst. Anmerkungen zum Komödienbegriff bei Thomas Bernhard (1982), S. 83.

> Nur weil wir an uns glauben/ halten wir es aus/ überstehen wir [...] was wir nicht ändern können/ weil wir an unsere Kunst glauben [...] Hätten wir diesen Glauben nicht/ und ist es auch nur die Schauspielkunst/ wir wären schon längst auf dem Friedhof [...] Es interessiert uns nichts/ als unsere Kunst/ nichts mehr (Th 149).

Die Gebrechen der Schauspieler (Bruscons hört schlecht, seine Frau hat Hustenanfälle, der Sohn hat wie der Dompteur in *Die Macht der Gewohnheit* einen bandagierten Arm) sind äußere Anzeichen der zwanghaft betriebenen Exerzitien, die ihr Publikum nicht erreichen. Die von Gamper bemerkte soziale Selbstüberhöhung der Bernhardschen Künstler (Königin der Nacht in *Der Ignorant und der Wahnsinnige*; Minetti als König Lear, der Bassist in *Die Berühmten* als Baron und "König der Oper") bestätigt sich auch hier in der grotesken Häufung der Staatsmännerrollen, die einmal die Erfolglosigkeit des Ensembles kompensiert, zum andern hyperbolisch den äußersten Gegenpol zum provinziellen Gasthaussaal markiert.[14] – Bei allen Korrespondenzen zwischen der Bruscon-Figur und Bernhard ist dessen Selbstdarstellung im Protagonisten alles andere als ein geradliniges Abbild, was der Ästhetik der 'Verlogenheit' des Theaters gerade zuwiderliefe.[15] Eher zeichnet er selbstparodistisch das *Klischee*bild des unverstandenen Künstlers, des verkannten Genies, dessen Sensibilität in banalen Idiosynkrasien ("Es ist eine Köstlichkeit/ aber ich hasse Mineralwasser", Th 103f.; "Diese bauwerkliche Hilflosigkeit/ diese Wändescheußlichkeit [...]", Th 44), die oft zu platten Lebensweisheiten überhöht werden ("Die Welt ist grausam mein Kind/ und verschont niemanden", Th 74; "unsere Existenzsuppe", Th 51) lächerlich gemacht wird. Das Unverstandensein ist für Bruscon eher genußvoll erlebtes Rollenattribut als ernsthaftes Schicksal, wenn er sagt: "Aber wenn die Leute/ meine Komödie verstehen/ habe ich keine Lust mehr/ sie zu spielen"

[14] H. Gamper spricht, Arnold Hauser zitierend, von der "Kompensation für die Geistesfremdheit der Welt und Schutz gegen die Geistfeindschaft der Bourgeoisie und des Philistertums" (Ein komischer Herr. Überlegungen zur Stellung des Künstlers in der bürgerlichen Gesellschaft, anläßlich Thomas Bernhards Künstlerdramas "Minetti", 1976, S. 104).

[15] Das in *Der Ignorant und der Wahnsinnige* programmatisch zitierte Artaud-Motto "das soll nicht heißen, daß man im Theater Leben darstellen soll" gilt für Bernhards Dramatik überhaupt (s. Kap. III.2.).

(Th 160). Bernhard spielt mit seinen Topoi und mischt dabei (wie bei allen Künstlerprotagonisten) Realbiographisches[16] mit übersteigerter Karikatur. Indem Bernhard den Skandal um die Abschaltung der Notbeleuchtung bei der Salzburger Uraufführung von *Der Ignorant und der Wahnsinnige* 1972 im *Theatermacher* einarbeitet und so fiktionalisiert, macht er indirekt *sein* Publikum zu den provinziellen Zuschauern Bruscons. So ist hier das Land und seine Bewohner nicht mehr wie in früheren Werken bedrückender Schauplatz existenziellen Leidens, sondern komisch-kontrastierende Kulisse (Gasthaus, Schweinegestank) und, als Theater-Landschaft, Zeichen für geistige Provinzialität; der Künstler kein Unverstandener, sondern jemand, der den 'unverstandenen Künstler' *spielt.*

Dennoch erschöpft sich der Gehalt des Stücks weder in seinem Autorselbstbezug noch in seinem allgemeinen Welttheater-Sinn; das Scheitern Bruscons ist sowenig wie das seines Vorgängers Caribaldi ein zeitlos-beliebiges. Der in Bruscon komisch verdichtete Widerspruch zwischen der Wanderbühne und der "hohen Kunst" (Th 150) von Bruscons Geschichtsdrama[17] hat sein *historisches* Korrelat in Gottscheds Bemühungen, die bis dahin auf komödiantische Unterhaltung des Publikums festgelegten Theatergruppen für die Zwecke der bürgerlichen Aufklärung nutzbar zu machen. (Ironischerweise ist Bruscons "Rad der Geschichte" ausgerechnet eine "*Komödie* [...] in der alle Komödien enthalten sind/ die jemals geschrieben worden sind" (Th 136, Herv. W.H.) und die in eklatanter Weise gegen die klassizistische Einheit von Ort und Zeit verstößt).[18] Nichtsdestoweniger versucht der "Wahrheitsfanatiker" Bruscon (Th 150), der das "Logentheater" haßt (Th 139), emanzipatorische Inhalte gegen die Erwartungen und Interessen des Wanderbühnenpublikums durchzusetzen:

> Wir können das Rad der Geschichte/ nicht zurückdrehen/ habe ich zum Bürgermeister gesagt/ Eine Geschichtsstand-

[16]So etwa Familie (Th 28) und das Studium der Theaterwissenschaft (Th 22).

[17]Das Staatsmänner-Stück ist für die historische Wanderbühne durchaus authentisch: "Ihr Repertoire besteht aus den sogenannten Haupt- und Staatsaktionen sowie aus Stücken, in denen der Harlekin [...] die Hauptfigur ist" (R. Meyer, Von der Wanderbühne zum Hof- und Nationaltheater, 1980, S. 198).

[18]Bruscon sagt einmal: "Wenn wir auf Tournee gehen/ hatte ich gedacht/ ist es ein Erneuerungsprozeß/ für das Theater/ sozusagen"(Th 140).

> pauke ist mein Stück [...]/ Revolutionär/ in gewisser Weise (Th 156).

Eigentlicher Adressat des Stückes sind bezeichnenderweise Frankreich und Italien:

> Das Rad der Geschichte eignet sich/ für Italien genauso wie für Frankreich/ es ist hauptsächlich für die Franzosen geschrieben/ Hier probieren wir es nur aus/ entwickeln wir es/ perfektionieren wir uns (Th 27).

Für das österreichische Publikum muß Bruscon resigniert feststellen: "Wir predigen/ und sie begreifen nicht" (Th 161). Dieses Predigen wird schon dadurch fragwürdig, daß Bruscon – deutlicher noch als Caribaldi – als *Familienoberhaupt* über seine Mitspieler herrscht und dadurch die liberale Ordnung des Wandertheaters verrät.[19] Viel direkter jedoch verkörpern den geschichtlichen Typus des bürgerlichen Aufklärers die Figuren des Immanuel Kant und des Weltverbesserers in den gleichnamigen Stücken.

b) Schriftsteller: Dialektik der Aufklärung

Bernhards Bühnengestalten "sind reine Kunstfiguren, im Sinne auch von 'künstlich', Verkörperungen von Denk- und Existenzmöglichkeiten (-unmöglichkeiten)".[20] In ihrer konstruierten Gegensätzlichkeit besonders künstlich sind *Immanuel Kant* und der *Weltverbesserer.* Dennoch sind sie keine zeitlosen Typen, sondern repräsentieren geschichtliche Erfahrung. In diesen Philosophenrollen thematisiert Bernhard (nach dem artistischen) den aufklärerisch-erzieherischen Anspruch von Kunst.

---

[19] Vgl. Meyer, Wanderbühne, S. 194: "Die selbstverständliche Unterordnung der Frau, die sonst von der Gesellschaft verlangt wird, die Normen und sexuellen Rollenvorstellungen des Bürgertums haben bei den Schauspielern nur bedingte Geltung, denn auf der Bühne herrschte – da beide Geschlechter gleichermaßen für die Existenz der Truppe von Bedeutung sind – Gleichberechtigung von Mann und Frau".

[20] H. Gamper, Einerseits Wissenschaft, Kunststücke andererseits. Zum Theater Thomas Bernhards (1974), S. 11.

Immanuel Kant (1978)	*Der Weltverbesserer* (1979)
– historisches Individuum	– allegorischer Typ
– "Komödie" (Untertitel) mit tragischem Ausgang	– "Tragödie" (Wv 893) mit heiterem Ausgang
– Mobilität (Ozeanreise)	– Eingeschlossensein
– Gesellschaft/ Dialoge	– Einsamkeit/ Monologe
– Sehschwäche	– Hörschwäche
– humanistisches Aufklärungswerk	– Traktat zur Abschaffung der Welt
– statt Ehrung psychiatrische Internierung	– akademische Ehrung

Die so aufgebaute Gegensätzlichkeit ist eine *scheinbare*: beide Stücke veranschaulichen dieselbe 'Dialektik der Aufklärung'. Die Auszeichnung mit der Ehrenkette der Stadt Frankfurt als Honorierung des Traktats über die "Verbesserung" (d.h. Abschaffung) der Welt ist für den Weltverbesserer genauso Bestätigung seines Scheitern wie der jähe Transport des blind-verwirrten Kant ins New Yorker Irrenhaus. In Erfolg und Verbannung bleibt der Schriftsteller der unverstandene Außenseiter.

Immanuel Kant fällt mit seinen surrealen Einfällen aus der sonst stets naturalistischen Spielhandlung heraus: Der erblindende Kant fährt mit seinem sprechenden Papagei Friedrich auf einem modernen Passagierschiff nach Amerika – "Du bringst Amerika die Vernunft/ Amerika gibt dir das Augenlicht" (IK 626), beschreibt seine Frau das Ziel dieser Reise. Angekommen, entpuppt sich die erwartete Abordnung der Columbia-Universität jedoch als Gruppe von Irrenärzten, die Kant abtransportieren. Wirksamer als durch diesen Fiktionsbruch ließe sich Bernhards Rollenbild vom Schriftsteller szenisch nicht umsetzen: Aufklärung schlägt um in Aussperrung, die Komödie ist zugleich tragisch. Der dialektische Umschlag motiviert einzig den Illusionsbruch.[21] Bevor es soweit ist, unterhält Kant sein mondänes Bordpublikum mit Lehr- (und Leer-)Sätzen, Brocken aus Kants wirk-

[21] Dieser Schluß ist von Jurgensen (Der Kegel im Wald, S. 38), trotz des Artaud-Mottos, in seiner Schärfe nicht verstanden worden, wenn er Kant, nur um die realistische Fiktion zu bewahren, als einen Verrückten, der sich *für Kant hält*, auffaßt. (Warum sollten alle dieses Spiel mitspielen und "Kant" erst in New York interniert werden?) Diese Lesart verfehlt geradezu die dialektische Pointe: Kant ist "wahnsinnig" qua missionarischer Aufklärungsvernunft, die bezeichnenderweise als blind dargestellt wird.

lichen Frühschriften[22] und selbstironisch einmontierten Kommentaren von Bernhard:

> Untergangsmenschen/ Equilibristen/ Komödienschreiber/ Bevor die Verfinsterung vollkommen eintritt/ zur Strafe ein paar Aufhellungen für die Leute/ Verhexungen/ Geistesvollstreckungen/ Meine Methode ist die totale Methode wissen Sie (IK 677)
>
> Wenn ich eine Vorlesung mache/ ist es immer eine Vorlesung vom Tode (IK 678).

Auch der Papagei Friedrich dürfte parodistisch auf Bernhards Zitatmanier hinweisen und zudem als sprichwörtlicher Nachplapperer Kants Aufklärungsmaxime der Mündigkeit lächerlich machen, die ohnehin schon durch dessen eigene Sehschwäche pervertiert ist. – Die Kant-Figur ist jedoch doppelbödig. Was Kant unter der Maske des Aufklärers für die Gesellschaft gefährlich macht, sind *anarchistische* Züge, wie sie den Kaplan in *Der Präsident*, Clara in *Vor dem Ruhestand* und den Dichter in *Am Ziel*, die ihrerseits wieder Selbstprojektionen Bernhards sind, auch eigen sind. Kant prognostiziert:

> Der Sturz aller Regierungen/ steht unmittelbar bevor (IK 632)
>
> Die Gesellschaft hat den Selbstmord/ begangen/ indem sie den Weg des Sozialismus gegangen ist/ die Gesellschaft hat den Sozialismus/ vollkommen mißverstanden (IK 633),

womit Kant die industrielle Massengesellschaft als geschichtliches Produkt der Aufklärung meint.[23] "Die reine Vernunft wurde zur Unvernunft, zur fehler- und inhaltslosen Verfahrungsweise", wie es Horkheimer und Adorno in ihrer "Dialektik der Aufklärung" konstatieren.[24] Kant fährt fort:

[22] H.J. Schings hat diese Bezüge nachgewiesen: Die Methode des Equilibrismus. Zu Thomas Bernhards "Immanuel Kant" (1983).

[23] Vgl. Minetti, der von der "klassenlose[n] Gesellschaft" spricht, die nichts versteht (M 559).

[24] M. Horkheimer/Th.W. Adorno, Dialektik der Aufklärung. Philosophische Fragmente (1980), S. 82.

> Ich bin Sozialist/ der wahre der tatsächliche Sozialist/ alles andere ist ein Irrtum/ Und der Kommunismus/ ist eine Modetorheit/ Marx ein Tunichtgut/ Der arme schwachsinnige Lenin/ hat mich total mißverstanden (IK 633).

Auch die sich letztlich auf die Ideen der Aufklärung berufenden Staats- und Gesellschaftslehren haben Unmündigkeit und Herrschaft nicht beseitigt, sondern neue aufgebaut. Kants Alternative ist kein weiteres politisches System, sondern die Ablehnung von Systemdenken überhaupt: "Das System ist ein falsches System/ das System ist immer ein falsches System" (IK 657), belehrt er die Millionärin, die ihm vorher – als Anarchistenkennzeichen – "eine rote Mütze [...] nur mit Augen- und Nasenlöchern" (IK 652) empfohlen hatte. – Wie Horkheimer/Adorno am Beispiel de Sades gezeigt haben, ist dieser aufklärerische 'Anarchismus' mit den Vernunftmaximen der Aufklärung nicht unvereinbar, sondern gerade deren konsequente Weiterführung, nachdem diese sich als neue Herrschaftsform etabliert hatten, der "Sozialismus mißverstanden" wurde. Kant wird bei Bernhard tatsächlich zum 'Alleszermalmer', als den ihn Mendelssohn bezeichnet hatte.[25] Der Schluß des Kant-Stücks, durch den es überhaupt seine Essenz gewinnt, zielt also einmal auf den Umschlag der in Technik und Wissenschaft radikalisierten Aufklärung in 'Unvernunft' (was der 'Wahnsinn' Kants andeutet), zum andern auf die daraufhin bis zur Negation aller bürgerlichen Werte weitergetriebene Aufklärung, die nur noch durch Separierung unschädlich gemacht werden kann – Kant wird, wie de Sade, eingesperrt.[26]

Der Weltverbesserer, Parallelfigur zu Immanuel Kant, unterliegt derselben Dialektik wie dieser. Nicht als Verrückter und Anarchist, sondern durch eine akademische Ehrung wird er, körperlich krank wie

[25] Ebd., S. 85: "Eingespannt in die herrschende Produktionsweise löst die Aufklärung, die zur Unterminierung der repressiv gewordenen Ordnung strebt, sich selber auf. In den frühen Angriffen auf Kant, den Alleszermalmer, welche die gängige Aufklärung unternahm, ist das schon ausgedrückt".

[26] Ebd., S. 84: "Das Instrument, mit dem das Bürgertum zur Macht gekommen war [...], die Aufklärung, wandte sich gegen das Bürgertum, sobald es als System der Herrschaft zur Unterdrückung gezwungen war. [...] Ihre anti-autoritäre Tendenz, die, freilich bloß unterirdisch, mit jener Utopie im Vernunftbegriff kommuniziert, macht sie dem etablierten Bürgertum schließlich so feind wie der Aristokratie [...] Das anti-autoritäre Prinzip muß schließlich ins eigene Gegenteil, in die Instanz gegen die Vernunft selber umschlagen [...]".

Kant, von der Gesellschaft unschädlich gemacht, so wie Kant, noch vor seiner symbolischen Einsperrung, von der Bordgesellschaft gefeiert wurde, ohne von der Millionärin etwa verstanden zu werden.

> Ich habe diese Leute immer gehaßt/ ich weiß warum ich nach einem halben Jahr/ aus der Universität davongelaufen bin/ Jetzt rächen sie sich und ehren mich (Wv 959),

erkennt der Weltverbesser, nachdem ihn die akademische Delegation wieder verlassen hat. Bernhard spielt hiermit auf die zahlreichen, ihm verliehenen Preise an. – Diese Ehrung ist keinesfalls die vom Geehrten erwünschte Wirkung des "Traktat[s] zur Verbesserung der Welt" (Wv 901), denn: "Das Traurige ist/ daß kein Mensch meinen Traktat verstanden hat" (WV 901). Die 38 Übersetzungen haben ihn nur korrumpiert.[27]

Resigniert-skeptisch stellt der Weltverbesserer fest, nachdem er Ehrendoktor geworden ist:

> Aber ich halte keine Rede/ Wenn wir etwas sagen/ werden wir nicht verstanden/ Wenn wir die Wahrheit sagen/ ist es doch nur gelogen (Wv 957).

Was Bernhard in der Existenzsituation des Kalkwerks mit bedrückendem *Ernst* inszeniert hat, ist hier jedoch in der Übersteigerung und Ironisierung zum theatralischen *Spiel* geworden: "Eine gelungene Szene/ wenn wir sie zum zehntausendstenmal/ gespielt haben" (Wv 898). Der kranke Weltverbesserer

> *steht plötzlich, als ob er gar keine Hilfe nötig hätte, auf, entsinnt sich aber sofort seiner Lähmung und läßt sich von der Frau zu einem der Fauteuils führen und setzt sich hinein*
> Hat uns auch niemand gesehen / Kein Mensch (Wv 942).

---

[27]Den Gedanken, daß die Übertragung/Umsetzung eines Werks bereits dessen Entstellung ist, hat Bernhard in überpointiert-grotesker Weise im Text *Unmöglich* (*Der Stimmenimitator*, S. 115) dargestellt, wo ein Theaterschriftsteller ins Irrenhaus kommt, als er nach der Inszenierung seines Stückes auf dessen Herausgabe geklagt hat. – Ein anderer "eigenwilliger Autor" in dem gleichnamigen Stück aus derselben Sammlung (Si 119) bewahrt sein (einziges) Theaterstück vor der Reaktion des Publikums, indem er unberechtigt auflachende Zuschauer einfach niederschießt.

Was bereits Konrad über seine Frau sagt: "ihre Verkrüppelung sei eine närrische, wie sein Narrentum verkrüppelt" (Kw 192), ist hier als ironisches Aus-der-Rolle-treten offen inszeniert. – Mit der einzigen Handlung des Weltverbesserers, der Befreiung der gefangenen Maus am Schluß, einem scheinbar 'weltverbessernden' Akt ("ich will ein gutes Werk tun", Wv 962), läßt er nicht nur der Maus, sondern auch dem symbolisch damit verbundenen Vernichtungswerk[28] seinen Lauf:

> In diesen Häusern herrschen/ nur Ratten und Mäuse/ Eines Tages fressen sie uns auf/ wenn wir nicht weggehen (Wv 961).

Mit der scheinbaren Wohltätigkeit beschleunigt er den Zerfallsprozeß, der unaufhaltsam ist:

> es ist alles von Anfang an darauf angelegt/ daß wir zugrunde gehen/ und wie erbärmlich zugrunde/ Wir beschleunigen diesen Vorgang ununterbrochen/ Was wir auch tun/ es beschleunigt diesen Vorgang (Wv 941f.).

Ohne Änderung der Gesamtaussage kann Bernhard die drastische Schlußpointe von *Immanuel Kant* – Kant wird eingesperrt – mit einer skurril ins Gegenteil verkehrten vertauschen – eine Maus wird freigelassen, der Weltverbesserer selbst bleibt in seinem Raum eingeschlossen. Die Perversionen, die Kant und dem Weltverbesserer widerfahren – der humanistische Aufklärer Kant wird als verrückt interniert, der zynische Traktat zur Abschaffung der Welt mit Preisen dekoriert – bezeugen gleichermaßen die gesellschaftliche Wirkung von Kunst und Literatur. Die an das *Theater des Absurden* erinnernde Dramaturgie der beiden Stücke – die abstruse Bordkonversation könnte ohne weiteres von Ionesco stammen; Szenerie und Figuren im *Weltverbesserer* sind Becketts "Endspiel" verblüffend ähnlich – darf nicht dazu verleiten, das geschichtliche Moment an Kant und dem Weltverbesserer, verführt auch gerade durch dessen allegorisch-typenhafter Allgemeinheit, zu übersehen und in ihnen beliebige Verkörperungen allgemeingültiger 'Vergeblichkeit' alles Tuns und Schaffens zu sehen.[29]

---

[28] Vgl. die destruktive Rolle des Borkenkäfers in *Die Jagdgesellschaft*.

[29] Aus diesem Grund könnte eine vorschnelle Zuordnung Bernhards zur Literatur

c) Endspielkünstler: Kunst ohne Publikum

In zwei weiteren Parallelstücken ist die Vereinzelung des Künstlers, über die dialektische Aufhebung seiner Intention hinaus, zu existenzieller Vereinsamung weitergetrieben. Nicht komödiantisch, sondern tragisch ist das Verhältnis zwischen (Schauspiel)-Künstler und Publikum im 1976 uraufgeführten Monodram *Minetti*, in dem auch auf Elemente äußerer Komik ganz verzichtet wird. - Minetti, als Schauspieldirektor in Lübeck abgesetzt, weil er sich plötzlich der klassischen Literatur verweigerte und darauf für dreißig Jahre in die Isolation nach Dinkelsbühl gegangen war, ist zu Silvester in ein Hotel nach Oostende gekommen, um sich dort, so behauptet er, mit dem Flensburger Schauspieldirektor zu treffen, für den er noch einmal die einzig von ihm akzeptierte klassische Rolle spielen will: König Lear, und dies in einer eigens von James Ensor gefertigten Maske. Als der (womöglich nur eingebildete) Direktor nicht gekommen ist, zieht Minetti die tragische Konsequenz aus seiner künstlerischen Außenseiterexistenz und vergiftet sich auf einer Bank, worauf er eingeschneit wird.

> Auf die Irritation/ kommt es an/ wir sind nicht dazu da/ den Leuten/ eine Gefälligkeit zu erweisen/ Das Theater ist keine Gefälligkeitsanstalt (Th 124),

sagt der Theaterdirektor Bruscon. Minetti teilt diesen programmatischen Vorsatz, wenn er sagt: "Die Welt will unterhalten sein/ aber sie gehört verstört/ verstört verstört" (M 565). Seine Kunstauffassung kennt keine Bequemlichkeit, wozu die "klassische Literatur" verführen könnte[30], seine Ästhetik ist eine der *Destruktion* zwischen Autor, Schauspieler und Publikum:

> Der Schauspieler kommt an den Schriftsteller/ und der Schriftsteller vernichtet den Schauspieler/ wie der Schauspieler den Schriftsteller vernichtet [...] Und wenn der

---

des Absurden (u. bes. Becketts), gerade weil sie sich vordergründig so aufdrängt, auch Perspektiven und Inhalte verstellen; vgl. etwa H. Ehrig, Probleme des Absurden. Vergleichende Bemerkungen zu Thomas Bernhard und Samuel Beckett (1979) sowie auch M. Esslin, Beckett and Bernhard: A Comparison (1985), der in seinem Vergleich zurückhaltender ist.

[30] "Die Menschheit flüchtet tagtäglich/ in die klassische Literatur/ denn in der klassischen Literatur ist sie unbehelligt" (M 586).

> Schauspieler mit dem Schriftsteller abrechnet/ und wenn der Schriftsteller mit dem Schauspieler abrechnet/ ist die Natur verrückt/ dann ist es Kunst meine Dame (M 562f.).

Wo die Unmöglichkeit von Verständigung durch einen "Unterhaltungsmechanismus" (M 565) verschleiert ist, muß die "Kunstkatastrophe"(M 565) durch den "Kunstgewalttäter" (M 562) stattfinden – "für die Schauspielkunst/ gegen das Publikum" (M 560). "In jedem Augenblick muß sich der Schauspieler sagen/ das Publikum stürzt auf die Bühne/ In diesem Zustand hat er zu spielen" (M 583). Hier verkündet Bernhard durch Minetti unmittelbar seine eigene Auffassung:

> Gegen das Publikum naturgemäß, weil das Publikum für mich wie eine Mauer ist, gegen die ich ankämpfen muß. Ich muß gegen das Publikum sein, um meine Arbeit machen zu können.[31]

Bereits das frühe Prosastück *Der Schauspieler* (aus *Ereignisse* von 1957/1969) hatte parabelhaft vorgeführt, wie der Darsteller des bösen Zauberers im Kindertheater schließlich von den auf die Bühne stürmenden Kindern zutode getrampelt wird; die *vollkommene* Illusion (daher die Kinder, für die der Zauberer real ist) schlägt um in die Vernichtung; "von da unten/ wirst du umgebracht", sagt Minetti (M 563). Die "Verstörung" des Publikums gelingt nicht durch "Verlogenheit" (Bruscon) und spielerischen Rollenwechsel, sondern indem der Schauspielkünstler selbst zum Opfer seiner Rolle wird, er muß das *werden*, was er spielt. (Bezeichnenderweise ist Minetti nur auf eine Rolle fixiert, während im *Theatermacher* jeder mehrere Rollen verkörpert). Minetti ist "in die tödliche Schauspielkunst hineingegangen" und hat "sich tödlich verletzt" (M 565). "Kopfüber in das Kunstwerk" (M 566), "der Künstler ist erst der wahre Künstler/ wenn er durch und durch wahnsinnig ist/ wenn er sich in den Wahnsinn hineingestürzt hat" (M 586). Was Kant noch blind zugestoßen war, wird hier im eigenen Rollenentwurf programmatisch antizipiert. Der Schauspieler ist damit kein Vermittler beliebiger Gehalte, sondern er überrumpelt wie der Zauberkünstler, der Minetti einmal war, sein Publikum, den "größte[n] Feind des Schauspielers" (M 583). Seine Kunst ist es, das

[31] Th. Bernhard, in "Thomas Bernhard spricht", S. 79 u. ähnlich auch in "Bernhard Minetti" (1975), S. 38.

Publikum einer "vollkommen verstandeslosen Gesellschaft" (M 583) *abzustoßen* und zu entsetzen anstatt es etwa positiv für einen Inhalt zu *gewinnen*. Ein solches Spiel verlangt seinen vollen Einsatz, er geht daran zugrunde: "Der Schauspieler/ ist das Opfer seiner fixen Idee einerseits/ andererseits vollkommenes Opfer des Publikums" (M 582). Dieses nimmt einen Künstler wie Minetti, der der Harmonieästhetik den Kampf angesagt hat, nicht ernst. "Die klassenlose Gesellschaft/ versteht nichts/ versteht nichts" (M 559). Repräsentiert in einer Silvestergesellschaft, stürmt sie fünfmal maskiert[32] an Minetti vorüber oder ist in deformierten Individuen (alter hinkender Mann, altes Ehepaar, Liliputaner, Betrunkener, Krüppel) dargestellt.[33] – In dieser Ästhetik der Verstörung werden Schauspieler und Rolle, Schauspielerexistenz und Existenzschauspiel eins; die Existenz des Künstlers wird selber scheinhaft-theatralisch.

> Existenz/ Schauspielkunst/ müssen Sie wissen/ Die Konstruktion ist eine dramatische theatralische/ Das Mittel immer wieder ein theatralisches/ Der Gedanke/ Schauspielkunst/ Theater/ Existenz (M 559).

Im Stück wird dies dramaturgisch verwirklicht durch ein "Spiel mit Identitäten".[34] Bernhard hat es für den Schauspieler Bernhard Minetti geschrieben, den er für den einzigen "*Geistes*theaterkopf"[35] hält. Indem Bernhard Bernhard Minetti (nominell) *sich selbst* spielen läßt, stellt er darin zugleich sich dar.

[32] Sie, nicht Minetti (der seine Maske im Hotel nicht anlegt!), ist damit eigentlich in theatralischem Schein und Verlogenheit befangen. Minetti wird der, den er spielt – die Gesellschaft spielt, was sie zu sein vorgibt.

[33] Äußere Deformation ist stets Kennzeichen für die geistige Verfassung des Publikums: vgl. die Millionärin mit der künstlichen Kniescheibe im *Ignoranten*, Caribaldis Artisten und das verkrüppelte Publikum Bruscons (Th 116, 156).

[34] J. Dittmar, Entpersönlichung und Spiel mit Identitäten (1978).

[35] Th. Bernhard in seiner Huldigung an den Schauspieler, Bernhard Minetti, S. 38.

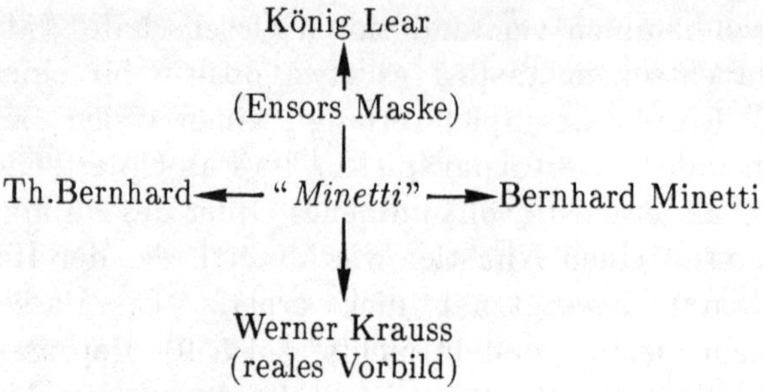

So ergibt sich ein vierfacher Identifikationsbezug[36]: der Autor Bernhard spiegelt sich symbolisch in der fiktiven Schauspielerfigur Minetti, die er mit Zügen des 1959 verstorbenen Burgschauspielers und Leardarstellers Werner Krauss ausgestattet hat[37], indem er sie durch Bernhard Minetti verkörpern läßt. Der fiktive Schauspieler Minetti verkörpert seinerseits, interpretatorisch durch Ensors Learmaske gebrochen, Shakespeares 'Lear'. Der verbannte König ist für ihn Symbolfigur; das auf ihren Freund wartende Mädchen, die einzige, die an dem Abend keine Maske trägt (was ausdrücklich gesagt wird), spielt in dieser Natürlichkeit auf Lears jüngste Tochter Cordelia an.

Als Minetti die Hoffnung auf Verständnis (Eintreffen des Schauspieldirektors) aufgeben muß, stirbt er als Lear, indem er auf der Bank die Learmaske anlegt. Zugleich hat er sich damit der verständnislosen Gesellschaft, deren Signum die Maske ist, untergeordnet: "Der einzelne/ ist er noch so im Recht/ verliert jeden Prozeß" (M 572f.); "wir sind tot/ Das Schneiden einer Grimasse ist zurückgeblieben" (M 561). Er folgt damit der rotgekleideten Dame, seiner ersten Zuhörerin, die in der Silvesternacht mit einer Affenmaske (!) einzuschlafen pflegt. Minettis "Künstlerschicksal ist", so sagt es H. Gamper, "eine Reaktion auf den Zustand der Gesellschaft und dessen Widerspiegelung: was der Künstler willentlich, für sich, herbeiführt und mit Bewußtsein erleidet, ist der objektive Zustand aller, ohne daß sie dessen gewahr würden".[38]

---

[36] Von "widersinnigen Fiktionsbrüchen" zu sprechen, wie es Dittmar tut (Entpersönlichung), ist allerdings unzutreffend.

[37] Siehe dazu A. Barthofer, King Lear in Dinkelsbühl. Historisch-Biographisches zu Thomas Bernhards Theaterstück "Minetti" (1977).

[38] Gamper, "Minetti", S. 106.

Minettis Ästhetik der Destruktion und Verweigerung ist folgerichtig die subjektive Reaktion auf gesellschaftliche Verhältnisse.[39]

Weniger "künstlich", und dadurch interessanterweise auch unschärfer in der Aussage, hat Bernhard dasselbe Thema noch einmal im Zweipersonenstück *Der Schein trügt* (1984) inszeniert, dabei die Dichotomie von Artistik und 'hoher Kunst' wieder aufnehmend. Nicht als grotesk-komisches Mißverhältnis von Milieu und Intention wie in der *Macht der Gewohnheit*, sondern als Figurengespräch sind Artistik und hohe Kunst dargestellt. Das Stück handelt von zwei nicht mehr praktizierenden Künstlern, einem alten Artisten (Jongleur) und seinem Bruder, einem Schauspieler, die sich, in Gewohnheit erstarrt, wechselseitig besuchen und über ihr vergangenes Leben nachdenken. Ihre Vereinsamung ist umso bedrückender, als ihre gemeinsame Lebensgefährtin plötzlich verstorben ist. Einzige äußere Handlung ist das Ankleiden des Artisten, während er auf seinen Bruder wartet, ein von Bernhard oft benutztes Mittel, das monotone Reden mit einer Körperbewegung zu dynamisieren.[40] Bernhard setzt wie in früheren Prosawerken[41] die Bruderfiktion ein, um ein Selbstgespräch über das Verhältnis von Artistik und Kunst zu führen, die im ehemaligen Zauberkünstler Minetti vereinigt waren. Genau besehen ist das Stück kein Dialog, sondern ein auf zwei Sprecher verteilter Monolog. Die langen Monologpartien während des Wartens und das Fehlen echter Erwiderungen in Gegenwart des Anderen sowie der Aufbau – der zweite Akt ist ein verkleinertes Abbild des ersten mit vertauschten Rollen – unterstützen dies. Deutlich wird in diesem Selbstgespräch die Artistik gegenüber der Schauspielkunst ethisch höher bewertet, schon indirekt durch den vitaleren Artisten Karl, dem die weitaus größere Sprechpartie (bes. im

---

[39] H. Höller (Thomas Bernhards Theaterstück "Minetti". Eine Untersuchung zur Sprachform, Rezeptionsstruktur und Tradition, 1978/79, S. 168) sieht die Figur Minettis und ihren Freitod nicht als *Teil*, sondern als subjektive *Verweigerung* des geschichtlichen Prozesses: "Den herrschenden gesellschaftlichen Kategorien, dem 'Fortschritt', und der herrschenden Kunst, der 'klassischen', setzt der alte Mann die Negation von Geschichte und Gesellschaft entgegen: die fortschreitende Veränderung in der Natur als Verfall". Höller verkürzt damit die Aussage des *Stücks* auf die (allerdings wie immer suggestive) Perspektive von *Minetti*; dessen Freitod wäre dann bloß privat-irrationaler Akt.

[40] Vgl. ähnlich die Königin der Nacht in *Der Ignorant und der Wahnsinnige*, die Präsidentin, der Weltverbesserer sowie das Kofferpacken in *Am Ziel*. Stets ist das Ankleiden aber auch Anlegen der gesellschaftlichen Rolle.

[41] Die Brüder aus *Ungenach* etwa, deren Namen sogar übernommen sind.

1. Akt) zukommt. Der Artist ist stets auf sich gestellt und kann sich nicht, wie der Schauspieler, hinter einem vorgegebenen Inhalt, den er nur interpretiert (ohne ihn womöglich ganz zu verstehen), verbergen.

> Ich belehrte sie/ ich zeigte was ich konnte/ das war alles [...] ich kam ganz ohne Klassiker aus (St 31)
>
> Ich hatte dreiundzwanzig Teller auf einmal in der Luft/ und jeder konnte das sehen/ das war doch etwas ganz anderes (St 41),

rühmt sich der Tellerkünstler Karl. Die Autonomie des Artisten, der stets nur *sich* darstellt, ist als Form der Existenzbewältigung[42] vorbildlich, während die Schauspielkunst auf eine tradierte Vorlage angewiesen ist und immer an der repräsentierten Figur gemessen wird. Für beide Brüder war die Kunst, das ist als Bernhardscher Topos zu beachten, Flucht und Befreiung aus elterlicher Bevormundung. Der kränkliche Schauspieler Robert war ohne Leidenschaft und "klare Vorstellung" und "aus Angst/ allein aufzugeben/ zu verkommen" (St 71) zum Theater gegangen; der ehrgeizige Karl sagt von sich:

> In gewisser Weise/ war es auch was mich betrifft/ die Kunst/ durchaus Künstlerisches/ das mich gerettet hat/ Artistik/ möglicherweise sogar höher zu stellen als Schauspielerei (St 77).

Er berührt sich mit dem Landstreicher aus *Frost*, wenn er die Schauspieler "Dummköpfe" nennt (St 40). Diese Bewertung der Kunstarten läuft der landläufigen gerade zuwider, wonach mit dem Schauspiel als hoher Kunst Geist und Gehalt, mit Artistik aber bloß Oberflächlich-Scheinhaftes assoziiert wird. Diese Attribute aber schreibt Karl gerade den Schauspielern zu: "In ihrer Nähe ist alles abgeschmackt/ Vorgegebenes/ Oberflächliches/ selbst das Erhabenste fängt an zu stinken" (St 40).

Robert ist der "Hochstapler" (St 12). Das Gefälle zwischen beiden Kunstformen markiert freilich auch ein unterschiedliches Sozialprestige, was im unterschiedlichen Lebensstandard von Karl und Robert,

[42] Nicht zufällig beschreibt Bernhard in *Ein Kind* sich und seine Familie einmal als "seiltanzende Zirkusfamilie" (Ki 45), die sich "fortwährend auf dem Drahtseil" (Ki 44) am Leben erhält.

der das Haus der Lebensgefährtin geerbt hat, ausgedrückt ist. Der Artist ist, im Unterschied zum etablierten Künstler, der Nichtseßhafte; Karl, Caribaldi und der Theatermacher Bruscon reisen mit ihrer Kunst umher. Bernhard nutzt die Aura des Anrüchigen und Verdächtigen, die den Artisten und Zirkuskünstler schon immer aus der bürgerlichen Kultur ausgegrenzt hat, für eine symbolische Provokation des "Logentheaters" (Bruscon), der klassisch-harmonisierenden Kunst zur Bequemlichkeit, was in den Schauspielerstücken *Der Theatermacher* und *Minetti* deutlicher entfaltet wird. Wie Minetti, an dem sein maskiertes Publikum verständnislos vorbeirennt, stehen beide Künstler nach dem Tod ihrer Lebensgefährtin allein da: mit ihr haben sie, das will das Motiv andeuten, ihr letztes Publikum verloren. (Ausdrücklich wird auf die Ignoranz Mathildes und ihre Bildung durch Karl hingewiesen.) Beide sind nurmehr ihr eigenes Publikum, wenn sie sich wie nach einem Theaterspielplan dienstags und donnerstags ihre Besuche abstatten. Von daher hat Karls Ankleideprozedur im 1. Akt den Sinn einer Kostümierung für den Auftritt (vgl. auch seine, an einen Theaterfundus erinnernde Schuhsammlung und den vergeblich angefertigten schwarzen Anzug). Nicht anders war Minetti in seiner dreißigjährigen Isolation vor dem Spiegel sein eigener Zuschauer, bevor er seinen letzten Auftritt im Hotel vor der Dame und dem wartenden Mädchen absolviert. Hatten die Künstler vorher für ihr Theater existiert, existieren sie jetzt theatralisch. In beiden Stücken wird, was sonst bei Bernhard nie vorkommt, auf die *Zeit* der Handlung explizit hingewiesen: Silvester in einem alten Hotel (*Minetti*), "Großstadt, Jahresende" (*Der Schein trügt*) – eine Endzeit. Minettis Auftritt setzt ein mit Bemerkungen über die Zeit:

> Die Veränderung ist fortschreitend/ Es ist alles nur eine Frage der Zeit/ [...] Den Fortschritt hassen/ den Fortschritt hassen (M 551).

Den "Fortschritt" verkörpern die blind vorüberstürmenden Maskierten ("Intelligenz/ und Fanatismus", M 570), das Mädchen mit dem Kofferradio (!) in der 3. Szene, die mit Minettis Kunst so wenig anfangen kann, wie die Repräsentanten der alten Gesellschaft in den ersten beiden Szenen. "Ich gehe nicht mehr ins Theater/ es hat nichts mehr zu bieten/ das Theater ist ein Anachronismus", sagt die Millionärin in *Immanuel Kant* (IK 643) und beschreibt damit eine Situation, in der sich alle Bernhardschen Künstler befinden und um ihr Überleben kämpfen.

d) Festspielkünstler: Publikumskunst

Das opportunistische Bewußtsein von Künstlern, die ihre Kunst nicht im Widerstand gegen die Umweltbedingungen ausüben und unter ihrer Vereinzelung leiden, sondern sich im Kunst- und Kulturbetrieb feiern lassen und von ihm profitieren, ist in satirischem Tenor in den Festspielstücken *Die Berühmten* (1976) und *Über allen Gipfeln ist Ruh* (1981) vorgeführt. – *Die Berühmten* hat Bernhard für die Salzburger Festspiele geschrieben, das Stück wurde dann aber, da man einen Skandal befürchtete, auf den Wiener Festwochen 1976 uraufgeführt. Erst im ursprünglich intendierten Kontext aber gewinnt es seine satirisch-denunzierende Wirkung. Es nimmt in Bernhards Bühnenwerk durch antinaturalistisches Rollenspiel (Puppen der Künstler-Vorbilder, Tiermasken) und durch die Figurenkonstellation (es dominiert keine einzelne Hauptfigur) eine Sonderstellung ein. In der ersten Hälfte, einem zweiteiligen Vorspiel, unterhält sich eine Tischgesellschaft von neun Künstlern, die jeweils einem großen historischen Vorbild als Puppe zugeordnet sind, mit Kollegenklatsch und grotesk-makabren Anekdoten über Berufsleiden und prangert dabei den ganz auf Profit abgestellten Kunstbetrieb an:

> Die Sänger singen sich ihre Noten auf ihr Bankkonto/ und die Instrumentalisten genauso (Br 469)
>
> Die Kunst insgesamt ist heute/ nichts anderes/ als eine gigantische Gesellschaftsausbeutung/ und sie hat mit Kunst so wenig zu tun/ wie die Musiknoten mit den Banknoten (Br 470),

klagt der Bassist, anläßlich dessen 200. Bühnenjubiläum als Ochs von Lerchenau alle zum Feiern zusammengekommen sind. Im zweiten Teil trifft die von allen erwartete Sopranistin ein und fordert die Künstler, in betrunkenem Zustand, zur Zerstörung ihrer Vorbilder auf, die übrigens alle Gründungsmitglieder der Salzburger Festspiele waren, was flugs alle befolgen und die Puppen zerstören. Nach dem letzten Bühnenauftritt des Bassisten vor seinem Ruhestand, der unter den Künstlerfiguren hervorgehoben ist und in dem sich biographisch der

Autor spiegelt[43], kommen nach längerer Zeit alle wieder auf dessen ländlichem Ruhesitz zusammen. Hatten sich die Künstler von den Vorbildern und damit von der Tradition befreit[44], so sind diese jetzt wieder als Gemälde an den Wänden restituiert und die Künstler feiern sich selber als "Berühmte": "Alle die wir hier sitzen/ sind berühmt/ wir sind vielleicht sogar die Berühmtesten" (Br 524), verkündet eitel der Bassist. Jetzt werden keine mokanten Künstleranekdoten mehr erzählt wie bei dem ersten Treffen. Was früher angeprangert wurde, wird nun unverhohlen als Tugend deklariert: "Der Künstler ist der ideale Künstler/ wenn er auch ein guter Geschäftsmann ist" (Br 535). In der zweiten Szene ("Die Offenbarung der Künstler"), dem Parallelhöhepunkt zum zweiten Vorspiel, entlarven sich schließlich die Künstler als Tiere, was szenisch (ebensowenig realistisch motiviert wie die gewaltsame Entledigung von den Vorbildern) realisiert wird durch Tiermasken und Tierstimmen, die zu einem dreimaligen Hahnenschrei eskalieren – die Kunst ist endgültig verraten und zum "Unterhaltungsmechanismus" (M 565) geworden. War die Learmaske Minettis äußeres Zeichen seiner *Über*identifikation mit der Rolle, so sind hier die Künstlerpuppen vor der unwirksamen Rebellion wie die Tiermasken auf dem Höhepunkt des Ruhms Indizien mangelnder Identität als Künstler. Die leere Nachahmung der Tradition erweist sich als ebenso kunstfeindlich wie das völlige Aufgehen im niedrig-geistlosen Geschäftssinn, wohingegen die Rebellion gegen das Publikum und seine Erwartungen, für Minetti Grundbedingung für Kunst überhaupt, willkürlicher, nicht perpetuierter Gewaltakt geblieben ist. Bernhard selbst, als ständiger Stückelieferant für die Salzburger Festspiele dem von ihm denunzierten Betrieb angehörig, nimmt sich von der Kritik nicht aus, wie die Figur des Bassisten zeigt. Diese Spiegelung wird selber noch im Verhältnis des Bassisten zu seiner fiktiven Rollenfigur (Ochs von Lerchenau), die ihrerseits wieder ein authentisches Vorbild hat, ironisch kommentiert:

[43] Mit dem 1959 "angekauften Sommersitz", der eine "Ruine" war (Br 514), spielt Bernhard, der übrigens selbst ausgebildeter Bassist ist, auf seinen 1965 von den Mitteln des Bremer Literaturpreises erworbenen Ohlsdorfer Bauernhof an. Zu Bernhards "Sängerkarriere", wie er sie selbst sieht vgl. im übrigen seinen Brief an die 'Süddeutsche Zeitung': "... allerdings nur als Baß-Stimmführer"(1987), S. 33.

[44] Vgl. im Stück *Ritter, Dene, Voss* (1984) das Manipulieren der die Tradition repräsentierenden Familienportraits durch Voss.

> Wenn man selbst ein Baron ist/ ein echter Baron wie Sie/ und den Ochs singt/ das ist Authentik (Br 513)
>
> Tatsächlich ist es eine ganz und gar verblüffende/ Ähnlichkeit/ zwischen Ihnen Baron/ und der historischen Figur (Br 513).

Die Berühmten sind gleichermaßen gesellschaftlich-politische Allegorie, wie schon die Tiermasken und die Diener als Ratten erkennen lassen.[45] Die Runde trinkt "auf den Präsidenten/ Auf den Festspielpräsidenten" (Br 542) und feiert den Hausherrn: "Der Opernkünstler/ist der eigentliche Herrscher der Kunstgesellschaft/ und der Bassist an sich/ ist ihr König" (Br 543). Der Aufstand gegen die Tradition hat nur die Umbesetzung der Rollen, nicht aber die Änderung des Systems hervorgebracht[46], die Künstlergesellschaft ist selbst hierarchisch organisiert (vgl. Caribaldis Artisten, Bruscons und Kants Familien).

Auch das eben kurz erwähnte "Spiel mit Identitäten" zwischen Bernhard, seiner Bassistenfigur und dessen Rolle als Baron zeugt von dem selbstironischen Aspekt von Bernhards Künstler-Protagonisten, der überdeutlich in der Figur des Erfolgsschriftstellers Moritz Meister in *Über allen Gipfeln ist Ruh. Ein deutscher Dichtertag um 1980* (1981) entfaltet wird. Diese "Komödie" (Untertitel) lebt als Satire auf die deutsche Bildungskultur wie *Die Berühmten*, deren Sprache auch den Insiderjargon der Künstlerclique repräsentierte, ausschließlich von der Sprache. Der Erfolgsautor Moritz Meister liefert in seinem Haus, fiktiv motiviert durch eine Doktorandin und einen Journalisten als Stichwortgeber, eine Selbstdarstellung seines Werdens und Schaffens, die in einer Lesung aus der just abgeschlossenen "Stieglitz-Tetralogie", einem monströs überladenen Romanwerk, vor versammelter Verehrergemeinde, Verleger sowie Hausgehilfin und Briefträger eingeschlossen, gipfelt. "In der Hauptfigur Moritz Meister wird angemaßte tiefe Geistigkeit als seichte Trivialität erkennbar. Aus dieser Ungereimtheit bzw. Widersprüchlichkeit ergibt sich im wesentli-

[45] Befragt nach seinen Künstler- und Politiker-Protagonisten, antwortete Bernhard ("Ich könnte auf dem Papier jemand umbringen", 'Spiegel'-Interview 1980, S. 174): "Künstler haben manchmal genausoviel Macht wie Politiker".

[46] Vgl. ähnlich Jurgensen, Der Kegel im Wald, S. 36f. sowie Bernhards Kurzerzählungen *Der Diktator* (*Ereignisse*, S. 81) und *Doppelgänger*, *Glück*, *Staatsgeschichte* (*Der Stimmenimitator*, S. 155ff.), die alle von der Umbesetzung von Führungsrollen handeln.

chen die der Komödie zugrundeliegende Dimension des Komischen".[47] Diese Entlarvung vollzieht sich nicht in farcenhafter Überspitzung (Kant, Bruscon, Berühmte), sondern beschränkt sich ganz auf die sprachliche Selbstdarstellung. In sorgfältig komponierten Details und in persiflierendem Jargon macht sich Bernhard über einschlägige, in der deutschen Bildungstradition fest verwurzelte Klischeevorstellungen des Dichtergenies lustig: verkannte Genialität (ÜG 806f.), Berufungserlebnis in einer gotischen Kathedrale (ÜG 816f.), niedrige Herkunft (ÜG 818), Reifeprozeß zum großen Dichter ("Bis es dann endlich der große Dichter ist/ bis aus dem Ringenden und Suchenden der geworden ist/ den alle bewundern", ÜG 821), Inspirationsästhetik (ÜG 822), Aufopferung für das Lebenswerk (ÜG 850) sowie die Antikenpassion. Konkret wird mit Moritz Meister freilich auf die deutschen Dichter schlechthin, Goethe und Thomas Mann (in der Romantetralogie), angespielt. Komplettiert wird dieses bildungsbürgerlich-altväterliche Dichterbild durch die Geste des signierenden Bestsellerautors von heute (7. Szene: "Herr Meister in einem Liegestuhl, Bücher signierend", ÜG 853) und des geschäftstüchtigen Verlegers, der die internationale Vermarktung der Werke Meisters betreibt (ÜG 876). – Mit Moritz Meister hat Bernhard hier nicht nur wieder auf sich selbst angespielt, wie zahlreiche biographische Einzelheiten erkennen lassen[48], sondern, wie in *Minetti* das von Darsteller und Rolle, zugleich das Verhältnis von Autor und Protagonist thematisiert. Das Verhältnis von Bernhard zu Meister spiegelt sich in dessen Protagonisten Prof. Stieglitz, dem Helden der Romantetralogie. Für den Romancier Meister ist Stieglitz sein alter ego; stereotyp wird dieser in seinem Tun und Reden zitiert ("wie der Professor Stieglitz in der Tetralogie"), als sei er eine reale Person. Es ist mitunter geradezu unklar, ob Meister seinem fiktiven Helden nachlebt und -denkt oder an ihm Eigenes zunächst ausprobiert; Fiktion und Wirklichkeit verschmelzen wie im Fall des Rosenkavalier-'Ochs', der selber wirklich Baron ist: "er zeichnete den Professor Stieglitz/ wie sich selbst/ vollkommen autobiografisch", sagt Frau Meister über ihren Mann (ÜG 804). Verschoben auf Bernhard,

---

[47]Barthofer, Vorliebe für die Komödie: Todesangst, S. 94.

[48]Z.B. Bibliotheksstelle (ÜG 799), sozialer Aufstieg (ÜG 801), die Wahl in die Akademie für Sprache und Dichtung als ironische Anspielung auf den 1979 erfolgten spektakulären Austritt Bernhards anläßlich der Wahl Walter Scheels; Musikkarriere (ÜG 809) u. a. m.

wird dieselbe Authentik suggeriert, wenn Frau Meister das Bild der Öffentlichkeit von ihrem Mann korrigiert: "er ist nicht so düster wie die Leute glauben/ alle schreiben immer er sei düster/ dabei ist niemand so lustig wie mein Mann" (ÜG 850) und Bernhard mit ähnlichen Worten dasselbe im *Drei Tage*-Interview (1971) versucht hatte.[49]

Der Autor hat seine Selbstdarstellung spielerisch fiktionalisiert und sich damit wieder ironisch davon distanziert. Was aussah wie (gar nicht so unbegründete) Selbstkritik in der Figur Moritz Meisters, ist als Rollen-Spiel mit Identitäten zurückgenommen. Letztlich gilt der Satz Konrads aus dem *Kalkwerk*:

> die Person des Schriftstellers bedeute nichts, wie ja überhaupt niemals und in keinem Falle also die Person oder das Persönliche eines Schriftstellers etwas bedeute, seine Arbeit sei alles, der Schriftsteller selbst sei nichts, nur glaubten die Leute in ihrer Geistesniedertracht immer, Person und Arbeit eines Schriftstellers vermischen zu können. (Kw 175)

e) Die dramatische Form

Thomas Bernhards Vorliebe für Artistenfiguren und tragische Clownsgestalten als der Selbstreflexion dienende Rollenbilder sind von mehr als nur biographischer Signifikanz. Sie gehört in eine spezifische Linie der verkleideten Selbstdarstellung moderner Künstler seit dem ausgehenden 19. Jahrhundert, deren Phänomenologie und Bewußtseinsgeschichte Jean Starobinski in seiner Studie "Porträt des Künstlers als Gaukler" dargestellt hat. Er schreibt dort[50]:

---

[49]Th. Bernhard (It 152): "Es heißt dann, das ist ein Autor, ein Schriftsteller, der so und so einzuordnen ist, und die Bücher sind düster, die Figuren sind düster und die Landschaft ist düster, also – der *Mensch ist auch düster.* [...] Mir ist absolut *unbehaglich* dabei." – Es zeugt von der gewonnenen Souveränität, aber auch von seiner schalkhaften Selbstdarstellung, daß Bernhard dieselbe Diskrepanz 10 Jahre später (Monologe auf Mallorca, S. 3) in sein Selbstverständnis integriert hat: "Und ich bin wahrscheinlich lebenslänglich der 'negative Schriftsteller'. Aber ich muß sagen, ich fühl' mich in der Rolle ganz wohl, weil sie mich gar nicht irritiert, weil die Leut' sagen, ich bin ein 'negativer Schriftsteller', und ich bin aber zugleich ein positiver Mensch".

[50]J. Starobinski, Porträt des Künstlers als Gaukler. Drei Essays (1985), S. 10.

> Zum reinen Sehvergnügen [an der Zirkussphäre, W.H.] kommt vielmehr eine Neigung hinzu, die einer anderen Ordnung angehört, eine psychologische Bindung, die den modernen Künstler ich weiß nicht welches Gefühl geheimen, sehnsüchtigen Einverständnisses mit dem Mikrokosmos des Possenspiels und der elementaren Zauberei empfinden läßt. Ja, in der Mehrzahl der Fälle muß man so weit gehen, von einer merkwürdigen *Identifikation* zu sprechen. Daß der Clown zum (Eben-)Bild erkoren wird, bedeutet in der Tat die Wahl nicht nur eines bildnerischen oder poetischen *Motivs*, sondern auch eines verdeckten und parodistischen Idioms, um nach der Sache der Kunst zu fragen.
>
> Seit der Romantik [...] sind der Narr, der Gaukler und der Clown die hyperbolischen und mit Absicht *verzerrenden* Bilder, die von sich selbst und von den Bedingungen der Kunst zu geben den Künstlern gefallen hat. Es handelt sich dabei um ein verkleidetes Selbstbildnis, dessen Zeichenhaftigkeit die einer sarkastischen oder schmerzlichen Karikatur übertrifft.

Was Starobinski fernerhin sagt, trifft exakt den Kern der soeben untersuchten Bühnenstücke Bernhards:

> Das ironische Spiel ist als Selbstinterpretation bedeutsam – es ist eine spöttische Epiphanie der Kunst und des Künstlers. Zur Kritik der bürgerlichen Rechtschaffenheit kommt eine Selbstkritik hinzu, die sich gegen die ästhetische Berufung selber wendet. Wir können darin, über einen Zeitraum von mehr als hundert Jahren, einen typischen Wesenszug der "Modernität" erkennen.[51]

In diesem Rahmen der Selbstproblematisierung ist Bernhards eigenes 'Porträt des Autors als Artist', das er in seinen Stücken gibt, zu sehen.[52] – Mit den verschiedensten theatralischen Mitteln (Komödie, Farce, Satire, Tragödie – soweit diese Gattungsformen bei Bernhard

[51]Ebd., S. 11.

[52]S. Neumeisters Vergleich Bernhards mit Baudelaire (Der Dichter als Dandy), dem Starobinski einen Essay widmet, wäre unter diesem Aspekt zu komplettieren, gerade auch was den Typus des '*tragischen Clowns*' (ebd., S. 73ff.) betrifft.

noch applikabel sind), stellt Bernhard in einem gewichtigen Teil seiner Stücke, der monologischen Selbstdarstellung des Künstlers, das Verhältnis von Künstler und Gesellschaft bzw. Publikum dar. Die nähere Betrachtung hat ergeben, daß dieses Verhältnis nicht zeit- und geschichtslos ist, sondern daß sich die Künstlerfiguren in ihren verschiedenen Einkleidungen als Artist, Theatermacher, Weltverbesserer, Schauspieler und Autor als historische Figurationen des Künstlers in der bürgerlichen Gesellschaft rekonstruieren lassen, die ein zusammenhängendes Bild ergeben. Als Einzelgänger (und Einzelkämpfer) wird er von ihr ignoriert, ausgesperrt, mißverstanden oder einfach für ihren "Unterhaltungsmechanismus" vereinnahmt. Immer aber spiegelt sich Bernhard (z.T. selbstparodistisch) in seinen Künstler-Protagonisten vermittels biographischer Bezüge und stellt sie damit in einen geschichtlichen Zusammenhang, wenn dies auch vordergründig nicht hervortritt. Im Gegenteil verdeckt die clownesk-bizarre Physiognomie von Figuren wie Caribaldi, Bruscon, Kant, der Weltverbesserer den geschichtlichen Erfahrungsgehalt, der in ihnen ist, was noch durch die Selbstinszenierung des Autors, der sich ihrer Rede und ihrem Habitus stets assimiliert, gefördert wird. Sein Subjektivismus in und außerhalb seiner fiktiven Protagonisten ist jedoch nicht mit der Aussage der Stücke zu identifizieren, was übrigens ebenso für die Protagonisten der Prosaarbeiten gilt (s. Kap. II.1.b)). Hier wäre an Th.W. Adornos Diktum zu erinnern:

> Der subjektive Anteil am Kunstwerk ist selbst ein Stück Objektivität. Wohl ist das der Kunst unabdingbare mimetische Moment seiner Substanz nach ein Allgemeines, nicht anders zu erlangen jedoch als durchs unauflöslich Idiosynkratische der Einzelsubjekte hindurch.[53]

Das Idiosynkratische, bei Bernhard so wortwörtlich und plastisch wie möglich als (zumindest rhetorischer) Widerwille gegen *alles* ausgeprägt, ist damit nicht bloß private Haltung, sowenig wie das (oft komische) Scheitern seiner Künstler. Indem Bernhard seinen Künstlern die Züge von *Clowns* gibt[54], verharmlost er damit nicht etwa deren Problematik, sondern macht sie allererst theatralisch fühlbar. Die Clown- und

---

[53] Adorno, Ästhetische Theorie, S. 68.

[54] In der Inszenierung der Uraufführung von *Immanuel Kant* durch Claus Peymann in Stuttgart 1978 war die Figur Kants nicht-naturalistisch und übertrieben wie ein 'dummer August' gestaltet.

Komikerfigur ist der dramaturgische Typ des 'Einzelnen' schlechthin, mit dem sich der Zuschauer nicht identifiziert. Friedrich Dürrenmatt hat die Wirkungsästhetik der Clownfigur folgendermaßen beschrieben:

> Wir lachen über den Clown, weil er uns als ein so unbeholfener Mensch gegenübertritt, daß sich ihm jeder überlegen fühlt. Wir identifizieren uns nicht mit dem Clown, wir objektivieren ihn. Richten wir bei der Identifikation in unserem Ich den Helden als ein Objekt auf, integrieren wir den Helden in unser Ich, stoßen wir den 'Clown in uns' aus unserem Ich und treten ihm gegenüber. Der Clown ist der 'Einzelne', und nicht nur der Clown, jede komische Figur; was sie vereinzelt, ist das Komische. (Der tragische Held ist nicht 'vereinzelt', er ist mit den Menschen durch deren Mitleid verbunden.)[55]

Von ihrer dramaturgischen Charakteristik schon sind Bernhards Künstler die Vereinzelten, deren Komik und Clownerie nicht entspannen und unterhalten soll, sondern der 'Verdeutlichung' (ein Zentralbegriff Bernhardscher Ästhetik) dient.[56] Die Überzeichnung der Figuren und ihrer Situationen, hauptsächlich mit den Mitteln grotesker und absurder Komik, ist im Rahmen von Bernhards Ästhetik der "Künstlichkeit" zu sehen: sie ist ein "Kunst*mittel*" (It 151), das der Verdeutlichung dient: "In der Finsternis wird alles deutlich" (It 151). H. Höller mißversteht diese Ästhetik als l'art-pour-l'art-Tendenz und übersieht die Dialektik der Verdeutlichung durch künstliche Verfinsterung und Theatralisierung; nach ihm bricht "Bernhard in seiner Poetik radikal die Durchlässigkeit von Kunstwelt und Wirklichkeit" ab und kann "die Grenzen zwischen beiden Welten gar nicht scharf genug gezogen haben".[57] Bernhards poetologische Bühnenmetapher[58], immer wieder

---

[55]F. Dürrenmatt, Dramaturgisches und Kritisches. Theater-Schriften und Reden II (1972), S. 169f.

[56]Dieses Moment der Nichtidentifikation und Distanzierung, was dem Figurentyp inhärent ist, wäre damit strukturelles Äquivalent zur 'dissimulierenden' Erzählkonstruktion der Prosa im dramatischen Genre.

[57]Höller, "Minetti", S. 175.

[58]"In meinen Büchern ist alles *künstlich*, das heißt, alle Figuren, Ereignisse, Vorkommnisse spielen sich auf einer Bühne ab, und der *Bühnen*raum ist total finster. Auftretende Figuren auf einem *Bühnen*raum, in einem *Bühnen*viereck, sind durch ihre Konturen deutlicher zu erkennen, als wenn sie *in der natürlichen* Beleuchtung

zitiertes Kernstück seiner Poetik, steht jedoch *nicht* für eine autonome Kunst-Welt, sondern involviert immer die theatralische Spiegelung der realen. Höller folgert: "Dieses Prinzip der Künstlichkeit hat mit dem des epischen Theaters nichts zu tun"[59], was zu bestreiten wäre. Sicherlich fehlen Bernhard in seiner Publikumsverachtung die programmatisch-didaktischen Intentionen Brechts, arbeitet sein Theater nicht mit Mitteln des epischen Illusionsbruchs und der Verhinderung von distanzloser Einfühlung, doch sein Gebrauch einer (weitgehend) naturalistischen Bühnenfiktion erzwingt nicht a priori eine 'illusionistische' Rezeptionshaltung. Vielmehr sind die Kunstmittel der Übertreibung vom Zuschauer ernstzunehmen und aufzulösen.

Die auffälligsten Kunstmittel sind das 'undramatische' Auseinandertreten bzw. Nebeneinanderherlaufen von Sprechen und Handeln und das extreme Ungleichgewicht zwischen Protagonist und Nebenfiguren. Beides verrät deutlich einen *epischen* Zug; die Protagonisten stellen sich in ihrem Reden, weniger in ihrem Handeln dar, was mit der für Bernhard charakteristischen Struktur der Rollenprosa übereinkommt. Die *Szenenfolge* ist dabei nicht kausal durch einen durchgehaltenen Handlungs- oder Geschehenszusammenhang organisiert, sondern als Einteilung dem Geschehen äußerlich und dafür autonom strukturiert. Bernhard setzt das *Volumenverhältnis* seiner Szenen sehr bewußt zu Gliederungszwecken ein. Beispielhaft deutlich ist dies in *Die Macht der Gewohnheit*, wo die Proportion der drei Szenen ziemlich genau 1 : 1 : 1 ausmacht und dieses Gleichmaß wiederum metrische Folie der sich aufbauenden Figurenauftritte ist. In diesem *musikalischen* Aufbau: I (a,b); II (c,d – a,e – a,e + b); III (a,b,c,d,e) ist das 'Andantino' von Schuberts Forellenquintett imitiert, der Vorwurf des Jongleurs: "Nicht Menschen/ Instrumente" (MG 269) hat somit

---

erscheinen wie in der üblichen uns bekannten Prosa. In der Finsternis wird alles deutlich" (It 150f.). – Diese Bühnenmetapher ist keine Erfindung Bernhards, sondern kommt schon (nicht zufällig) bei Schopenhauer vor, was die Forschung bisher übersehen hat. Es heißt dort (Die Welt als Wille und Vorstellung I/1, S. 335): "Ist die ganze Welt als Vorstellung nur die Sichtbarkeit des Willens, so ist die Kunst die Verdeutlichung dieser Sichtbarkeit, die *Camera obscura* [Guckkasten], welche die Gegenstände reiner zeigt und besser übersehn und zusammenfassen läßt, das Schauspiel im Schauspiel, die Bühne auf der Bühne im 'Hamlet'".

[59]Höller, "Minetti", S. 175.

einen kompositorischen Hintersinn.[60] Durch die abnehmende Proportion (*Theatermacher*: 4 : 2 : 1 : 1 und *Der Schein trügt*: 7: 2) wird Dynamik suggeriert. In *Minetti* gliedert das autonom strukturierte Geschehen den Monolog: die Vertreter der 'alten Gesellschaft' gliedern mit ihrem vereinzelten Auftreten die ersten beiden Szenen, das Auftreten der maskierten "klassenlosen Gesellschaft" durchzieht in gleichförmigen Abständen (in jeder der drei Szenen ein paarweiser Auftritt) den Verlauf des ganzen Stücks. "Musikalische Rhythmisierung der Bruchstücke, also Zugriff eines arrangierenden Kunstwillens, Kunstverstandes, muß die dialogische Spannung des Personendramas, zielstrebige Handlung, ersetzen."[61] Das Ungleichgewicht zwischen Monologist und Mitspieler als weiteres hervorstechendes Merkmal hat nicht allein in der Selbstüberschätzung der Künstlercharaktere inhaltliche, sondern auch strukturelle Bedeutung. Als stumme Zuhörer sind diese die Adressaten, das Publikum des monologisierenden Künstlers. Die Bernhard von Matheja[62] zugeschriebene Gleichsetzung des Publikums mit *Ignoranten* ist damit nicht nur eine verbal-polemische, sondern der fiktiven Kommunikationssituation in allen Stücken strukturell einbeschrieben. In den passiv-rezeptiven Nebenfiguren ist die Rolle des Zuschauers implizit thematisiert. Gerade weil aber die Statistenrollen auf der *thematischen* Ebene den redenden Künstler affirmieren, stellen sie ihn *strukturell* in Frage. Für den Zuschauer, dessen implizite Rolle sie im Spiel übernehmen, schaffen sie eine Leerstelle, welche gegenüber den Protagonisten Distanzierung ermöglicht. In dieser Funktion sind auch sie, wie deren komisch-clownesker Habitus, strukturelles Äquivalent der ebenso passiv-rezipierenden Erzähler- und Beobachterfiguren in der theatralischen Rollenprosa, die den Leser produktiv in das Spannungsfeld von Identifikation und Distanz einbezieht. Ihre Rolle als Korrektiv ist umso bedeutsamer, als auf der Bühne die Protagonisten (gattungsbedingt) präsenter und 'eindeutiger' sind als die Studienschreiber der Prosa im Erzählerbericht. Bernhards produktionsästhetische Maxime: "Ich muß gegen das Publikum sein, um meine Arbeit machen zu können" erfordert, rezipientenseitig verlängert, eine

[60] J.M. Winkler hat überdies in seiner Arbeit über die Stücke (L'attente et la fête, S. 159ff.) auf die Form des Kanons in der Episode "Über die Haube" (MG 336-341) hingewiesen; vgl. auch die 'musikalische' Repetition in der Hosenszene von *Der Schein trügt* (St 95ff.).

[61] Gamper, Einerseits Wissenschaft, Kunststücke andererseits, S. 19.

[62] Matheja, Kunst - Gesellschaft - Existenz, S. 129.

Haltung gleichsam 'gegen den Autor', welche die Distanzierungsangebote der 'künstlichen' Konstruktion erkennt und damit der suggestiven Redegewalt seiner (nur scheinbar ihn bruchlos verkörpernden) Protagonisten Widerstand leistet.[63]

2. Katalyse und Katastrophe

Sie ziehen Ihren Figuren
auch eine entsetztliche Jacke an
Allen Ihren Figuren
Und sie können ihre Jacken nicht
ausziehen wie Sie[64]

Der zweite Strukturtyp von Bernhards Stücken ist komplexer. Keine Zentralfigur beherrscht das Spiel, sondern die Figurenkonstellation beschreibt ein *Rollen-Dreieck.* Es sei in seiner Rollenstruktur und deren funktionalen Bezügen zunächst beschrieben und dies bewußt abstrakt und allgemein, um inhaltlich vorerst noch nichts zu fixieren.

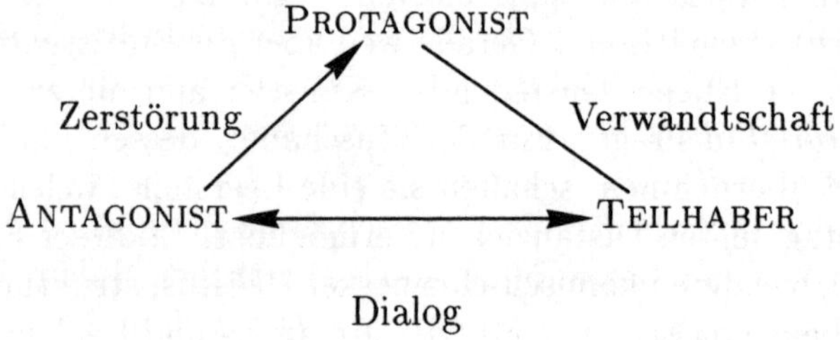

[63]Insofern stimmt H. Haider-Preglers Befund ihres die Stücke vor dem Hintergrund des österreichischen Rollentheaters untersuchenden Ansatzes nur oberflächlich, wenn sie schreibt: "Bernhard steht zwar als Rollenschreiber durchaus in der Linie österreichischen Schauspielertheaters, aber er sieht diesen theatralischen Prozess *losgelöst von der Interaktion mit dem Publikum* – wie er in Eigenaussage betont und wie es seine dramaturgische Struktur bekräftigt. Ein fragwürdiges Unterfangen" (Theaterrollen und Rollentheater im österreichischen Drama, 1978/79, S. 161, Herv. W.H.) - Fragwürdig ist vielmehr, die Anti-Publikums-Attitüde des Autors als ein selbstverständliches Präjudiz für Struktur und Gehalt der Texte selbst zu nehmen.

[64]Die Mutter zum dramatischen Schriftsteller in *Am Ziel*, S. 1035.

Den Rollen sind folgende Merkmale zugeordnet:

Protagonist: – übt (soziale) Macht aus
– theatralische Existenz
– 'Opfer' des Antagonisten

Teilhaber: – verwandt mit dem Protagonisten
– sozial abhängig
– theatralische Existenz
– Adressat des Antagonisten

Antagonist: – intellektuell
– 'katalysiert' die Zerstörung des Protagonisten

Dieses Modell[65] hat keinen bloß heuristisch-deskriptiven Sinn. Mit ihm ist, noch vor jeder stofflichen Besetzung in den einzelnen Stücken, die es nur variieren, ein *Inhalt* gegeben, der sich auf thematischer Ebene im Reden und Verhalten der Figuren deutlicher manifestiert: theatralische Existenz und Existenztheater. Somit ist in diesem Rollenmodell die Ambivalenz des Rollenbegriffs – soziale und theatralische Rolle[66] – mitzudenken. Als dramaturgisch-theatralische ist die Rollenbeziehung zwischen den drei Positionen zugleich eine soziale und umgekehrt, wie im einzelnen noch zu zeigen sein wird.

Protagonist und Teilhaber sind stets Repräsentanten einer Ordnung und agieren in einer bestimmten gesellschaftlichen Sphäre, die auch den Schauplatz der Stücke bestimmt. In *Der Ignorant und der Wahnsinnige* ist es die *kulturelle*, in *Die Jagdgesellschaft* die *gesellschaftliche* (soziale) Ordnung, in *Der Präsident* die *staatliche* (politische) und in *Ein Fest für Boris*, *Vor dem Ruhestand* und *Am Ziel* die *familiäre* (private).

[65]Es macht terminologische Anleihen bei B. Mathejas Figurentypologie (Kunst – Gesellschaft – Existenz). *Anders* als dieses beschreibt es die Figuren jedoch gerade nicht als 'Charaktere' im geläufigen Sinn psychologischen Dramas, orientiert sich auch nicht additiv am Personalbestand, sondern an einem Rollenmodell, das den Stücken dramaturgisch zugrundeliegt; es bildet also sozusagen kein 'Aggregat', sondern ein 'System'.

[66]Siehe dazu R. Dahrendorf, Homo sociologicus. Ein Versuch zur Geschichte, Bedeutung und Kritik der Kategorie der sozialen Rolle (1959), S. 13ff.

Schon dieser einfache Umstand – unterschiedliche Handlungssphären bei konstantem dramaturgischen Muster – weist darauf hin, worum es Bernhard geht,und bewahrt vor Mißverständnissen der Stücke. Schon der sich durchhaltende dramaturgische Entwurf bestimmt die Personen nicht als selbständig agierende *Individuen* wie im klassischen Personendrama, sondern als Akteure ihrer *Rollen*, was sich dann auch in ihren Benennungen, die sie als Rollenträger ausweisen, zeigt: die Gute (FB), der Doktor (IW), der Präsident (Pr), der General (Jg), der Kaplan (Pr), Mutter und Tochter (AZ), der Schriftsteller (AZ) etc.

a) Die Protagonisten- und Teilhaberrollen

aa) Theatralische Existenz

Die Protagonisten repräsentieren eine Ordnung, die auf Herrschaft beruht und sich in einer Krise befindet. Unterstützt von den ihnen nahestehenden Teilhabern und umgeben von Dienerfiguren, versuchen sie, letztlich erfolglos, sich in ihrer Position zu behaupten. Der Antagonist 'katalysiert' gleichsam diese Krise, indem er eine dialogische Verbindung mit dem Teilhaber eingeht, darin einem Katalysator in einer chemischen Katalyse durchaus nicht unähnlich. Bernhards erstes großes Stück, *Ein Fest für Boris* (entstanden 1967, Erstaufführung 1970), ist gleichsam die 'Urzelle' seiner Dramatik: sowohl für den Monolog-Typus (in der Herr-Diener-Konstellation sowie in dem alles beherrschenden Redefluß der Hauptfigur) als auch für den Katalyse-Typus. Wie die späten Protagonisten ist die Gute mit einem körperlichen Defekt belastet und führt eine theatralische Existenz, was im zwanghaften Anprobieren von Handschuhen und Hüten (FB 16ff.) wie in ihrer und Johannas Kostümierung für den Maskenball zum Ausdruck kommt: "Aber wenn ich in dem Zustand plötzlicher Rücksichtslosigkeit/ mich selber gespielt hätte/ wenn ich mich so gespielt hätte/ wie ich mich zuhause tagtäglich spiele", sagt die Gute nach dem Ball zu Johanna (FB 35). Im Unterschied zu den späteren Katalyse-Stücken kommt es in *Ein Fest für Boris* jedoch nicht zur Zerstörung der Ordnung, da die Antagonistenfigur fehlt. Zwar ist einiges davon in der Figur der Johanna bereits angedeutet (siehe 2.b)), doch steht der Tod des 'Teilhabers' Boris mit ihr in keinem Zusammenhang. (Sie ist im Gegenteil die einzige, die wirklich entsetzt ist.) Die Gute, die damit zum zweiten Mal ihren Lebensgefährten verloren hat, bleibt in ihrer Position unangetastet. – Auch die Koloratursopranistin in *Der Ignorant und der Wahnsinnige*, der ersten Ausprägung des zweiten Strukturtyps, spielt eine Königin. Sie ist nur metaphorisch Machtausübende, dafür aber buchstäblich Rollenträgerin; bei den übrigen Protagonisten: General, Präsident, Rudolf Höller und der Mutter aus *Am Ziel* ist dies umgekehrt. Von allen Protagonisten ist die Sängerin sich am deutlichsten entfremdet. Als routinierte "Koloraturmaschine" (IW 83) und "Mechanismus" (IW 126) in einem "Puppentheater" (IW 83) ist sie zwar umjubelter Star, doch gleichzeitig ihrem Publikum ausgeliefert, das sie insgeheim haßt. Ein "perfektes Geschöpf/ in einer zweifellos kopflosen Natur" (IW 96f.), ist sie für ihre Umwelt auf ihre perfektionierte Stimme reduziert. Der Doktor nennt es ein "Theater/ mit einer theatralischen Eiseskälte" (IW 109) und diagnostiziert ihre Krankheit als "Intensität/ Geistesrücksichtslosigkeit/ in jedem Fall/ ein tödlicher Prozeß" (IW 156). Wie die Brüder in *Am Ortler* will sie ihrer künstlichen Existenz entfliehen, sagt die bevorstehende Tournee plötzlich ab und imaginiert eine Brüskierung des Publikums (IW 150). Ihre übertriebene Maske ("viel Weiß/ das Gesicht/ muß ein vollkommen künstliches Gesicht sein", IW 127) und ihre "Angst/ daß sie vom Eisernen Vorhang/ zerquetscht wird", IW 138) lassen, wie die Grabmalsbesuche des Präsidenten (Pr 363), latente Todeswünsche ahnen.[67] Der Vater als "Ignorant" betäubt sich über der Existenz seiner Tochter mit Alkohol; seine Blindheit ist, wie der Graue Star des Generals in *Die Jagdgesellschaft*, symbolische Verdrängung und Abwehr des Verfallsprozesses.

Auch die Existenz der übrigen Protagonisten ist von *Theatralik* bestimmt:

> So viele Jahre spielen wir unsere Rolle/ wir können nicht mehr heraus (VR 715)
>
> Aber es geht darum/ die Rolle die wir spielen/ zu perfektionieren (VR 716)

[67] Ähnlich ist im Geburtstagskleid, das die Gute für Boris vorsieht, bereits sein Tod angedeutet: "Der Schneider mißt dir eine weiße Hose an/ einen weißen Rock mit spitzen Knöpfen/ die Knöpfe sind schwarz und spitz" (FB 47).

> Wir haben unser Theaterstück einstudiert/ seit drei Jahrzehnten sind die Rollen verteilt/ jeder hat seinen Part/ abstoßend und gefährlich/ jeder hat sein Kostüm (VR 717),

sagt Vera in *Vor dem Ruhestand.* Ihr Bruder, der Gerichtspräsident und frühere SS-Mann Rudolf Höller, lebt eine gespaltene Existenz, er hat wirklich zwei "Kostüme", wie Vera gesagt hat: außer Haus trägt er seinen Amtstalar und die "Würdemaske auf dem Gesicht" (VR 747), zuhause dagegen seine SS-Uniform. Theatralisches Rollenspiel ist hier zugleich auch *Verdrängung* durch dauerndes Wiederholenmüssen[68], wenn Höller alljährlich zu Himmlers Geburtstag sich seine SS-Uniform und seiner gelähmten Schwester Clara, die neben Vera mit ihm zusammenlebt, eine KZ-Jacke anlegt. Die Gute in *Ein Fest für Boris* wiederholt ihr Schicksal in Johanna, wenn sie sie dazu zwingt, auf dem Fest eine Beinlose zu spielen (FB 51). Auch der General hat seine Stalingraduniform aufbewahrt (Jg 212); die Geschichte seiner Verwundung im Krieg, die er immer wieder zum besten gibt, ist ritualisiert und theatralisch (Jg 209) wie das Gespräch der Präsidentin mit ihrem imaginären Hund im leeren Hundekorb, der beim Attentat auf den Präsidenten umgekommen war. Beispiele aus der Prosa ergänzen dies. In der Erzählung *Am Ortler* werden im Rollenspiel die verdrängten Kindheitserlebnisse mit den verhaßten Eltern reproduziert und die Befreiung davon verhindert. Der fremde Spaziergänger, dem der Erzähler in *Ist es eine Komödie? Ist es eine Tragödie?* im Volksgarten begegnet, wiederholt in den Kleidern der von ihm ermordeten Frau mechanisch zum selben Zeitpunkt denselben Gang. Schließlich durchziehen theatralische Vorstellungsweisen und die Rollenspiele, die der wahnsinnige Maler Strauch gegen die völlige existenzielle Erstarrung treibt, den ganzen Roman *Frost*, wie Kathleen Thorpe in einem Aufsatz gezeigt hat.[69] Gamper bemerkt zutreffend:

---

[68]Gamper spricht (im Blick auf die Prosa) davon, "daß [...] Erinnerung immer in Beziehung steht zu Theater bzw. die Form eines zwanghaften theatralischen Rituals angenommen hat" (Einerseits Wissenschaft, Kunststücke andererseits, S. 15).

[69]K.E. Thorpe, Der Guckkasten des eigenen Kopfes. Anmerkungen zum Theaterbegriff in "Frost" (1981).

> Mit der Erwähnung von Theater in Bernhards Werk ist immer die Vorstellung des Todes verbunden; umgekehrt erscheint der Tod und erscheint das Tödliche theatralisch.[70]

So erscheint umgekehrt in *Der Wetterfleck* der Selbstmord Humers als durch den Mantel mit dem Selbstmord des vormaligen Trägers in Verbindung stehend, erschießt sich der Vater in *Der Italiener* während der alljährlichen Schauspielprobe und ereilt Rudolf Höller sein Herzanfall, während er gerade wieder die SS-Uniform trägt. – Auch für die Mutter in *Am Ziel* ist das Theater "eine von vielen Möglichkeiten/ es auszuhalten" (AZ 1028). Zwanzig Jahre über den Tod ihres ungeliebtes Mannes hinaus reist sie mit ihrer Tochter in dessen Haus an der holländischen Küste, ein Fluchtdomizil, das zum Gewohnheitskerker geworden ist; zugleich einzig ersehntes Ziel und verabscheut: "ich hatte so große Sehnsucht nach Katwijk/ und jetzt auf einmal/ ekelt es mich bei dem Gedanken hinzufahren/ [...] Aber es ist eben eine Gewohnheit/ Wir können nicht anders" (AZ 1007). Die dabei stets mitgeschleppten Kleider, bezeichnenderweise im Artistenkoffer des Großvaters, sind Theaterrequisiten für ungelebte bzw. phantasierte Existenzen: "Ich bin mehrere das bin ich/ In Katwijk bin ich so viele mein Kind" (AZ 1021). Tradition wird als theatralische erlebt (Artistenkoffer des Großvaters) und theatralisch im Wiederholenmüssen des verfehlten Lebens (für die Mutter die Ehe mit dem Gußwerkbesitzer, für Höller seine SS-Zeit) mechanisch perpetuiert.

> Das ist *unser* Schöpferisches mein Herr/ daß wir Löcher in Vorhänge machen/ und sie nicht zustopfen/ daß wir Mäntel einpacken und auspacken/ und niemals anziehen (AZ 1064),

erklärt die Mutter dem Schriftsteller. Ihr graust es vor ihrem "Lebensmechanismus" (AZ 1062), während Vera in *Vor dem Ruhestand* sich und ihrer Schwester Clara Zufriedenheit einredet: "Im Grunde ist es ein idealer Mechanismus/ du und ich und Rudolf/ Wie schlimm könnte alles sein" (VR 698). Konsequent ziehen Vera Gerichtsverhandlungen, der General der *Jagdgesellschaft* Laientheater (Jg 236) dem Bühnentheater vor und die Mutter gibt zu: "wir lieben ja das Theater schon lange nicht mehr/ [...] weil es uns zur Gewohnheit geworden ist"

[70]Gamper, Einerseits Wissenschaft, Kunststücke andererseits, S. 12.

(AZ 969). Aber auch die Teilhaber der Mächtigen versuchen, durch Theaterspiel die bedrohte Ordnung zu stabilisieren, durch wohltätiges Laienspiel, wie es auch dem General genehm ist. Dieses harmlose Spiel verdoppelt die soziale Hierarchie nur: "Der Prinz spielte/ in dem Theaterstück/ einen Prinzen/ und die Prinzessin/ eine Prinzessin" (Jg 234); der General selbst spricht die "Stimme des Herrn" (Jg 234) anstatt die Rollen infrage zu stellen, wie es der Schriftsteller mit seiner fiktiven Komödie andeutet. Das Verhältnis der Guten zu Johanna wird auf dem Maskenball zu Wohltätigkeitszwecken in der Königin- und Schweinemaske reproduziert. Die Präsidentin spielt im Wohltätigkeitsspiel ihres Geistesfreundes, des Kaplans, die Hauptrolle, um sich vom Attentat abzulenken (Pr 370) und ihr soziales Gewissen zu beruhigen. Wie die Königin der Nacht macht sich die Präsidentin vor dem Schminktisch für ihren öffentlichen Auftritt zurecht. Die künstlerische Sphäre spiegelt sich, das ist das Entscheidende, immer in der politischen und umgekehrt, wie schon *Die Berühmten* gezeigt hatte. Nicht zufällig ist die Parallelfigur zu Frau Frölich im zweiten Teil des *Präsidenten* eine Schauspielerin, der sich der Präsident schon von seinem Berufsethos verbunden fühlt: "die Wege in der Politik sind die gleichen Wege/ wie die Wege in der Kunst" (Pr 430). Ihm ist die Gegenwart zum "höchstpersönliche[n] Lustspiel" (Pr 455), das Leben zur "großen Oper" (456) geworden. Die Präsidentin formuliert noch deutlicher den Zusammenhang von Theater und Tod: "Um ein Haar/ und der Präsident wäre tot gewesen/ Theatralisch/ pathetisch/ politisch" (Pr 418). Nach Jurgensen ist die Flucht ins Theater, die alle diese Figuren unternehmen, Manifestation eines bedrohten gesellschaftlichen Rollenspiels: "Die soziale Rolle wird durch die anarchistische Gegengewalt in Frage gestellt. Sie zwingt zum Bekenntnis: das Theater gibt sich als Theater zu erkennen".[71] Ein anderes Ablenkungsmittel in der sinnentleerten Rollenexistenz ist die Musik: "Musik macht alles erträglich" (VR 774), "Die Kunst ist ein Mittel/ sich zu erretten/ aber du lehnst ja alles was schön ist ab" (VR 721), sagt Vera zu ihrer Schwester. Bernhard setzt die Musik, was sich schon in den Monolog-Stücken zeigte, szenisch gezielt und differenziert ein: beziehungsvoll stellt Vera, nachdem sie zunächst selber auf dem Klavier (wie auch die Tochter in *Am Ziel*) über Mozart phantasiert hatte (VR 739), als Hintergrundmusik Beethovens 5.Symphonie ("Schicksalssymphonie") an,

[71] Jurgensen, Der Kegel im Wald, S. 29.

als ihr Bruder seine Begegnung mit Himmler schildert.[72] Als Höller am Ende zu Boden stürzt, wird die Musikkulisse (real unmotiviert) wieder an der abgebrochenen Stelle fortgesetzt und stiftet damit symbolisch einen Zusammenhang. In *Die Jagdgesellschaft* korrespondiert die Cembalomusik, während der Schriftsteller über die Todeskrankheit des Generals spricht (Jg 202), mit der Haffnersymphonie, die der General selbst, wie zur Neutralisierung des auf ihn verübten Angriffs, abspielt, bevor der Schriftsteller seine fiktive Komödie, die in Wahrheit die Wirklichkeit ist, entwickelt (Jg 244) und damit, sowie mit der Lermontow-Lesung, den Selbstmord des Generals auslöst.

ab) Die Todeskrankheit

Die (Todes)krankheiten der Königin, des Generals und Höllers sind nicht zusätzlich eingeführte Chiffren ihrer Dekadenz, sondern in Bernhards poetischem Zeichensystem das Äquivalent der Theatralik. Meint diese eine scheinhaft-entfremdete gesellschaftliche Existenz, so jene eine Entfremdung im Natürlichen. Beide Phänomene korrespondieren, soziale und natürliche Ordnung sind immer aufeinander bezogen.

> Die Begriffe "natürlich" und "künstlich" stehen im engsten kausalen Abhängigkeitsverhältnis, ohne jedoch vollends austauschbar zu werden. Es sind einander "entsprechende" Konzepte, vergleichbar mit der Bernhardschen Bestimmung von Natur und Gesellschaft.[73]

In den "Entsprechungen" am intrikatesten dargestellt ist der Zerfall der Ordnung in *Die Jagdgesellschaft*: der General ist von einer tödlichen Nierenkrankheit befallen, was sich im Borkenkäferbefall seines Waldes, in welchem er seine Lebensquelle hat (Jg 196), spiegelt. Beide Krankheiten stehen wie die Karriere der Königin der Nacht und die Trunksucht ihres Vaters in zeitlicher Beziehung (Jg 192, IW 87). Der Graue Star schützt ihn vor der Erkenntnis dieser Verfassung (Jg 194). Gleichzeitig ist seine politische Existenz einmal durch die Minister bedroht, die auf seinen Rücktritt drängen (Jg 203), zum andern durch die Holzknechte als soziale Antagonisten, vor denen ihn sein Verwalter, der Prinz, schützt (Jg 189). Der überall gleichzeitig auftretende

---

[72] Vgl. auch das Nebeneinander von selbstgespielter und abgespielter Musik in *Der Schein trügt*.

[73] Jurgensen, Der Kegel im Wald, S. 64.

Borkenkäfer erscheint als "ganz gegen die Natur", ihren Gesetzen widersprechend. Dieselbe undurchschaubare Rolle einer sich gegen ihr System (Natur oder Gesellschaft) richtenden Kraft spielen die Anarchisten in *Der Präsident*. Sie sind nicht einfach 'politische' Opposition, sondern – das will die Privatisierung der Bedrohung durch den Präsidenten*sohn* als Attentäter sagen – auf 'natürliche' Weise im herrschenden System angelegt, so wie der Borkenkäfer selber Teil der Natur ist.[74]

> In der Nacht spricht meine Frau davon/ daß unser Sohn/ unser Mörder ist/ sein ganzes Leben war nichts anderes/ als diese Drohung/ Die Eltern machen einen Sohn/ und ziehen ihn auf/ und erkennen/ sie haben ihren Mörder aufgezogen/ [...] der naturgemäß [!] meine Herren/ seine Erzeuger haßt (Pr 458),

macht sich der Präsident noch klar, bevor er wirklich auch erschossen wird. Vom Kaplan wird das Auftreten des Anarchismus als naturhafte Größe hingestellt: "Weil die Natur ihr Recht fordert/ Erntezeit" (Pr 419). Die Präsidentin spricht ähnlich vom gewaltlosen Absterbensprozeß der Politiker (Pr 422). Daß Frau Frölich, die Kammerzofe der Präsidentin, als Trägerin von deren abgelegten Kleidern (Pr 382) sich dieser assimiliert und sie aus ihrer Rolle drängen könnte, macht sie zu einer bedrohlichen Figur.[75] Die Präsidentin selbst insinuiert diese Bedrohung, wenn sie sagt:

> Wie gut Sie in diesem Kleid aussehen/ Wie ein Kind der Revolution/ [...] Es ist Ihr Los/ in abgelegten Herrschaftskleidern/ aufzublühen Frau Frölich (Pr 416).

Hatte die natürliche Verwandtschaft und Ähnlichkeit den Präsidentensohn in die Oppositionsrolle gedrängt, so macht die Rollenähnlichkeit durch das Herrschaftskleid Frau Frölich mit derselben Logik zur

---

[74]Ebd., S. 80: Der Sohn "personifiziert die Verneinung als gesellschaftliche Gesetzmäßigkeit, denn paradoxerweise gehört auch die gewaltsame Negierung des Status quo zum sozialen Musterverhalten. Wie man sieht, bleibt Bernhard von Hegel beeinflußt.)".

[75]Vgl. das Prosastück *Der Diktator* (*Ereignisse*, S. 81), wo aufgrund äußerer Ähnlichkeit der Schuhputzer des Diktators plötzlich dessen Rolle an sich reißt und als neuer Diktator gar nicht auffällt.

Opponentin. Um diesen Rollentausch abzuwehren, sagt die Präsidentin: "*Sie* müssen Ihr wahres Gesicht tragen Frau Frölich" (Pr 391, Herv. W.H.), d.h. in der natürlichen, leicht erkenn- und beherrschbaren Identität verharren. Tatsächlich sind alle Dienerfiguren (Johanna, Frau Vargo, Frau Frölich, Kellner Winter, Holzknecht Asamer) mit Privatnamen und nicht anonym als Rollenträger eingeführt. Sie leben nicht in theatralischer Entfremdung, was sie für die Herrschenden gerade bedrohlich macht. Die gestörte Beziehung zwischen Protagonist und Teilhaber - der Ehebruch des Präsidentenpaares, das inzestuöse Verhältnis zwischen Rudolf und seiner Schwester Vera und der Besitzanspruch der Mutter gegenüber ihrer Tochter - ist immer die private Seite der Krise. In Rudolf Höller überlagern sich die Sphären seiner Verletzbarkeit am drastischsten; er ist politisch ein gefährlicher Fanatiker auf verlorenem Posten, sozial ein autoritäres Familienoberhaupt, sexuell ein Außenseiter und organisch krank. Seine Opponentin Clara ist mit ihren Eigenschaften (Sympathisieren, Lähmung) zum Teil darauf bezogen. Deswegen konnte das Stück nur allzu vordergründig als politisches Zeitstück eingestuft werden. Auch im Gußwerkbesitzer in *Am Ziel* sind politische und gesundheitliche Schwäche wie beim General und bei Höller austauschbare Charakteristika:

> er war so naiv mein Kind/ er sah nichts auf sich zukommen/ er sah die Revolution nicht/ und er sah seinen Tod nicht/ aber ich sah beides (AZ 984),

sagt die Mutter von ihrem verstorbenen Mann. Wenn auch die Protagonisten sich ihres Verfallsprozesses bewußt werden, bzw. ihn theatralisch zu verdrängen suchen, so bleiben Gegenmaßnahmen verbal oder kommen zu spät. Die Publikumsverweigerung der Königin ist nur ausgedacht; übereinstimmend wollen General und Präsident rigoros gegen die Bedrohung vorgehen:

> Die Zeit ist gekommen/ in welcher alles verschärft werden muß/ eine Strafverschärfung muß eintreten (Jg 229)
>
> Die Gesellschaft schreit förmlich/ nach einem solchen Mann/ der Ordnung macht (Pr 436),

welches jedoch nur äußerliche Gegenmittel sind.

> Der Präsident fällt der Anarchie, genauer: seinem geistig-moralischen Verhalten der drohenden Anarchie gegenüber

zum Opfer. Er scheitert letztlich (wie alle Bernhard-Protagonisten) an sich selber, an der eigenen "Natur".[76]

Inwiefern diese Selbstzerstörung schon im System der Protagonisten angelegt ist (und Jurgensen dabei nicht zu unrecht an Hegel denkt[77]), wird im folgenden zu untersuchen sein.

b) Die Antagonistenrollen – theatralische Katalyse

Auf die in geschilderter Weise anfällige Ordnung der Protagonisten wirken die Antagonisten, mit unterschiedlichen Mitteln und wechselnder szenischer Deutlichkeit, doch immer mit der gleichen dramaturgischen Rolle und der gleichen Charakteristik ausgestattet, ein. Sie dringen nicht von *außen* in die Ordnung ein, sondern partizipieren immer schon daran, nur der Schriftsteller der *Jagdgesellschaft* ist der einzige Außenseiter (schon optisch im Personenverzeichnis).[78] Die Dialektik von Ordnungsbewahrung und immanenter Zerstörung wird schon in den Berufsrollen von Kaplan und Doktor deutlich. Zuständig für Gesundheit und Seelenheil, sind sie eigentlich, wie auch der Präsident erkennt, "nichts anderes als die Zerstörer/ der Körperlichkeit und Geistigkeit" (Pr 453). Wie der Doktor sich schriftstellerisch betätigt, ist umgekehrt der Kaplan ein "alles sezierende[r] Kopf" (Pr 392), der denkt "wie ein Chirurg" (Pr 395). Gerade in der Kirche als staatstragender Ordnungsmacht sind die Köpfe "anarchistische Köpfe", der Kaplan selber "ein Abtrünniger/ beinahe schon/ exkommuniziert" (Pr 392), "in der Kirche selbst herrscht das Chaos" (Pr 381). Wie der Doktor stellt er die Diagnose ("die Philosophie und die Theologie/ sind das Gift/ vergiften den Staat", Pr 389) und katalysiert damit *zugleich* die Auflösung, indem er geistigen Einfluß auf die Machthaber, genauer: auf deren Teilhaber, ausübt. Der in den Antagonisten personifizierte verneinende Geist tritt nicht etwa offen als Kontrahent der Macht auf, sondern diese kokettiert mit ihm, halb im Bewußtsein der Selbstzerstörung: "Ein denkender Kopf wie der Kopf des Kaplans/ beruhigt einerseits/ beunruhigt andererseits/ Das ist das Schöpferische"

[76] Jurgensen, Der Kegel im Wald, S. 80.

[77] Ebd.; vgl. ähnlich Gamper, Thomas Bernhard, S. 167 u.177: Anarchie als "die der 'Ordnung' selber innewohnende Konsequenz zum Untergang [...], die auf mannigfache Weise sich geltend macht und in Revolution und Terror offen zutagetritt".

[78] Matheja räumt deshalb (unzutreffenderweise) nur ihm eine Sonderstellung als 'Antagonist' ein (Kunst – Gesellschaft – Existenz, S. 88).

(Pr 396); für die Generalin ist der Schriftsteller "der rücksichtsloseste Mensch/ den ich kenne/ [...] Andererseits/ ist es ein Vergnügen" (Jg 215). Die Präsidentin ist dem Kaplan so ausgeliefert, wie der Vater der Sängerin dem Obduktionsvortrag des Doktors. Weil die Rolle des Kaplans eine zutiefst ambivalente ist, tritt er sowenig auf wie die "Anarchisten"; seine Präsenz ist die geistig-gedankliche im Zitat[79], ein Kunstgriff Bernhards, den zersetzenden Einfluß des Geistes auf die Ordnung, der ja nie ein realistisch darstellbarer sein kann (es geht nicht um offene Opposition), im Spiel auf der Bühne symbolisch zu gestalten.

Der lange Diskurs des Doktors über die Obduktion wie das Kartenspielen in der *Jagdgesellschaft* sind ebensolche Mittel. Sie durchsetzen den Dialog mit dem Vater bzw. mit der Generalin und sind inhaltliche Antizipationen des tödlichen Schlusses: die Generalin verliert dauernd gegen den Schriftsteller[80] (wie übrigens auch die Geliebte des Präsidenten im Roulette); die Obduktion beginnt mit dem *Hirn* und endet mit den *Genitalien.* W. Kercken[81] korreliert diesen Verlauf in der *Rede* mit dem *Verhalten* der Sängerin, die sich aus der Künstlichkeit ihrer Rolle (Geist/'Gehirn') allmählich in ihrer geistigen Distanzierung vom Kunstbetrieb und dann in ihrem Hustenanfall zu bloßer Leiblichkeit (Leib/'Geschlecht') hin entwickelt. Auf diese Weise ist die Kausalität zwischen Doktor und der 'Todeskrankheit' der Königin der Nacht *symbolisch* hergestellt. – Die Rolle der Antagonistin Clara beschränkt sich auf stummes Mithören und einzelne Verweigerungsgesten. "Immer schweigsam/ [...] Und erbarmungslos/ Von ihrem Beobachtungsstand aus beobachtet sie uns und wartet/ bis sie eines Tages zuschlägt", sagt Rudolf (VR 753). Indem Clara ihm das Alibi seiner Wohlanständigkeit liefert (als von ihm gepflegte Behinderte),

[79] Vgl. hierzu Winkler (L'attente et la fête, S. 95ff.), der das Zitieren in allen seinen Formen in den Stücken untersucht hat und es auf den Identitätsverlust der Figuren zurückführt.

[80] Dieses Motiv kommt bereits in Bernhards frühen Szenen *Die Rosen der Einöde* vor ("Der Kartenspieler"), wo eine Frau mit einem Kartenspieler spielt, der in Wahrheit der Tod ist. Das Spiel-Motiv der ersten Szenen steht indirekt über den Schriftsteller auch mit dem Tod (des Generals) in Zusammenhang.

[81] W. Kercken, Auf der Bühne spricht Novalis. Zum Verhältnis von Motto und Text bei Thomas Bernhard (1977), S. 38. – Kercken bringt das verblüffende Kunststück fertig, die gedankliche Komposition des *ganzen* Stücks einschließlich Figuren und Schauplätze allein aus dem Novalis-Motto "Das Märchen ist ganz musikalisch" (algorithmisch !) abzuleiten.

ist er zugleich von ihr abhängig und nur dank ihrer Immobilität nicht erpreßbar. Die Lähmung ermöglicht und verhindert zugleich – man denke an die Geistestätigkeit der Studienschreiber – die Entfaltung des anarchistischen Geistes: sie genießt "Narrenfreiheit" (VR 773), kann sie jedoch nicht nutzen. Als sich Höller im Tod durch seine Uniform nach außen hin (gegenüber dem jüdischen Hausarzt) entlarven muß, ruft Vera aus: "Du bist schuld/ mit deinem Schweigen/ du mit deinem ewigen Schweigen" (VR 792), das damit dasselbe Resultat wie das fortwährende Reden des Doktors oder des Schriftstellers erzielt hat. Dieses die Mächtigen verunsichernde Schweigen zeichnet auch Johanna aus, die Vorläuferfigur des Antagonisten: "Und weil Sie so intelligent sind/ schweigen Sie oft" (FB 17). Ist Clara zwar bewußte Opponentin, aber physisch eingeschränkt, so verhält es sich bei Johanna und der Guten umgekehrt. Als Vorleserin versucht Johanna, ihrer Herrin einen Spiegel vorzuhalten[82] und ist an ihrer Vergangeheit interessiert.[83] Das für Boris bestimmte Buch, das Johanna holt, nimmt, auf ihn und die Gute bezogen, vorweg, wie das Ende verlaufen *könnte* (und ähnlich in den anderen Stücken auch verläuft): "Er hat sich umgebracht/ Zuerst hat er sie umgebracht/ dann hat er sich selbst umgebracht" (FB 46). – Auch in der *Jagdgesellschaft* ist die 'Entlarvung' des Protagonisten eine literarisch-theatralische, noch dazu eine nach klassischem Vorbild: Wie Hamlets Spiel im Spiel auf König Claudius wirkt die fiktive 'Komödie', die der Schriftsteller entwirft, auf den General, nur ungleich drastischer in der Folge. Literatur wird, auch dort, wo sie wie das gleich anschließend zitierte Werk von Lermontow, nicht ad hoc entstanden ist, zum Spiegel der Wirklichkeit und setzt diese in Bewegung. Wie der Doktor aus *Der Ignorant und der Wahnsinnige* in Krankheiten bewandert (Jg 183), bringt der Schriftsteller sie mit seinem ureigenen Mittel, dem Theater, zum Ausbruch. Der General als eigentlicher Adressat, kann mit den Komödien des Schriftstellers, die in Wahrheit Tragödien sind, nichts anfangen (Jg 206), ihm, in seiner theatralischen Existenz, ist das Theater als 'hohe Kunst' "et-

[82]Die Gute hält ihr vor: "Übrigens haben Sie mir gestern wieder/ ein Theaterstück gegeben in dem ein Mann vorkommt/ der keine Beine mehr hat/ mit Vorliebe geben Sie mir in letzter Zeit nur Literatur/ in der Verkrüppelte eine Rolle spielen/ infam" (FB 14).

[83]"Sie wollten Einzelheiten erfahren/ [...] Immer wollen sie etwas im Zusammenhang mit dem Unfall hören/ [...] Wenn sie mich fragen ob ich hinaus will oder hinunter/ fragen Sie doch nur/ wie der Unfall gewesen ist" (FB 21).

was Widerwärtiges" (Jg 237), wie übrigens auch dem Gußwerkbesitzer (AZ 981). Trotzdem muß er betroffen die Worte des Schriftstellers nachsprechen, als dieser die Existenz eine "Kunstnaturkatastrophe" nennt (Jg 243).

Die Rolle des Antagonisten ist als *Katalyse* bezeichnet worden, was im genauen Sinn der chemischen Reaktion zu verstehen ist. Nie wendet er sich direkt gegen den Hauptrepräsentanten der Ordnung, sondern geht stets mit deren schwächstem Vertreter (Vater, Generalin, Präsidentin) eine 'Bindung' im Dialog ein. (Alle Stücke laufen nach demselben Schema ab: Antagonist und Teilhaber führen zunächst einen langen Dialog miteinander, bis schließlich der Protagonist auftritt und alle bis zur 'Katastrophe' zusammen bleiben.) Diese Dramaturgie ist Ausdruck eines gedanklichen Konzepts; die Gegenkraft beschleunigt die Auflösung einer bestehenden Ordnung (löst die in der Verwandtschaft von Protagonist und Teilhaber zutagetretende 'Bindung' auf), indem sie mit einem Glied dieser Bindung eine *neue* Bindung (im Dialog) eingeht und selber im Zerstörungsprozeß unversehrt bleibt.[84] Stellt man in Rechnung, daß diese (katalysierende) Bindung vom Teilhaber selbst erzwungen ist – im Falle Claras ebensogut wie des Schriftstellers oder des Kaplans –, so erweist sich die chemische Metapher als – vielleicht präzisere – Beschreibung des dialektischen Vorgangs der Selbstaufhebung. – *Am Ziel* scheint jedoch eine Ausnahme zu machen, da hier die Katastrophe gar nicht stattfindet; der Gußwerkbesitzer *ist* zu Beginn des Stückes bereits tot. Dennoch scheint das Stück an dem Punkt abzubrechen, wo die übrigen Stücke beginnen – wie in der *Jagdgesellschaft* hat sich der Schriftsteller in den Familienkreis gedrängt, oder besser: ist von der Mutter hineingezogen worden.

Die delikat-untergründige Pointe von *Am Ziel* gegenüber den anderen Stücken ist, um die chemische Metapher fortzuführen, daß die Katalyse sich als 'Wahlverwandtschaft' zu erkennen gibt: die Konstellation der von ihrem verstorbenen Ehemann enttäuschten Witwe mit ihrer ledigen Tochter insinuiert die anstehende 'Bindung' mit dem ins Haus geholten Schriftsteller als eine erotische. (Bereits im *Präsidenten* klang dies beiläufig im Kaplan als "Geistesliebhaber", Pr 438, an). Bernhards Text verschweigt diese Tönung in der Konstellation

[84] Vgl. Gamper, Thomas Bernhard, S. 140: "stellvertretend für seine eigene, demoliert er [der Schriftsteller, W.H.] die Existenz des Generals".

auffälligerweise[85], ja scheint eher *gegen* sie geschrieben zu sein; umso beredter ist sein (von der Kritik unbemerkt gebliebener) Prätext: Hugo von Hofmannsthals Fragment "Mutter und Tochter. Figuren zu einer ungeschriebenen Komödie"[86] aus dem Jahre 1899. In dieser Dramenskizze ist die Liebesaffäre offen ausgeschrieben. Die Mutter nimmt einen Musiker auf, mit dem sich die Tochter heimlich einläßt. Als diese erfährt, daß der Kammerdiener ihr Vater ist, gesteht sie die Liebschaft der Mutter und provoziert damit wiederum deren Eingeständnis, ebenfalls ein Verhältnis mit dem Musiker gehabt zu haben. Bernhard verzichtet auf den Komödientopos der Vatererkenntnis, übernimmt aber das Personal bis in die Detailcharakteristik der Figuren und die Akteinteilung für sein Stück.

> Der Musiker [...] hat einen erstaunlichen Willen, ihm ist vor allem um den *Erfolg* zu tun.
>
> Was die Mutter verführt hat, ist eine gewisse *jugendliche Härte* in seinem Wesen. [...] Die Mutter ist ein Geschöpf mit grauendem Haar, voll Güte und Süßigkeit, wie jetzt die Duse. *Sie wird von dem angezogen, der Macht hat, sie recht zu quälen.* [...]
>
> Die Tochter: aus einer Erziehungsanstalt der großen Welt mit einer vollkommen christlich-höfischen, sehr hochgespannten Weltanschauung zurückgekehrt. [Herv. W.H.][87]

Tatsächlich treten vor der unausgesprochenen Folie erotischer Beziehungen die gespaltenen Beweggründe der Mutter umso deutlicher hervor; wie Generalin und Präsidentin ist sie vom Drama des Schriftstellers ("Rette sich wer kann") zugleich fasziniert und bedenklich gemacht,

> diese Leute mit ihren Geistesambitionen/ diese Leute habe ich nie geliebt/ die bringen nur alles durcheinander/ und stellen alles auf den Kopf (AZ 986)
>
> sie machen sich an einen heran/ und bringen dann etwas zur Explosion (AZ 1010).

---

[85] Bis auf eine Andeutung: "TOCHTER [...] Vielleicht ist er für dich/ MUTTER Wie kommst du auf die Idee/ Das wäre absurd eine Frivolität" (AZ 1019).

[86] H. v. Hofmannsthal, Ges. Werke. Aufzeichnungen, hrsg. v. H. Steiner, S. 353f.

[87] Ebd.

Andrerseits ist es die Mutter, welche die anarchistischen Gedanken für den Dramatiker entwickelt, der selber eher einsilbig und nicht, wie in der *Jagdgesellschaft*, die treibende Kraft ist. Um ihn, der ihr nicht radikal genug ist, zu provozieren, sagt die Mutter am Schluß:

> ein dramatischer Schriftsteller hat doch/ nichts anderes zu denken/ wie jage ich die ganze Welt in die Luft/ wie mache ich dem ganzen Spuk ein Ende (AZ 1061).

Das zynische Untergangsstück des Schriftstellers kann sie gar nicht mehr treffen, da ihr Bewußtsein von der Überkommenheit der Ordnung, in der sie in theatralischer Routine lebt, fortgeschrittener ist als das des Schriftstellers, der ohnehin glaubt, die Gesellschaft nicht verändern zu können (AZ 1033) und nur "beobachtet". "Es ist zuwenig mein Herr/ zuzuschauen und abzuwarten/ das tun sie alle" (AZ 1059), "es gehört *alles* weggewischt *alles* über Nacht" (AZ 1060). Diese Selbstzerstörungswünsche bleiben zwar thesenhaft, doch die betonte Offenheit des Schlusses von *Am Ziel* ist umso beunruhigender. Denkbar wäre, daß sich die Tochter, die bereits durch eine Gesangskarriere den mütterlichen Besitzansprüchen zu entkommen versuchte (AZ 1047), sich vom Schriftsteller erneut eine Befreiung verspricht. Möglich ist auch, daß der Schriftsteller in der Zeit seines Aufenthaltes ("Ich fürchte/ er wird länger als nur ein paar Tage bleiben", AZ 1065) die Mutter zu einer Verzweiflungstat treibt (im Haus nimmt er nämlich genau die Rolle (das Zimmer) des gehaßten Mannes ein). Das Stück endet im Status einer Exposition und läßt diese Möglichkeiten bewußt offen.

Noch mehr als *Am Ziel* entfernt sich das drei Jahre später (1984) entstandene Familiendrama *Ritter, Dene, Voss* vom zweiten Strukturtyp. In Figurenkonstellation und dramaturgischem Aufbau knüpft es an *Vor dem Ruhestand* an, doch mit dem Unterschied, daß es der Antagonist (Voss) ist, auf den die (einander gleichgestellten) Vertreter der Ordnung (Ritter und Dene) warten. Es kommt daher, wie bereits in *Am Ziel*, zu keiner theatralischen Katalyse der Auflösung der Ordnung, die auch hier eine familiäre ist. Gegen seinen Willen wird der Philosoph Ludwig Worringer (Voss) von seiner älteren Schwester (Dene) aus der psychiatrischen Anstalt Steinhof, die ihm ein Refugium vor dem verhaßten Elternhaus bedeutet, in die Döblinger Villa geholt. Ludwigs Widerstand beschränkt sich auf das Ab- und

Umhängen der Familienportraits, in denen die Vergangenheit präsent ist wie in *Die Berühmten* die großen Vorbilder in den Künstlerpuppen. Der Versuch, auch die Möbel umzuordnen ("es ist unser Haus/ nicht mehr das der Toten", RDV 137), endet jedoch in einem Scherbenhaufen, und das Stück schließt damit, daß Ludwig, als Kompromiß gegenüber der Vergangenheit, zu den Klängen von Beethovens "Eroica" die Portraits wieder an ihre Plätze hängt – nur seitenverkehrt. Die Tradition läßt sich, ebensowenig wie in den *Berühmten*, wo im zweiten Teil die Künstler-Vorbilder nach der Rebellion wieder als Gemälde an der Wand hängen, nicht aufheben. Das Motiv der theatralischen Existenz ist mit den Schwestern, die beide Schauspielerinnen am Josefstädter Theater sind, wiederaufgenommen (Dene spielt dort bezeichnenderweise eine Nebenrolle als Blinde). Überdies ist das Theatralische insoweit markiert, als Bernhard das Stück nach den Schauspielern benannt hat, für die er es geschrieben hat. Dieser Umstand und die Wahl des Stoffes[88] machen deutlich, daß nicht mehr die dramaturgische Logik des Rollendreiecks den zentralen Sinn des Stückes ausmacht. Dafür steht, wie überhaupt bei Bernhards letzten Stücken (*Elisabeth II.*, *Heldenplatz*) die Österreich-Thematik mit ihrem konkreten Provokationspotential im Vordergrund, eine Entwicklung, die mit der der Erzählprosa konform geht.

c) Kunst und Widerspruch

> SPIEGEL: Sollen Ihre Stücke und Bücher das Chaos befördern?
> BERNHARD: Im Grund denke ich so, ja.[89]

Es ist deutlich geworden, daß die eben analysierte Dramaturgie des zweiten Strukturtyps kein leeres, äußeres Formschema darstellt, sondern selbst Aussage ist. Was von den Figuren explizit thematisiert wird (Rollenexistenz, Krankheit, Routine) ist in der *Form* der Spiele

[88]Stofflich berührt sich das Dreipersonenstück mit der autobiographischen Erzählung *Wittgensteins Neffe* (1983), wie Bernhard auch selbst in einer Notiz zum Stück sagt (RDV 166), nur daß dabei in der Figur Ludwig Worringers biographische Züge Paul Wittgensteins überblendet sind mit denen des Onkels, Ludwig Wittgenstein.

[89]"Ich könnte auf dem Papier jemand umbringen", 'Spiegel'-Interview (1980), S. 174.

schon reflexiv enthalten. Doch auf welche Realität zielt die wiederholte Inszenierung der Zerstörungsprozesse, wo sind diese einzuordnen? – Sicher ist, daß nicht der vordergründige Realitätsbezug einiger Stücke ausschlaggebend ist, die tagespolitische Aktualität des 'Nazi-Stückes' *Vor dem Ruhestand*[90] sowenig wie der Kulturbetrieb in *Der Ignorant und der Wahnsinnige* oder der Terrorismus in *Der Präsident*; schon die als Rollentypen gestalteten Figuren verbieten diese Lesart. Der inszenierte Gedankenprozeß ist *invariant* gegenüber den stofflich-thematischen Besetzungen (Politik, Familie, Gesellschaft), was Bernhards ästhetische Maxime, "die Wirklichkeit unerbittlich zu raffen"[91], bestätigt. Das als poetologischer Kommentar aufzufassende Motto, das Bernhard der *Jagdgesellschaft* vorangestellt hat, und welches Kleists Marionettentheater-Aufsatz entnommen ist, führt zu einer erhellenden und Bernhards generelle Poetik der Bühnen-Künstlichkeit aus *Drei Tage* ergänzenden Parallele. Im Bild der Marionetten ist die Fremdbestimmung und Fremdlenkung des Rollengedankens noch durch das Moment des Mechanischen und Seelenlosen verschärft, was mit der antipsychologischen Dramaturgie der Stücke übereinkommt. Die Pointe bei Kleist ist, daß gerade durch mechanische Reduktion die Puppe an ästhetischer Wirkung der beseelten Person voraus ist – poetologisch: durch Künstlichkeit der Figuren verlieren diese nicht, sondern gewinnen an Aussagekraft ("In der Finsternis wird alles deutlich", It 151). Darüber hinaus ist die Abbildlichkeit zwischen Puppe und Spieler keine lineare: "Vielmehr verhalten sich die Bewegungen seiner [des Maschinisten, W.H.] Finger zur Bewegung der daran befestigten Puppen ziemlich künstlich, etwa wie Zahlen zu ihren Logarithmen oder die Asymptote zur Hyperbel".[92] In ihrer Bewegung sind die Puppen zwar nicht autark, wohl aber autonom, was ebenso

---

[90]Die Uraufführung 1979 fiel in die Zeit der 'Filbinger-Affäre'. Führt Dittmars "Thomas Bernhard Werkgeschichte" (1981, S. 214) das Stück als "Bernhards Beitrag zur Auseinandersetzung von Ministerpräsident Filbinger mit Claus Peymann", so warnt B. Henrichs in seiner Rezension zu Recht vor einem vordergründigen Verständnis:" 'Vor dem Ruhestand' ist Thomas Bernhards kompliziertestes, sein unheimlichstes, sein bestes Stück. Wer nur das Skandalöse darin sieht (die politischen Anspielungen und Witze), hat die Pointen begriffen, das Stück aber nicht" (zit. nach Werkgeschichte, S. 215).

[91]Th. Bernhard, Interview für 'Le Monde' (1984), S. 108.

[92]H.v. Kleist, Über das Marionettentheater; Sämtliche Werke und Briefe (1962), hrsg. v. H. Sembdner, 2. Bd., S. 340.

für Bernhards nicht 'realistisches', in einem Eins-zu-Eins-Verhältnis zur Wirklichkeit stehendes Bühnenspiel gilt. Das Verhalten seiner Bühnenfiguren erlaubt sowenig einen unmittelbar-linearen Schluß auf die Denkweise ihres Autors wie die Bewegungen der Marionetten die Bewegungen des Puppenspielers erkennen lassen. Schließlich ist das Marionettengleichnis für die 'dreisätzige' *Jagdgesellschaft* in seinem choreographischen Aspekt von Bedeutung; der von Bernhard zitierte Ausschnitt fragt, "wie es möglich wäre, die einzelnen Glieder derselben [der Figuren, W.H.] [...] so zu regieren, als es der Rhythmus der Bewegungen, oder der Tanz, erfordere".[93] – Die Stücke stellen eine Realität dar, bilden keine ab: Weder ist der theatralisch katalysierte Auflösungsprozeß auf das natürliche Faktum der 'Todesverfallenheit', das Rollenspiel damit auf barockes 'theatrum mundi' festzulegen (die Stimmen der 'Antagonisten' artikulieren nicht die Essenz des Stückes!), noch ist, eine häufigere Deutungstendenz, die theatralische Existenz der Figuren bloßer Reflex gesellschaftlicher Entfremdung[94], die Stücke damit auf gesellschaftlich-politische Allegorien vereindeutigt. Bernhards Ästhetik geht weiter. Wie Gamper treffend feststellt, ist "jeder Bereich [...] in den andern metaphorisch transponierbar: Geist, Natur, Geschichte (individuelle wie allgemeine). Die Analogien relativieren sich wechselseitig und entziehen dem Denken jeden festen Halt, den es in diskursiver Rede findet".[95] Diese Relativierung und Desorientierung gilt noch stärker für die in den Stücken konfrontierten Standpunkte, die sich konsequent den Wertkategorien von Recht und Unrecht, Schuld und Strafe entziehen ("Der Schuldbegriff ist ein Unsinn gnädige Frau" Jg 244; "es gibt überhaupt keine Schuld", VR 709, sagen gerade die Antagonisten). Durch die 'erfolgreiche' Zerstörung der Ordnung ist dem Antagonisten nicht Recht gegeben, weswegen auch der Gattungsgegensatz von Tragödie und Komödie nicht mehr greift.

Dies zu sehen ist um so wichtiger, als sämtliche Antagonisten, zumal die Schiftstellerfiguren, autobiographische Kennzeichen tragen und die Fiktion damit wie die Künstlerfiguren der Monolog-Stücke über sich hinaus auf ihren Autor weist.[96] Dieser Umstand ist, mit

[93] Ebd., S. 339.

[94] Z.B. Höller, Kritik einer literarischen Form.

[95] Gamper, Thomas Bernhard, S. 162.

[96] Vgl. *IW* 105; *Pr* 393; *VR* 704, 713, 746; *AZ* 1003f., 1055.

Vorbehalt, ernst zu nehmen. Die Intellektuellen (Antagonisten) sind damit *nicht* mit Bernhard zu identifizieren, was im übrigen nichts verständlicher machte, denn der Schriftsteller in *Die Jagdgesellschaft* redet stilistisch und inhaltlich ebenso wie Bernhard in einigen seiner Preisreden (vgl. bes. die Partie über den Tod (Jg 217) und die Wildgans-Preis-Rede). Er selbst warnt anläßlich seiner Komödie-im-Spiel vor dieser Identifizierung: "Und möglicherweise gnädige Frau wird gesagt/ ich selbst sei in meinem Theater/ Aber es ist ein Anderer" (Jg 245). Außerdem sind Clara und der Schriftsteller aus *Am Ziel* als Antagonisten schon verbal gegenüber den Protagonisten kaum hervorgehoben und daher keine Sprachrohre des Autors. Wohl aber ist der Denker, wie ihn Bernhard sieht, damit ein *Moment* im inszenierten Rollenspiel von Ordnung und Zerstörung: "wer denkt, löst auf, hebt auf, katastrophiert, demoliert, zersetzt, denn Denken ist folgerichtig die konsequente Auflösung aller Begriffe".[97] Die Stücke führen diese Auflösung am Beispiel verschiedener Lebensordnungen vor, und zwar in ihren beiden dramaturgischen Typen. Die Künstler-Denker in den Monolog-Stücken hatten mit ihrer Kunst gegen die Gesellschaft zu existieren versucht und waren dabei von dieser (auf unterschiedlichste Weise) unschädlich gemacht worden. Hatte schließlich Minetti die Zerstörung gegen sich selbst richten müssen, so gelingt es den Denkern jetzt, die gesellschaftliche Ordnung geistig zu 'zerstören'. In beiden Fällen inszeniert Bernhard eine dialektische *Selbstaufhebung*. Auf dieser vergleichsweise abstrakten Ebene liegt der 'Realitätsgehalt' der Stücke, ihr "Strukturrealismus".[98] Der Künstler wird durch sein Publikum negiert – gemeint ist das implizite Mitspieler-Publikum Caribaldis und Bruscons bzw. die Bühnen-Gesellschaft Minettis – oder von der Geschichte 'aufgehoben' (Kant, Weltverbesserer), wenn er nicht von vornherein auf Widerstand verzichtet hat (Berühmte, Moritz Meister). In den soeben untersuchten Stücken stellt sich diese Selbstaufhebung nun *umgekehrt* als Aufhebung der etablierten Ordnung durch das ihr innewohnende (in den Antagonisten verkörperte) Denken dar. (Beide Negationsrichtungen sind im Roman *Korrektur*, der auch in

[97] Th. Bernhard, Nie und mit nichts fertig werden, Büchner-Preis-Rede (1972), S. 216.

[98] D. Kafitz, Die Problematisierung des individualistischen Menschenbildes im deutschsprachigen Drama der Gegenwart. Franz Xaver Kroetz, Thomas Bernhard, Botho Strauß (1980), S. 114.

dieser Hinsicht ein Schlüsselwerk Bernhardschen Denkens ist, nebeneinander dargestellt: der Kegelbau als "Folgerichtigkeit" der Natur Altensams (der Gesellschaft), der dessen Repräsentantin, Roithamers Schwester, negiert und die Korrektur-Studie, die zur Selbstaufhebung des Künstlers führt.)

Damit stehen beide Strukturtypen nicht wie zufällig nebeneinander, sondern sind, wie in anderer Weise die Strukturtypen der Prosa, komplementär aufeinander bezogen. Beide Rollenmodelle – 'Monolog' und Kommunikationslosigkeit, 'Dialog' und Katalyse – spiegeln das geistige Selbstverständnis Bernhards, das sich durch Widerstand und Widerspruch definiert: "Nur weil ich mich gegen mich stelle und tatsächlich immer gegen mich bin, bin ich befähigt, zu sein" (Ke 107), sagt Bernhard am Schluß des zweiten autobiographischen Bandes *Der Keller*. Die zerstörte Ordnung ist damit immer auch eine *innere* im "Guckkasten des eigenen Kopfes"; nicht nur verfallen die Köpfe dem "Anarchismus", sondern es gilt umgekehrt: "In einem jeden Menschen/ ist ein Anarchist/ ist der Kopf ein klarer Kopf/ ist er ein anarchistischer Kopf" (Pr 415).[99] Die autobiographische Markierung der Antagonisten will nicht sagen: in dieser Figur spricht der Autor, sondern: im Autor-Bewußtsein spricht (auch) diese Figur. So stehen die Protagonisten und ihre Teilhaber auch Bernhard als Antagonist nicht äußerlich gegenüber, sondern sind fiktional veräußerlichte eigene Existenzweisen.

> Jede dieser Figuren bin ich, alle diese Requisiten bin ich, der Direktor bin ich. [..] Wir können die Bühne in die Unendlichkeit hinein erweitern, sie zusammenschrumpfen lassen auf den Guckkasten des eigenen Kopfes. Wie gut, daß wir immer eine ironische Betrachtungsweise gehabt haben, so ernst uns immer alles gewesen ist. Wir, das bin ich.[100]

[99] Vgl. ähnlich bereits Strauch: "'Ein Gehirn ist ein Staatsgebilde', sagte der Maler. 'Plötzlich herrscht Anarchie'" (F 19).

[100] *Der Keller*, S. 113 u. 119: "Wir erkennen uns in jedem Menschen, gleich, wer er ist, und sind zu jedem dieser Menschen verurteilt, solange wir existieren. Wir sind alle diese Existenzen und Existierenden zusammen und sind auf der Suche nach uns und finden uns doch nicht, so inständig wir uns darum bemühen." S. auch das 'Spiegel'-Interview "Ich könnte auf dem Papier jemand umbringen", S. 178: "Ich habe das Gefühl, daß ich und alle anderen mit allen verwandt sind. Daß auch ein Filbinger [Höller in VR, W.H.] in mir ist wie in allen anderen. Daß auch der liebe

Auch hier gilt wieder das dynamisch-ironische Verhältnis von Identifikation und Distanz wie in der Rollenprosa. – Bernhards Stükke sind, im Unterschied etwa zu denen von Ionesco, nicht aus den Möglichkeiten des realen Bühnenraumes her entwickelt; sie sind ebensogut, eben weil ihr 'Geschehen' ein inneres, gedankliches ist, als Hörspiele (Hör-Sprechstücke) denkbar (gerade auch in ihrer sprachlichen Musikalität). Samuel Beckett hat bekanntlich für seine Monolog-Dramatik dieses Medium bewußt genutzt. Genuin theatralisch sind die Stücke nur insofern, als sie, ganz unabhängig von ihrem Gehalt, als Spielvorlage für die Schauspieler dienen, die sich daran profilieren können. Oft sind das bestimmte Schauspieler, die schon in die Konzeption des Stücks eingegangen sind.[101] Der Partiturcharakter der Dramentexte kommt optisch im Zeilenbruch und im Fehlen von Sprechanweisungen und Interpunktionszeichen zum Ausdruck, wodurch den Spielern ein größerer interpretatorischer Spielraum gelassen wird.

Kurz vor der eben zitierten Stelle aus dem Schluß des *Kellers*, die das Rollenspiel für Bernhard als Möglichkeit fiktionaler Darstellung des eigenen Bewußtseins erkennbar macht, fragt er sich:

> Bin ich Teil oder Opfer der sich immer schneller drehenden und alles in ihr ununterbrochen malmenden und zermalmenden Existenzmaschine? [...] Die Antwort muß ausbleiben. (Ke 112)

Gott in einem ist und die Nachbarin und überhaupt alles, was lebt. Man könnte sich mit allen identifizieren." Ähnlich auch das Interview für 'Le Monde', S. 106, wo Bernhard über seine Vorfahren sagt: "Alle diese Menschen existieren in mir und hören nicht auf, sich zu bekämpfen". Diese metaphysische Auffassung kennt also keine 'In-dividuen'; im Einzelnen lebt immer das Ganze.

[101] In *Minetti* und *Ritter, Dene, Voss* haben die Schauspieler dem Stück sogar den Titel gegeben. Vgl. dazu Bernhards Äußerungen in "Bei Bernhard", S. 85: "'Ich schreibe einzig und allein für den Schauspieler – und ich verstehe was von Schauspielern.'" – "'Ein Stück ist immer nur ein Gerüst für den Schauspieler. Das ist wie mit einer Wäscheleine, einer spannt sie, ein anderer hängt seine Wäsche auf und läßt sie zwei Stunden dran flattern.'" oder ähnlich in einem Kommentar zu *Am Ziel*: "In erster Linie schreibe ich ja für Schauspieler, in zweiter Linie für mich und in dritter - was auch interessant ist – für Leute, die zuschauen" (zit. nach Dittmar, Werkgeschichte, S. 231). In diametralem Gegensatz dazu, bei manchen Ähnlichkeiten, steht die Intention von Samuel Beckett, der 1973 geäußert hat: "Das optimale Theaterstück ist eines, in welchem es keine Schauspieler gibt, sondern nur den Text. Ich versuche, einen Weg zu finden so eines zu schreiben" (Staatstheater Kassel, Programm zu "Kommen und Gehen". Vier Stücke von Samuel Beckett, 1984/85).

Beide Möglichkeiten, 'Teil' und 'Opfer' zu sein, hat Bernhard in den Rollenspielen der beiden Typen seiner Stücke durchgespielt. –

Nicht nur *Am Ziel* – darauf sei noch hingewiesen – macht sich eine literarische Vorlage zunutze, auch alle übrigen Stücke des zweiten Typs verweisen auf eine Konstruktion, wie sie im naturalistischen Drama, vor allem aber bei Henrik Ibsen, anzutreffen ist. Ein Raisonneur, wie etwa Gregers Werle in der "Wildente", dringt in eine Lebenssphäre (Familie) ein und entlarvt deren Unwahrhaftigkeit, was eine Katastrophe auslöst.[102] Bernhard greift diese Dramaturgie auf, ohne ihre moralistisch-zeitkritische Intention zu übernehmen. Dieses Schema ist dabei nicht mehr aus der Figurenpsychologie entwickelt, sondern *ersetzt* diese; die destruktive Katalyse der Ordnung ist autonome gedankliche Figur. Ibsens "Wildente" konnte noch Tragikomödie sein, Bernhards Stücke sind es nicht mehr; sie beruhen auf einer Dramaturgie ohne autonom handelnde Helden und dramatischen Wertekonflikt. Eine weitere Parallele zu Ibsens Dramatik ist die analytische Technik, wie sie besonders in den Familiendramen *Vor dem Ruhestand* und *Am Ziel* hervortritt. Daß die Gegenwart eine Funktion der Vergangenheit ist, zeigt sich jedoch in der theatralischen Wiederholung, nicht mehr im dramatisch entfalteten Konflikt.

Wenn irgendwo, so liegt in der Absage an Moral und Psychologie, nicht in Bühnensprache und Wirkungsästhetik, ein Berührungspunkt mit Antonin Artauds Theaterkonzept.[103] Dargestellt wird keine Fabel, sondern das Spiel von Ordnung und katalysierter Auflösung zum Chaos stellt sich selbst in den so determinierten Figuren dar, was Artauds metaphysischer Idee der "Grausamkeit" nahekommt:

> Vor allem ist Grausamkeit luzid, sie ist eine Art unerbittlicher Führung, eine Unterwerfung unter die Notwendigkeit. Keine Grausamkeit ohne Bewußtsein, ohne eine Art von angewandtem Bewußtsein. Das Bewußtsein [für Bernhard wäre zu ergänzen: der Antagonisten, W.H.] verleiht der Auswirkung eines jeden Lebensvorgangs seine Blutfarbe, seine grausame Nuance, ist doch das Leben eingestandenermaßen stets jemandes Tod.[104]

---

[102] Vgl. auch die Figur des Loth in Hauptmanns "Vor Sonnenaufgang".

[103] Vgl. dazu Gamper, Thomas Bernhard, S. 150f. und Matheja, Kunst – Gesellschaft – Existenz, S. 107-119.

[104] A. Artaud, Das Theater und sein Double (1969), S. 110.

Bernhards, gewissermaßen 'transzendentaldramatisches' Modell wäre eine "metaphysische Idee", worüber Artaud folgendes ausführt:

> Diese Ideen, die mit der Schöpfung, dem Werden, dem Chaos zu tun haben und alle kosmischer Natur sind, liefern eine erste Ahnung von einem Bereich, dem sich das Theater völlig entwöhnt hat. Sie vermögen eine Art spannender Gleichsetzung zwischen Mensch, Gesellschaft, Natur und Ding aufzustellen[105],

wobei hier besonders an die Durchdringung von (gesellschaftlicher) Theatralik und (natürlicher) 'Todeskrankheit' zu denken ist.

[105] Ebd., S. 96.

IV. Die artistische Poetik der Grenzauflösung

> Die Equilibristik hat mich
> zeitlebens interessiert
> Mein Talent ist einmal ein ganz anderes Talent gewesen
> Ich hatte das größte Talent zum Equilibristen[1]

Im letzten Teil der Arbeit sollen, unter eher wirkungsästhetischem Gesichtspunkt und zum Teil unter Rückgriff auf bisherige Ergebnisse, charakteristische Strategien der Bernhardschen Schreibform aufgezeigt werden, um eine Einordnung seines Werkes zu ermöglichen, das so monolithisch in der Literaturlandschaft der Gegenwart steht und bisher entweder zu immanenter Analyse und Hinnahme oder zu Ablehnung, begründet in außerhalb seiner liegenden Prämissen, herausgefordert hat.

S. P. Scheichl hat die Konfrontation mit Tod, Wahnsinn, Zerstörung in Bernhards Werk als ein "komplexes Zeichen" gedeutet, "das als Übertragungskanal für eine Geste der Provokation, für eine Strategie der Irritation, für eine von Inhalten unabhängige Radikalität dient".[2] Der bloße Stoff dürfte in seiner Einseitigkeit allerdings wohl nur von kurzfristigem und oberflächlichem Provokationswert sein, die wirkliche "Strategie der Irritation" ist ungleich subtiler und entfaltet sich woanders: in der gezielten Auflösung von traditionellen, Orientierung leistenden literarästhetischen Oppositionen, die für den Autor selbst Befreiung von vorgegebenen Form- und Denkschemata bedeuten.

B. Seydel hat in seiner Studie Bernhards literarische Strategie als "Equilibrismus" zu beschreiben versucht: "ästhetisch als Komödientragödie – logisch als Paradoxon – existenziell als neue Apatheia".[3] Dabei scheint mir jedoch Equilibrismus als lebensphilosophische Werteinstellung gegenüber dem poetologischen 'Equilibrismus' zu sehr betont; harmonisierend von "Drang nach Ausgleich, Aufhebung, Gleichwertigkeit" und "Verrechnung der Gegensätze, ihre[r] gegenseitige[n] Aufhebung auch als Tilgung"[4] zu sprechen, wird der Irritationswir-

[1] Kant in *Immanuel Kant*, S. 677.

[2] S. P. Scheichl, Nicht Kritik, sondern Provokation. Vier Thesen über Thomas Bernhard und die Gesellschaft (1979), S. 115.

[3] Seydel, Die Vernunft der Winterkälte, S. 105.

[4] Ebd., S. 97.

kung auf den Leser nicht gerecht. Ein so verstandener Equilibrismus unterschlägt die im Schreiben ausgetragene Spannung im Spiel mit den Gegensätzen, wie sie schon den eigentlichen, *artistischen* Equilibristen (Seiltänzer z.B.) ausmacht, von dem Bernhards Immanuel Kant spricht.

1. Prosa und Theater

> Und wenn man meine Arbeiten aufmacht, ist es so: Man soll sich vorstellen, man ist *im Theater*, man macht mit der ersten Seite *einen Vorhang* auf, der Titel erscheint, totale Finsternis – langsam kommen aus dem Hintergrund, aus der Finsternis heraus, Wörter, die langsam zu *Vorgängen äußerer und innerer Natur*, gerade wegen ihrer Künstlichkeit besonders deutlich zu einer solchen werden.
>
> *Th. Bernhard*[5]

Es liegt nahe, Rollenspiel und Rollenerzählung – nicht nur verbal – miteinander in Beziehung zu setzen. Der Erzählerbericht der 'memoria mortui' ist als Darstellung und Überwindung einer gescheiterten Kunst- und Geistesanstrengung des Protagonisten interpretiert worden. Der Erzählprozeß ist dabei Medium eines sich in Erzählerfigur und Protagonist dissoziierenden Autorbewußtseins ('episches Rollenspiel'), das sich durch Identifikation und Distanzierung zwischen diesen beiden Figuren selbst reflektiert und dabei den Leser mit einbezieht. Die dramatische Fiktion kennt sui generis keine vermittelnde Brechung durch ein Erzählerbewußtsein, keine 'Perspektive'; sie stellt sich selbst unmittelbar auf der Bühne dar. Bernhard geht nun nicht den Brechtschen Weg einer Episierung des Theaters, indem er durch eine kommentierende Instanz die Bühnenfiktion illusionsstörend durchbricht, sondern beläßt dieser, größtenteils geradezu naturalistisch, das Recht. Dafür wird in jedem Stück ein und dasselbe Gedankenschema (die Katalyse der Ordnung von Protagonist und Teilhaber durch den Antagonisten) immer nur neu instrumentiert, die stoffliche Fiktion diesem geistigen Muster damit untergeordnet und daraufhin transparent

[5] *Drei Tage*, S. 151.

gemacht. Es ist Bernhards ureigene Form einer Art dramatischen Perspektivierung, einer reflektierten Fiktion, die ohne Illusionsbrüche auskommt; hier von 'Symbolik' oder 'Allegorik' der Handlung zu sprechen, träfe Bernhards Verfahren nicht. – In der Rollenprosa hat das Modell der dialektischen Zerstörung eines Sinn- und Ordnungsganzen eine strukturelle Entsprechung in der künstlichen Totalisierung von Kunstausübung (*Am Ortler*), Gehörstudie (*Kalkwerk*) und Kegelbau (*Korrektur*), die zugleich Negation des Geschaffenen ist. Offenkundiger aber spiegeln sich die gescheiterten Studienschreiber freilich in den Künstlerfiguren der Monolog-Stücke. War der Widerstand, an dem die Studienschreiber gescheitert waren, in der Prosa gedanklich-abstrakt geblieben, so ist er hier dramatisch in den Mitspieler- und 'Publikums'-Figuren vergegenständlicht. Stets inszeniert Bernhard Widerspruch und Widerstand – die Studienschreiber und Künstler/Artisten in den Stücken gehen daran zugrunde wie die 'theatralischen' Lebensordnungen der übrigen Stücke; die 'Antagonisten' sind selbst widersprechende Kräfte und die Berichterstatter der Prosa üben im Schreiben über das Scheitern ihrer Vorgänger dagegen Widerstand. Wiederholt hat sich Bernhard, wie schon gesagt, durch Widerstand gegen seine Umwelt und gegen sich selbst definiert: "Ich muß gegen das Publikum sein, um meine Arbeit machen zu können."[6] "Nur weil ich mich gegen mich stelle und tatsächlich immer gegen mich bin, bin ich befähigt, zu sein."[7] Diese Haltung ist Reaktion auf eine widerständige Umwelt: "Wenn ich hineingehe ins Theater, dann merke ich, wie alle eigentlich gegen das, was sie hören, eingestellt sind".[8] Im "2. Tag" von *Drei Tage* wird Existierenmüssen schlechthin als Widerstand empfunden: "Es sind lauter Widerstände von Anfang an, wahrscheinlich schon immer gewesen. [...] es ist einem alles lästig, das ist alles ein Widerstand".[9] Im Werk erst ist die hier nur dandyhaft anmutende Attitüde poetisch verbindlich gemacht.

Die Einheit zwischen der Prosa und den Stücken ist damit eine tieferliegende als es Matheja feststellt, wenn er die Stücke als "dramatisierte Rollenprosa"[10] bezeichnet und damit auf Monologstil und Hand-

[6] Thomas Bernhard spricht, S. 79.
[7] *Der Keller*, S. 107.
[8] Thomas Bernhard spricht, S. 79.
[9] Th. Bernhard, *Drei Tage*, S. 149f.
[10] Matheja, Kunst – Gesellschaft – Existenz, S. 118 ; ähnlich auch F.N. Mennemeier

lungsarmut abhebt. Auf den umgekehrt theatralischen Aspekt der Prosa hat Bernhard in seinem poetologischen 'Bühnen'-Konzept in *Drei Tage*, der einschlägigen Bezugsstelle seiner Poetik, selbst hingewiesen. Sowohl Gamper wie Jurgensen verstehen das Medium Bühne bei Bernhard als Realisierung von etwas bereits in der Prosa Angelegtem.

> Dadurch, daß er [Bernhard] für das Theater schreibt, wird der imaginäre Bühnenraum gleichsam materialisiert, wird der Bühnenraum seines Kopfes veräußerlicht.[11]

> Das Drama ist nicht nur Gattung, sondern bereits von der Form her dargestellte Idee.[12]

Deutlich tritt der künstlich-theatralische Effekt, an den Bernhard in *Drei Tage* denkt, in der *Sprache* der Erzählungen hervor, worauf die Forschung immer wieder hingewiesen hat.[13] Gemeint ist damit die Überstrukturierung von Bernhards Sprache, der gegenüber die bloß mitteilende Funktion in den Hintergrund tritt. Dieser Stilzug ist ebenso als 'musikalisch' anzusprechen (Jurgensen gebraucht beides synonym) und wird gesondert behandelt. – Bernhards programmatischer Grundsatz:

> alle Figuren, Ereignisse, Vorkommnisse spielen sich auf einer Bühne ab, und der *Bühnen*raum ist total finster. Auftretende Figuren auf einem *Bühnen*raum, in einem *Bühnen-*

(Modernes deutsches Drama. Kritik und Chrakteristiken. Bd. 2, 1975, S. 308), der von der Rollenprosa sagt: "Mitten im Epischen ist da also eine fiktive Bühne und ein fiktiver, alles andere verdrängender Akteur, und es ist nur ein Schritt zur wirklichen Bühne und zum wirklichen Akteur". Vgl. auch N.J. Meyerhofer (Thomas Bernhard, S. 52), für den "deutliche Strukturparallelen zwischen seiner [Bernhards] Prosa und seinen Dramen" bestehen. "Sie sind bedingt durch den theatralischen Inszenierungscharakter seiner Prosa, das szenische Arrangement aller Schauplätze in den Romanen, und vor allem durch die Tendenz der Mittelpunktsfiguren zum Monolog" (ebd.).

[11] Gamper, Thomas Bernhard, S. 79.

[12] Jurgensen, Der Kegel im Wald, S. 37.

[13] Jurgensen spricht vom "Bernhardschen Sprachtheater[ ]" und "sprachspielerische[n] Theater" (Der Kegel im Wald, S. 19), König vom "Sprachtheater" (Studien, S. 183), Höller vom "eigentümlichen Inszenierungscharakter", von einer "eigentümlich räumlich-theatralische[n] Gestalt der Grammatik und Bildhaftigkeit der Sprache" ("Minetti", S. 174).

viereck, sind durch ihre Konturen deutlicher zu erkennen, als wenn sie *in der natürlichen* Beleuchtung erscheinen wie in der üblichen uns bekannten Prosa (It 150)

ist noch viel unmittelbarer zu verstehen. Die Analyse der Rollenerzählungen hatte gezeigt, wie das nichtverbale Geschehen hinter den Reden des Protagonisten zurücktritt und auf rein funktionale Bedeutung als Rahmengeschehen reduziert ist. War die literarische Bühne in *Frost* und *Verstörung* noch mit einer naturalistischen Kulisse ausstaffiert, wird sie (zusammen mit den Erzählerfiguren) im *Kalkwerk* und in *Gehen* gleichsam unsichtbar und tritt als Schauplatz des sich erinnernden und beobachtenden Erzählers in den Texten ab *Korrektur* wieder auf. Der Schauplatz wird dabei immer begrenzter und ist schließlich in *Holzfällen* und *Alte Meister* real aufgeteilt in einen Zuschauerraum (mit Theatersessel in *Holzfällen*) und einen angrenzenden 'Bühnenraum', in dem sich der Protagonist befindet. Reale Beobachtung dieser Bühne und erinnertes Geschehen im "Guckkasten des eigenen Kopfes" (Bernhard) verschmelzen so zu einem "literarische[n] Gedankentheater".[14] Dieses Erzählen als monologisches Erinnern, noch dazu durchsetzt von diskursiv-raisonnierenden Einschüben, ist episodisch und folgt nicht dem finalen Zusammenhang einer 'Geschichte'. Es bedarf daher einer externen Strukturierung. Bernhard gewinnt sie aus einer dramaturgischen Komposition der Erzählung, wie im 2. Teil der Arbeit gezeigt worden ist. Struktureller Mittelpunkt wird die durch das Auftreten einer Figur (Höller, A. Härdtl, Wirtin, Schauspieler, Reger) bedingte Änderung des Darstellungsmodus (Schluß des Erinnerungsmonologes). Das Auftreten dieser Figur, auf die zumeist *gewartet* wird, ist – in der Prosa wie in nahezu allen Stücken – ein dramaturgisch-szenischer Kunstgriff, das stationäre Monologisieren zu legitimieren. In allen Erzählungen läßt sich von einer *Exposition* sprechen; in den ersten Sätzen sind in der Regel Personal und äußerer Geschehensverlauf zusammengefaßt. Der Hinweis auf die einmal heiteren, einmal grotesken Schlußpointen, mit den sowohl die Erzählungen wie die Stücke enden, ergänzt die kompositorische Durchdringung zwischen Prosa und Theater, die Bernhard im Untertitel ("Komödie") seiner letzten Erzählung auch explizit andeutet. – Ohne Zweifel kommt diese theatralische Struktur der Prosa zugute, indem sie ein Gegenge-

[14] Jurgensen, Der Kegel im Wald, S. 14.

wicht zu den großenteils diskursiv angelegten (Gedanken)monologen bildet und Spannung aufbaut. In den Stücken hingegen scheinen das Monologisieren und die Handlungsarmut oftmals leerzulaufen und die Konzentration auf den gedanklichen Kern nicht immer wachhalten zu können.

Festzuhalten bleibt, daß Bernhards Texte in ihrem Gattungscharakter nicht *indifferent* sind, sondern sich in Einzelzügen einander assimilieren. Dies ist ein Zug, der Bernhard von experimentell-innovatorischen Schreibweisen signifikant abgrenzt. Gattungsmerkmale werden nicht einfach negiert, sondern als Formelemente neu eingesetzt und damit vielleicht viel wirkungsvoller in Frage gestellt.

2. Prosa und 'musikalische' Überstrukturierung

> Die Sprache ist ein musikalisches Ideen-Instrument. Der Dichter, Rhetor und Philosoph *spielen* und komponieren grammatisch.
>
> *Novalis*[15]

Die Künstlichkeit von Bernhards Sprache stellt eines der prominentesten Merkmale seiner Texte dar und ist immer wieder thematisiert worden. Sie manifestiert sich auf unterschiedlichen Ebenen: als Wiederholung einzelner Worte und Begriffe, die dadurch gleichsam suggestiv aufgeladen werden[16], in der Feinstruktur der Syntax[17], die sich oft zu verselbständigen scheint, in der Grobstruktur der Erzählungen und Bühnenstücke als Übergang von "Konstruktion zu Komposition" (Jurgensen) und schließlich auf der Werkebene in der Rekurrenz von Motiven und Strukturen.[18] Zu einem gewissen Grad ist die Stilisierung der Sprache immanent durch die Geisteskrankheit ihrer Sprecher motiviert. Dies gilt jedoch nur für die frühe Prosa (*Amras*, *Frost*,

---

[15] Aus dem 'Allgemeinen Brouillon' 1798-1799; Werke, S. 472f.

[16] Vgl. dazu bes. A. Eder, Perseveration als Stilmittel moderner Prosa. Thomas Bernhard und seine Nachfolge in der österreichischen Literatur (1978).

[17] Vgl. O. Lederer, Syntaktische Form des Landschaftszeichens in der Prosa Thomas Bernhards (1970).

[18] Vgl. dazu Jurgensen, Der Kegel im Wald, Kap. III ("Thema und Variation"), wo die Bernhardschen Leitmotive in ihrer Verflechtung und Bedeutung untersucht werden.

Verstörung) und ihre wahnsinnigen Hauptgestalten. Schon ab *Am Ortler*, mit der Ausbildung des Zitierstils, ist der Wahnsinn von Bernhard nicht mehr als atmosphärisches Mittel eingesetzt; die Sprache verliert damit auch ihre expressiv-manische Pointierung (kühne Metaphorik, Neologismen und Ad-hoc-Bildungen, abrupte Gedankenführung). Mit der Zitiertechnik seit dem *Wetterfleck* 'normalisiert' sich allgemein der Sprachduktus gegenüber der lyrisch-expressiven Sprache der frühen Prosa, wird aber, wie schon gezeigt, dadurch auch neu stilisiert.

> Das sind die Sätze, Wörter, die man aufbaut. Im Grunde ist es wie ein Spielzeug, man setzt es übereinander, es ist ein musikalischer Vorgang. (It 147)

Befragt nach seiner Arbeitsweise, antwortete Bernhard:

> es ist eine Frage des Rhythmus und hat viel mit Musik zu tun. Ja, was ich schreibe, kann man nur verstehen, wenn man sich klarmacht, daß zuallererst die musikalische Komponente zählt und daß erst an zweiter Stelle das kommt, was ich erzähle.[19]

Dieses musikalische Element in Bernhards Texten ist unterschiedlich beurteilt worden. In H. Höllers Perspektive stellt es sich als verschleiernde Einkleidung dar, wenn er feststellt, "daß die abstrahierenden grammatischen Strukturen eine bestechende ästhetische Qualität annehmen, daß die allgemeine Entfremdung sich mit dem Schein einer musikalisch-poetischen Existenzweise umgibt".[20] Jurgensen dagegen sieht in der Eigengesetzlichkeit und Eigenwilligkeit der Sprache gerade ein Moment von Wahrheit: "Bernhards Sprachmusik hat sich bewußt aus der soziopolitischen Zeitgenossenschaft 'ver-rückt', der sie in ästhetischer Reflexion ein gesellschaftliches Wissen entgegenhält".[21] Das Idiom der musikalischen Sprache will nicht in gesellschaftliche Sprache übersetzt und so 'verstanden' werden, sondern ist jener diskursiven Sprache an Aussagekraft überlegen. Wie der ausführlich untersuchte Zitierstil ist die Musikalität Reflex von Sprachskepsis.[22] In *Gehen*,

[19] Th. Bernhard, Interview für 'Le Monde', S. 106.
[20] Höller, Kritik einer literarischen Form, S. 44.
[21] Jurgensen, Der Kegel im Wald, S. 149.
[22] S. dazu König, Studien, S. 179.

wo Erkenntnis- und Sprachzweifel thematisiert sind und die Zitattechnik am radikalsten ausgeprägt ist, ergibt sich die Musikalität geradezu natürlich aus der Verselbständigung der Zitatindikatoren (siehe Kap. II.1.). Schon Strauch hat diesen Übergang beschrieben:

> Die Musik, hören Sie ... die Sprache kommt auf die Musik zu, die Sprache hat keine Kraft mehr, die Musik zu hintergehen, sie muß gerade *auf die Musik* zugehen, die Sprache ist eine einzige Schwäche [...]. (F 189)

In *Gehen* ist musikalisch nicht allein die Polyphonie der Zitatstimmen. Die Hauptwirkung verdankt der Text seiner Redundanz, d.h. der Wiederholung von Sätzen, Satzteilen oder Wörtern, wo die erneute Bezugnahme ganz fehlen oder in pronominaler Form stattfinden könnte. Der Text verzichtet konsequent auf Pronominalisierung und sich anbietende Umschreibungen, was ihm seine suggestive Dichte und Intensität verleiht. Pronominalisierung und Synonymik fehlen als stilistische Möglichkeiten in Zeichensprachen, die primär bzw. ausschließlich syntaktische Sprachen sind: Mathematik[23] und Musik. Sie sind 'Sprachen', die sich ihres Welt- und Gegenstandsbezuges weder zu versichern brauchen noch können. Von daher ist es nur folgerichtig, wenn sie dort simuliert werden, wo dieser Bezug fragwürdig geworden ist. Dennoch verliert die Sprache nicht ihre Mitteilungsfunktion wie etwa in der Konkreten Poesie; sie reduziert sich jedoch auf ein minimales Substrat an Stoff, welches die Rede stagnierend umkreist. Ein Beispiel für viele ist die Episode in Rustenschachers Laden (G 53-73), die, an sich ein simpel-trivialer Vorgang, künstlich und umständlich gedehnt erzählt wird. Der Sprachgestus widersetzt sich der vom Leser erwarteten Progression des Geschehens und der Gedanken und wird selber zum Geschehen; Bernhard spricht in *Drei Tage* von "Wörter[n], die langsam zu *Vorgängen äußerer und innerer Natur*" werden (It 151). Auf diese Weise vollzieht sich das oft zitierte "Geschichtenzerstören" Bernhards. Es ist nie ein Zerstören der Fabel-*Fiktion*, was ihn wiederum von moderner experimenteller Literatur trennt. Zwar reduziert auf einen minimalen Handlungskern, bleibt sie doch in allen Erzählungen und, noch deutlicher, als dramatische Fiktion in den

[23]Vgl. *Der Atem*, wo Bernhard von der Literatur als "mathematische[r] Lösung des Lebens und in jedem Augenblick auch der eigenen Existenz" spricht; "wenn sie als Mathematik in Gang gesetzt und betrieben wird" (At 119); zu Musik und Mathematik vgl. auch Jurgensen, Die Sprachpartituren des Thomas Bernhard.

Bühnenstücken unangetastet. Die für traditionelles Erzählen kategoriale Grenze zwischen Erzählerbewußtsein und Erzählgegenstand wird nicht aufgehoben, sondern nur extrem verschoben. Von Becketts Imaginationsweise in dessen mittlerer Prosa ("Der Namenlose", "Wie es ist") trennt Bernhard literarästhetisch ein geschichtlicher Abstand. Eigentlich 'gestört' ist die Vermittlung des Erzählinhalts durch das Erzählerbewußtsein, das sich mit seinen perspektivischen Verfremdungen (Erinnerungs- und Zitatkonstruktion) dazwischen stellt und selbst zum Gegenstand wird. Dem Leser obliegt es, aus der diskontinuierlichen und achronischen Darstellung (besonders im *Kalkwerk* und *Korrektur*) das Geschehen zu rekonstruieren. In diesem Sinne sind die Texte 'offene Kunstwerke'.[24]

Bernhard, in dessen Denken Widerstand ja eine große Rolle spielt, setzt durch das Mißverhältnis von hypertropher Sprache und mitgeteiltem Stoff dem Leser somit einen Widerstand entgegen, *Monotonie* wird erzeugt. Dieses Verfahren,und damit überhaupt Bernhards Kunstintention, ist häufig mißverstanden worden. Das Kunstmittel der Monotonie verfolgt *nicht* den Zweck, als suggestiver Argumentersatz den Leser gleichsam 'einzulullen' und zu betäuben, um ihn für irgendetwas zu vereinnahmen, wie es Ulrich Greiners Urteil über *Korrektur* erkennen läßt:

> "Korrektur" [...] ist eine Tortur. Nichts in der gegenwärtigen Literatur kann die rücksichtslose Monotonie, die andauernde Radikalität dieser Prosa überbieten. Keine mildernden Umstände billigt Bernhard dem Leser zu. Wer nicht für ihn ist, der ist gegen ihn.[25]

Weder der Text noch Bernhard selbst verlangen einen Leser, der sich distanzlos dem Text unterwirft – im Gegenteil: erst eine Lektüre "gegen ihn" wird seinen ästhetischen Intentionen gerecht. Bernhard hat, außer in der Bühnenmetapher, in einem Wandgleichnis[26] den dialekti-

[24]Vgl. dazu M. Rietra, Zur Poetik von Thomas Bernhards Roman "Korrektur" (1983).

[25]U. Greiner, Thomas Bernhard (1979), S. 65.

[26]Schon Leonardo da Vinci vermochte im zunächst Unscheinbaren eine Quelle neuer Wahrnehmung zu sehen. Im "Traktat von der Malerei" empfiehlt er seinem Leser eine "neuerfundene Art des Schauens": "Sie besteht darin, daß du auf manche Mauern hinsiehst, die mit allerlei Flecken bekleckst sind, oder auf Gestein von

schen Sinn seiner Monotonie-Konzeption expliziert, wenn er eintönig-kahle Wände mit Buchseiten vergleicht:

> – die Seiten sind wie Wände, und das genügt. Man muß sie nur intensiv *anschauen*. Wenn man eine weiße Wand *anschaut*, stellt man fest, daß sie ja nicht weiß, *nicht kahl* ist. [...] An einer Wand entdeckt man Risse, kleine Sprünge, Unebenheiten, Ungeziefer. Es ist eine ungeheure Bewegung an den Wänden. Tatsächlich gleichen Wand und Buchseite sich vollkommen. (It 153)

Durch Monotonie soll der Leser aktiviert und sensibilisiert werden. Diese Herausforderung des Lesers ist keine willkürliche Irritation oder Manier, sondern die pragmatische Fortsetzung der Auseinandersetzung der Protagonisten mit ihren Studien und der Berichterstatter mit den Protagonisten *im Leser*.[27]

Nun ist diese sensibilisierende Monotonie nicht davor gefeit, dennoch ihren Zweck zu verfehlen und wirklich langweilig zu werden und erneut dialektisch in ihr Gegenteil umzuschlagen, dann nämlich, wenn sie über ihre ästhetische Funktion im Einzeltext hinaus den ganzen Werkzusammenhang kennzeichnet. Dauernde Wiederholung, die nunmehr genauer als Variation von jeweils zwei Grundmodellen aufgefaßt werden kann, ist das dominante Merkmal von Bernhards Prosa- und Bühnenwerk und zugleich sein ästhetisches Problem. (Wie sich an der Formtendenz der Spirale gezeigt hatte, muß diese Wiederholung keine statische sein, sondern impliziert Veränderung und Richtung.) So radikal und kompromißlos wie sie betrieben ist, kann sie zweierlei

---

verschiedenem Gemisch. Hast du irgend eine Situation zu erfinden, so kannst du da Dinge erblicken, die diversen Landschaften gleich sehen, geschmückt mit Gebirgen, Flüssen, Felsen, Bäumen, großen Ebenen, Tal und Hügeln in mancherlei Art. [...] Durch verworrene und unbestimmte Dinge wird nämlich der Geist zu neuen Erfindungen wach" (Traktat von der Malerei, 1909, S. 53).

[27]Insofern hat B. Hannemann (Totentanz der Marionetten: Monotonie und Manier bei Thomas Bernhard, 1980), der überdies Bernhards Schreibweise als "psychologischen Realismus" (S. 142) gründlich mißversteht, unrecht, wenn er das Werk "esoterisch und vor allem leserfeindlich" nennt (S. 144), dabei fälschlich den Kommunikationswert am (sicherlich geringen) Identifikationswert mißt. Das Befremden,das der Text auslöst, ist kein *Defizit* der Kommunikation, sondern gerade deren *Inhalt*. Hannemanns kuriosen Vorwurf zu diskutieren, bei Bernhard käme ein "immer ungeduldiger werdende[r] Leser unseres zunehmend visuellen *Instant*-Zeitalters" nicht auf seine Kosten (S. 144), erübrigt sich wohl.

bewirken. Einmal, als Umschlagen von Quantität in Qualität, eine *De*sensibilisierung des Lesers, der die überstrukturierte Schreibform akzeptiert und sich darauf einstellt.[28] (In Bernhards Bühnengleichnis: wer *nur* noch Theaterzuschauer ist, dem kann die künstliche Bühnenoptik nichts mehr 'verdeutlichen', weil er sich ihr angepaßt und an sie gewöhnt hat). Sie kann sogar, begünstigt durch Bernhards leicht parodierbares Idiom, einer konsumierenden, kulinarischen Lektüre Vorschub leisten, die nur das Altbekannte bestätigt sehen will. Man hat nicht den Eindruck, daß Bernhard bemüht wäre, dieser Gefahr etwas als Korrektiv entgegenzustellen, was seinerseits, wenn man das drohende Risiko eines Verlustes an Glaubwürdigkeit in Rechnung stellt, wiederum irritiert. Zum andern entsteht in der Wiederholung eines angestrengt-künstlichen Stiles *Komik*, eine Qualität, welche der Autor nicht nur in Kauf nimmt, sondern selbst (besonders in den Stücken) auch als wirkungsästhetisches Korrektiv erkannt und eingesetzt hat (s. dazu Abschnitt 5 dieses Kapitels). – Interessanterweise – das erforderte jedoch eine eigene Untersuchung und kann hier nur angedeutet werden – weist das Bernhard in seiner Radikalität am ehesten vergleichbare Werk Samuel Becketts ebenfalls musikalische Strukturen auf, von den monotonen kombinatorischen Exerzitien in "Watt" bis hin zu den späten 'Spielen' am Rande des Verstummens (besonders "Rockaby", 1983), wo Gebärdensprache und rhythmisiertes Schweigen die Aussage tragen. Die Tendenz zu jargonhafter Manieriertheit bis zur Selbstparodie fehlt Becketts Sprache freilich völlig, was durch die soziale Provenienz seiner Protagonisten bedingt sein mag, die der bei Bernhard genau entgegengesetzt ist.

[28] Ein (nichtgermanistischer) Bernhard-Leser hat einmal die für Bernhards Texte spezifische Lektüreerfahrung treffend mit der Feststellung umschrieben, man müsse sich nicht durch sie *hindurch*-, sondern vielmehr nur *hinein*quälen.

3. Epik und Essay

> Alle Gewaltsamen der Literatur streifen
> ans Komische. Die Beschimpfung
> ist der einfachste aller Lyrismen
> und der herkömmlichste.
>
> *Paul Valéry*[29]

Die Tendenz zu poetisch-musikalischer Überstrukturierung der Erzählung ist als ein Mittel von Bernhards "Geschichtenzerstören" und als eine Ursache der Faszination durch sein Werk interpretiert worden. In engem Zusammenhang damit ist eine andere Tendenz nicht weniger bedeutsam: die Verdrängung der Narration durch das Raisonnement, des Berichts durch die Betrachtung. Die Form, in der sich dieser Zug ausprägt, der gesprochene Monolog und schriftliche Formen wie Nachlaß und Notizen, ist bereits hinreichend untersucht worden; da diskursive (statt narrativer) Imagination weder an sie gebunden ist, noch umgekehrt Monolog und Nachlaß per se darauf festgelegt sind, ist eine separate Untersuchung dieser 'Grenzauflösung' angebracht. Zunächst kann wieder das Beckettsche Werk als Kontrastfolie dienen. Was die Bernhardschen von den Beckettschen Protagonisten dem geistigen Profil nach unterscheidet, ist, daß sie wortgewaltig ihr existenzielles Befinden in generalisierter und apodiktischer Form bekunden, als "eine alles erschreckende Worttransfusion in die Welt, in die Menschen hinein" (F 137). Ihre Situation ist nicht nur an ihrem Sprechen *erkennbar*, sondern darin immer auch gleich explizit von ihnen selbst *interpretiert.*[30] Diese diskursive Schicht in Bernhards Texten erst verleiht ihnen die Kompaktheit einer 'Weltsicht', die – scheinbar! – von der fiktionalen Gestaltung, die dann nur Exemplifikations- und Beglaubigungsfunktion hat, ablösbar ist. Bernhards Identifikationshaltung gegenüber seinem Werk hat diesen Eindruck, besonders in der ersten, eher inhaltsorientierten Rezeptionsphase, gefördert. Die vorliegende Untersuchung (und vor ihr andere) hat jedoch in der Frage der literarästhetischen Konstruktion, welche einzig für Wert und Wirkung

[29] Windstriche. Aufzeichnungen und Aphorismen (1959), S. 131.

[30] Seine Dichte und Faszinationskraft gewinnt das Beckettsche Werk gleichsam durch ein 'understatement', semantische Offenheit, Mehrdeutigkeit und (fortschreitende) Abstraktion, das Bernhards hingegen durch (vordergründiges) 'overstatement' in Sprache, Figuren und Gegenständlichkeit.

eines literarischen Kunstwerks und seines Gehaltes ausschlaggebend ist, dieser vergröbernden Deutung entgegenzutreten versucht. Gerade *weil* sich ein diskursiver Gehalt so penetrant aufdrängt, ist er als ein Konstruktionsfaktor im literarischen Text zu erkennen und zu den übrigen Faktoren in Beziehung zu setzen. – In der frühen Prosa kommt das Raisonnieren in den Monologen der (wahnsinnigen) Protagonisten zum Ausdruck, oft in sentenzenhafter Manier. Sätze dieser Art, die auch unabhängig von ihrem Kontext verständlich sind, ließen sich beliebig aus den Reden des Malers, des Fürsten und des Notars Moro (*Ungenach*) anführen, dessen Diskurs fast nur über den Weltzustand handelt. In *Amras* sind in den "Sätzen Walters" diese Art Sentenzen gesondert einbezogen. Im Sprachgestus des Wahnsinns durchdringen sich Selbstbeobachtungen und allgemeingültige Befunde, ohne daß der um Themen wie Natur, Staat, Gesellschaft, Denken, Existenz kreisende Monolog, im Falle des Fürsten etwa, eine erkennbare gedankliche Kohärenz aufwiese. Anders verhält sich dies in *Gehen*, einem 'Diskurs' (d.i. Hin- und Herlaufen) im wörtlichen Sinne, das auch im Punkt der Verdrängung des Epischen durch das Essayistische in Bernhards Prosa eine Extremstellung einnimmt. Ohne weiteres könnte man *Gehen* als einen philosophischen Essay auffassen, der durch Sprecher fiktionalisiert worden ist und dem das Erzählerische (Hollensteiners Selbstmord, der Vorfall im Hosenladen) als Anschauungsmaterial eingefügt ist. Der vorgetragene Gedankengang ist nicht mehr sprunghaft-assoziativ wie bei Strauch und Saurau, sondern von durchgehender Kohärenz. Sprachliches Charakteristikum in Oehlers Vortrag und bei Bernhard überhaupt ist das didaktische 'wir', das zugleich den Anspruch des Gesagten auf kategorische Allgemeingültigkeit signalisiert. Es herrscht auch in Roithamers Nachlaß vor, auch dort, wo er von sich selbst spricht (z.B. "*Unsere* ganze Existenz als eine einzige bodenlose Fälschung und Verfälschung *unserer* Natur korrigieren, so Roithamer, aber *wir* tun es nicht", K 326, Herv. W.H.). Die zunächst persönliche Erfahrung erscheint somit von vornherein als schlechthin exemplarisch. Der Diskurs von *Gehen* ist in seiner geradezu analytischen Manier eine Ausnahme; bekanntlich ist Bernhard nicht durch sachliches Raisonnement, sondern durch Pauschalverdammungen populär geworden. Darin ist S.P. Scheichl[31] zuzustimmen, daß Bernhards Schimpftiraden nicht *kritisieren*, sondern *provozieren* wollen. Kurzschlüssig ist es je-

[31]Scheichl, Nicht Kritik, sondern Provokation.

doch, damit auch den übrigen Elementen der poetischen Imagination wie Figuren, Schauplatz, Erzählkonstruktion sachlichen Gehalt abzusprechen, wie Scheichl dies tut[32], indem er die Rückzüge der Protagonisten aus der Gesellschaft in die Natur als die buchstäbliche Aussage der Texte nimmt, und man von "Gesellschaftskritik" schlicht deshalb schon nicht sprechen könne, weil die Protagonisten sich der Gesellschaft verweigerten. Gerade in dieser ostentativen Negation ist sie jedoch präsent. Ebenso verführerisch ist das Deutungsschema Natur und/oder Geschichte, das die Bernhard-Rezeption seit Beginn in zwei Lager gespalten hat. Jede dezidierte Option und Vereindeutigung muß die im Werk angelegte strukturelle Ambivalenz übergehen, die insbesondere die Dialektik der formalen Konstruktion (Identifikation – Distanz, Rollenspiel, Ironie) ausmacht.[33] Eine Hauptgefahr dabei ist, von vornherein die Selbstkommentare Bernhards und die Protagonistenreden mit der Werkaussage und -intention zu identifizieren.

Aber das Fehlen eines expliziten Zeit- und Gesellschaftsbezuges kann andererseits auch nicht, wie sich anhand der Künstlerfiguren gezeigt hat, über geschichtliche Implikationen hinwegtäuschen. – Vergleicht man die für Bernhard typischen Welt- und Zeitdiagnosen, besonders die Preisreden, so fallen durchaus Veränderungen ins Auge. In *Frost* stehen neben den subjektiven Erfahrungen des Malers Gegenwartsbezüge wie Zellulosefabrik, Abholzung und Kraftwerkbau, noch die Bremer Rede ("Mit der Klarheit nimmt die Kälte zu") von 1965 artikuliert deutlich eine *geschichtliche* Erfahrung und spricht zivilisations- und wissenschaftskritisch von *Europa*:

> Wir stehn auf dem fürchterlichsten Territorium der ganzen Geschichte. [...] Alles hat sich verändert, weil *wir* es verändert haben, die äußere Geographie hat sich genauso verändert wie die innere. [...] Wir sind von der Klarheit, *aus welcher uns unsere Welt plötzlich ist*, unsere Wissenschaftswelt, erschrocken; wir frieren in dieser Klarheit; aber wir haben diese Klarheit haben wollen, herauf-

---

[32]Ebd., S. 115.

[33]Bezeichnenderweise kann eine Interpretation, die das Werk ausschließlich als gesellschaftliche Allegorie liest wie die Gampers auf der Basis der Kritischen Theorie mit Bernhards *Humor* sowenig anfangen, wie eine auf das buchstäblich Dargestellte rekurrierende existenziell-metaphysische Interpretation.

> beschworen, wir dürfen uns also über die Kälte, die jetzt herrscht, nicht beklagen.[34]

Einige Jahre später, in den Reden zur Verleihung des österreichischen Staatspreises (1967), des Wildgans-Preises (1968) und des Büchner-Preises (1970), unterliegt dann, sub specie mortis, alles austauschbar einer Globalverurteilung: Österreich, Staat, Kirche, politische Ideen und Systeme, Kultur, Erziehung; die Angriffe und Schmähungen verfestigen sich mehr und mehr zu rhetorischen Topoi, die immer wieder im Werk vorkommen, bis sie im Kontext der autobiographischen Bücher wieder an Glaubwürdigkeit (durch die subjektive Erfahrungsbasis) gewinnen. Die letzten beiden Erzählungen schließlich, *Holzfällen* und *Alte Meister*, sind stofflich und kompositorisch aus provokanten Angriffen gemacht und ein sprechendes Beispiel dafür, daß von inhaltlicher Kritik bei Bernhard keine Rede sein kann. Bernhards Manier ist grundverschieden von einer Kritik im Medium der Satire, wo der gemeinte Zustand der Wirklichkeit oder die intendierte Person zwar erkennbar, wohl aber fiktiv verhüllt oder übertrieben dargestellt werden und die Kritik daher gerade ernstgenommen und ggfs. sanktioniert werden kann. Von einer dokumentarisch-realistischen Formintention trennt Bernhards Schilderung wiederum ihre, schon im Untertitel "Eine Erregung" signalisierte, unverhohlene Subjektivität.

Indem eine inhaltlich bestimmte *pragmatische* Redehaltung, wie sie den Essay, das Pamphlet oder die Kunstkritik kennzeichnet, unverändert in einen *fiktionalen* Rahmen (die Tischgesellschaft bei den Auersbergern) integriert wird und dabei monoperspektivisch den ganzen Raum einnimmt, anstatt daß wie gewöhnlich umgekehrt die Fiktion einem pragmatischen Zweck dienstbar gemacht würde, hebt sie sich auf. Dies gilt wohlgemerkt *nicht*, weil etwa der Autor eine fiktive Figur zum Sprecher machte und ist unabhängig von einer 'autobiographischen' Lesart der Erzählung, die Sprecher-Ich und Autor-Ich gleichsetzt. (Die kategoriale Opposition autobiographisch/pragmatisch – fiktional überschneidet sich zusätzlich noch mit der Opposition von Essayismus und Epik und wird im nächsten Abschnitt erörtert.) Einfach gesagt: *weil* alles buchstäblich so gemeint ist, wie es gesagt wird, eine satirisch-ironische Lesart gar nicht möglich ist, wird es (außer von den unmittelbar Betroffenen) nicht ernst genommen; in Umkehrung von

[34] Th. Bernhard, *Mit der Klarheit nimmt die Kälte zu* (1965), S. 244f.

Bernhards Leitsatz "In der Finsternis wird alles deutlich" könnte man sagen, daß eine derart 'deutliche' Rede alles 'verfinstert'. – Im Verhältnis vom essayistischen zum minimalen epischen Anteil strukturell nicht anders als *Gehen*, führt der Autor in *Holzfällen* keinen philosophischen Diskurs mehr, sondern persönliche Angriffe gegen einzelne, einzig durch Pseudonyme knapp verhüllte Personen. Daß dies in zeitkritischer Absicht geschieht – die Karrieren der Schreker und Billroth etwa sollen "nicht nur unser gegenwärtiges *verkommenes österreichisches Geistesleben*, sondern das allgemeine Geistesleben überhaupt" charakterisieren (H 260) – ändert nichts an der Sachhaltigkeit der Schmähungen. Die stoffliche Erfindung und der epische Rahmen haben keinerlei Eigenwert mehr und sind nichts mehr als ein Vorwand für die provozierende Schimpftirade, was schon der Umstand belegt, daß die Verdikte gegen österreichische Kultur und österreichischen Staat in nichtfiktionaler Form unverändert auch in Kommentaren und Reden Bernhards vorkommen. Der Kunstgriff des Erinnerns ermöglicht nun, epische und essayistische Ebene der Erzählung zu verknüpfen und dieser durch jene eine Form zu geben. Das Personal ist episch präsent wie auf einer Bühne, motiviert einmal den Erinnerungsmonolog des Erzählers und strukturiert ihn. In traditioneller 'epischer' Einstellung verfolgt ein statischer Erzähler die Bewegung der Figuren, in Bernhards Erzählung hingegen verfolgt umgekehrt das Erzählerbewußtsein in einer kreisförmigen Gedankenbewegung die statischen Figuren. Statt narrativer Sukzession herrscht eine personale Sukzession vor; die episch präsenten Figuren begrenzen den Gedankenstrom und *rhythmisieren* ihn – das Denken kreist bis zum Schluß abwechselnd um die Auersberger, Joana, Jeannie Billroth, den Burgschauspieler. Dieselbe Struktur hat *Alte Meister*, nur ist der im Medium der Erinnerung dargestellte Diskurs zugleich wieder Zitat und damit auch, formal wenigstens, distanzierter. Der kritische Diskurs Regers ist nicht ausschließlich personenbezogen, sondern kreist um die Hauptthemen Kunst und Kultur, Österreich und den Tod seiner Frau, welche sich abwechseln wie in *Holzfällen*. Der epische Kern (der Kunstkritiker Reger verliert seine Frau) bindet das schimpfende Raisonnieren wieder enger an den fiktiven Sprecher und macht es damit weniger beliebig, wenn auch keineswegs zu dem, was man unter sachlicher Kritik versteht. Der Diskurs changiert zwischen für die Perspektive Regers durchaus glaubwürdiger Kritik an der Kunst und und den Künstlern

(s. I.3.c)) und grotesker Übertreibung, die völlig sachleer und in ihrem hyperbolischen Gestus nur noch komisch ist (z.B. "Die ganze Welt ist heute eine lächerliche und dazu zutiefst peinliche und kitschige, das ist die Wahrheit", AM 127), oder in ihrer elaborierten Rhetorik von großem kulinarischem Reiz, wie z.B. die Schmährede über Bruckner, Stifter und Heidegger, die in die ironische Pointe mündet, daß Reger mit diesen Künstlern verwandt sei (AM 95). Komik entsteht auch durch den ständigen Wechsel zwischen banalen und hehren Kritikgegenständen, die dadurch vollends austauschbar werden. Neben den "alten Meistern" trifft Regers Verdikt die Wiener "Toilettenfrage und die Tischdeckenfrage" (AM 165) ebenso wie die "grauen Industriekleidermassenmenschen" (AM 193) und wie schlichtweg "alles": "Alles Heutige ist voller Gemeinheit und voller Bosheit, Lüge und Verrat, sagte Reger, so unverschämt und perfide wie heute ist die Menschheit nie gewesen" (AM 211). Bereits im Monolog des Fürsten Saurau war auch die "Post, die ganz und gar verwahrloste österreichische Post!" Indiz der metaphysisch-existenziellen "Verstörung" (V 100). Eigentümlicherweise aber ist dort, wie in den übrigen frühen Texten, der Monolog sachlich glaubwürdiger, gerade *kraft* des wahnsinnigen Sprechers und seiner "verstörten" Sprache. Bernhard verzichtet in den späteren Texten auf die Fiktion einer gestörten, 'wahnsinnigen' Welterfahrung, behält aber die Sujets der Rede und ihren totalisierenden Ausgriff bei, was die 'Kritik', von ihrer ostinaten Wiederholung einmal abgesehen, notwendig umwerten muß. So besehen ist die in den letzten Erzählungen vorherrschende Konstruktion des sich *erinnernden* Sprechers ein Äquivalent für die auf Dauer sich abnutzende Wahn- und Krankheitsfiktion der frühen Prosa; beide motivieren gleichermaßen eine diskontinuierlich-assoziative, nichtepische Darstellung und damit ein "Geschichtenzerstören". An dieser Detail-Entwicklung ist die Aporie von Bernhards Schreibweise ablesbar: die Intensität der poetischen 'Verstörung' des Lesers durch 'Künstlichkeit' im insistierenden Wiederholen der gleichen Topoi vor Automatisierung zu bewahren. Bernhards Poetik der artistischen Grenzauflösung versucht dies in der immer wieder anders durchgeführten Aufweichung von traditionellen, auf unterschiedlichen Ebenen verständnisleitenden Oppositionsschemata und unternimmt somit in jedem Werk erneut einen Balanceakt.

Die Verdrängung des Epischen durch das Essayistische ordnet Bernhard einem 'literarischen Faktum' der modernen und besonders der experimentellen Literatur zu, dies allerdings nur phänotypisch. Als poetische Denk- und Stilform ausgeprägt bei Musil und Benn, tritt der essayistische Zug in der sprachexperimentellen Literatur, die auf die Imagination einer fiktiven Welt gänzlich verzichtet, wieder auf. Markante Beispiele dafür sind die großen 'Romane' von Oswald Wiener, "Die Verbesserung von Mitteleuropa" (1969) und Helmut Heißenbüttel, "D'Alemberts Ende. Projekt Nr. 1" (1970). In diesem Text sind die diskursiven Teile Konsequenz der Zitatmontage; in den "Gesprächen" verteilt sich das in Brocken aufgesplitterte Zitatmaterial auf ein künstliches Sprecherpersonal, was an Bernhards *Gehen* erinnert. Sicher ist dessen Technik des Binnenzitats als ein formales Kunstmittel zunächst etwas ganz anderes als das substanzielle Fremdzitieren in Heißenbüttels und anderer experimenteller Poetik, die in kritischer Intention sprachgewordene Wirklichkeit zum Sprechen bringen will und das Subjekt als sinnstiftende Größe nicht mehr kennt.[35] Bernhard dagegen hält an dieser Größe emphatisch fest – literarästhetisch gehört seine Prosa zum modernen Bewußtseinsroman, dem das Ich Imaginationsraum ist – und trifft sich, das ist das Interessante, mit einer von *konträren* Prämissen ausgehenden Literatur in Zitat und nichtepischem diskursivem Denken als manifesten Formen. Schnitt- und Berührungspunkt ist die Krise des Erzählens, Bernhards "Geschichtenzerstören". Bernhard verwirklicht zitierendes Sprechen als Manifestation modernen Sprachzweifels nicht *anstelle* eines für viele andere nicht mehr möglich scheinenden unverwechselbar-individuellen poetischen Idioms, sondern innerhalb eines solchen, das sich in der Iteration substanziell durch neue Wirklichkeitserfahrung verändert, wohl aber radikal Subjektivität darstellt und sich dabei ironisch selbst reflektiert.

[35] Gamper (Thomas Bernhard, S. 18f.) stellt voreilig Bernhards Zitatform und seinen Sprachzweifel in die Reihe der sprach- und ideologiekritisch arbeitenden Wiener, Heißenbüttel und Handke, ohne auf die Differenzen aufmerksam zu machen.

4. Authentik und Fiktion

> Die Verzerrung der Realität im Bericht
> ist der wahrheitsgetreue Bericht über
> die Realität.
>
> *Karl Kraus*[36]

Eng mit der soeben behandelten gattungspoetischen Opposition von Epik und Essay verwandt ist die pragmatische, d.h. den Wirklichkeitsbezug von Texten betreffende Dichotomie von 'Authentik' und Fiktion. Als kategoriales Orientierungsschema des neuzeitlichen Bewußtseins leitet sie als Prämisse den Umgang mit Kunstwerken als autonomen, von Wirklichkeit (zunächst) verschiedenen Sinngebilden mit besonderem Geltungsanspruch. Dennoch ist Dichtung sowohl in produktionsästhetischer wie wirkungsästhetischer Hinsicht an Wirklichkeit gebunden; der Autor verarbeitet Erfahrungen, welche, wie bewußt und identifizierbar auch immer, in poetischer Kodierung in den Text eingehen, dem Leser bietet der fiktionale Text die Möglichkeit symbolischer Erfahrung. Das biographische Substrat einer Dichtung, wiewohl nie transportierter Inhalt oder von ihr bloß gespiegelt, *kann* deren Verständnis erweitern. Von Fremd- und Selbstzeugnissen des Autors können Deutungsimpulse wie Verstehenskorrekturen ausgehen, zumal wenn sie, etwa als poetologischer Selbstkommentar, über biographische Faktizität hinausgehen. Im Falle Bernhards besteht diese Möglichkeit, vom *Drei Tage*-Interview abgesehen, nicht. Wie kaum ein anderer moderner Autor scheint er mit seinem Werk völlig eins zu sein, indem er wie seine selbstentworfenen Figuren lebt und auch wie sie spricht und denkt. Nicht zuletzt die Preisreden, die sich wie Passagen aus den frühen Erzählungen lesen, haben durch diese Identifikation Irritation hervorgerufen. In der Bernhard-Rezeption hat man diese Übereinstimmung als Beglaubigung des fiktionalen Werks durch das Leben, der 'Dichtung' durch die 'Wahrheit' verstanden.

> Gerade weil Bernhard jede Grenze einebnet, sticht das Argument nicht, das sonst gilt; daß man Rollenprosa nicht mit der Aussage des Autors gleichsetzen dürfe,

---

[36] Aphorismen, hrsg. v. Chr. Wagenknecht (1986), S. 229.

sagt Schweikert in seinem Aufsatz.[37] Dieser Schluß ist zwar naheliegend, aber nicht zwingend. In der Tat ebnet Bernhard jede Grenze ein; gerade deswegen kann ebensogut *umgekehrt* geschlossen werden: die nichtfiktionale Selbstdarstellung ist ebenso *inszeniert* wie die fiktionale, anstelle gewohnheitsgemäß jene als 'authentisch' anzunehmen und qua Übereinstimmung auf diese zu übertragen. Diese Sicht, vereinzelt schon von Scheichl[38] und von van Ingen[39] formuliert, hat den Vorteil, daß sie die Texte unverstellt von Bernhards suggestiven Kommentaren selbst sprechen läßt, was in dieser Untersuchung versucht wurde. Die Vorstellung, außerhalb seiner Texte spreche der Autor in eigener Person, in ihnen durch erfundene Figuren, ist naiv und verkennt den "Spiel-Charakter" (van Ingen) des Werks. Die Untersuchung hat gezeigt, daß auch biographisch markierte Figuren wie die Antagonisten in den Stücken nicht 'Stimmen' des Autors sind. – In einer späteren 'Notiz' zum Interview *Drei Tage* von 1970 stellt Bernhard dessen authentischen Aussagewert selbst in Frage, indem er dessen Inszenierungscharakter hervorhebt. Er war zum "Schauplatz" (!) einer Hamburger Parkbank gekommen, um

> vor dem Regisseur Ferry Radax eine Reihe mich betreffender Sätze zu sagen und also Aussagen zu machen, die mir, während ich sie, und zwar in dem Zustand äußerster Irritation, gesagt und gemacht habe, mehr oder weniger, der Natur eines solchen Vorgangs entsprechend, zufällig und zusammenhanglos erschienen sind [...]. Vieles habe ich auf der Bank (und also in dem Film) *so* und nicht anders gesagt, wenn ich es auch vollkommen anders hätte sagen können, als es unter dem Titel "Drei Tage" hier veröffentlicht wird. (It 162)

[37]Schweikert, Identifikation und Distanz, S. 6.

[38]Für Scheichl (Nicht Kritik, sondern Provokation, S. 117f., Anm. 41) sind Bernhards in Kommentaren geäußerte "Ansichten mit den unfaßbar bleibenden des Privatmanns Thomas Bernhard nicht zu identifizieren [...], während Schweikert aus dieser Identität von Autorsprache und Rollensprache eine Identität von Bernhards persönlicher Haltung mit der seiner Figuren ableitet; dagegen scheint mir die starke Stilisierung aller nichtfiktionalen Äußerungen Bernhards zu sprechen".

[39]Ähnlich van Ingen (Denk-Übungen, S. 40): "Gerade Bernhards Selbstinszenierung, die sich nur teilweise mit dem Verhalten seiner Erzählerfiguren deckt, ist ein Indiz für den Spiel-Charakter seines Werkes, ein Indiz auch, das es verbietet, Autor und Erzählerperson bzw. Charakter zu identifizieren".

Nicht zufällig war diese dokumentarische (!) Filmsituation für Bernhard Anregung, wie er selbst sagt, zur Verfilmung seiner Erzählung (!) *Der Italiener.* Entsprechend fragwürdig ist es, die Scheidung von Authentik und Fiktion im Werk selbst durchzuführen, um so mehr, als gerade das Nebeneinander von fiktiven und fünf autobiographischen Büchern dazu verlockt.

In die Stücke *Minetti*, *Immanuel Kant*, *Die Berühmten*, *Der Theatermacher* und *Ritter, Dene, Voss* ist Biographisch-Faktisches eingegangen[40], in *Beton* erwähnt der fiktive Ich-Erzähler Paul Wittgenstein und die Malerin Joana (B 103), die später in den verdeckt autobiographischen Texten *Wittgensteins Neffe* und *Holzfällen* vorkommen, und reist, wie Bernhard es zu tun pflegte, nach Mallorca. Der zum Goethejahr entstandene satirische Text *Goethe schtirbt* (1982) schreibt den Bericht über Goethes letzte Stunden um. Im *Untergeher* sind die Hauptfiguren teils authentisch (Glenn Gould), teils erfunden (Wertheimer). In der Figur der Maria in *Auslöschung*, einer der wenigen positiven Frauengestalten bei Bernhard, lassen sich Züge der vom Autor verehrten Ingeborg Bachmann erkennen. Einigen Geschichten aus dem *Stimmenimitator* schließlich liegen reale Figuren und Vorfälle zugrunde.[41] Daß das Sprecher-Ich der Rollenprosa einmal anonym ist (*Untergeher, Holzfällen*), einmal benannt (Rudolf in *Beton*, Reger in *Alte Meister*), ist von ebensowenig Orientierungswert wie das Aufspüren faktischer Elemente vermittels Zusatzwissen. Selbst der Skandal nach der Veröffentlichung von *Holzfällen* und das anschließend vom sich verunglimpft fühlenden Komponisten Lampersberg initiierte Verbot des Buches beantwortet die Frage nach Authentik nur scheinbar, wenn doch diese Reaktion selber Inszenierungscharakter trägt: "Ich find' das wahnsinnig komisch, in Wirklichkeit muß ich eh nur lachen" (der Kläger).[42] Wie 'ernst' Bernhards Reaktion auf den Prozeß ist, nämlich für die Dauer des gesetzlichen Urheberrechts die Auslieferung der eigenen Bücher für Österreich zu verbieten (ein in der neueren

---

[40] Die Anspielung auf Werner Krauss, Material aus Kants Frühschriften und Biographie, Musikerbiographien sowie Teile aus Wittgensteins Biographie.

[41] Vgl. dazu W. Schmidt-Dengler, Verschleierte Authentizität. Über Thomas Bernhards "Der Stimmenimitator" (1981).

[42] In einem Fernsehstatement der Sendung "Titel, Thesen, Temperamente", zit. nach 'Zeit'-Magazin, 11.1.1985, "G'schichten aus der Wiener Welt", S. 3. Zum Skandal s. die ausführliche Dokumentation von E. Schindlecker, Thomas Bernhard: "Holzfällen. Eine Erregung" (1987).

Literatur wohl einzigartiger Fall), dürfte ebenso schwierig sein zu beantworten. Mitverantwortlich ist die Vermischung von pragmatischer und fiktionaler Rede auch für den Skandal um die Uraufführung von Bernhards *Heldenplatz* im November 1988. Die darin von der *fiktiven* Figur Professor Schuster betriebene Österreichbeschimpfung entfachte, von der Presse vorab in Ausschnitten veröffentlicht, bereits vor der Uraufführung Entrüstungsstürme, als sei sie vom Autor selbst, außerhalb eines fiktiven Kontextes, geäußert worden. Die geschickt einkalkulierten Voraussetzungen wie der 50. Jahrestag des österreichischen "Anschlusses" und die verdrängte Problematik des Nazismus in Österreich sowie das Zurückhalten des Dramentextes bis zur Uraufführung ließen Sätze wie "Wenn es heute in Österreich wieder fast nur Nationalsozialisten gibt/ so sind daran nur die Sozialisten schuld" (Hp 98) zu einem Politikum werden. Bernhards Stück wurde bereits vor seiner Uraufführung 'inszeniert', und die Reaktionen darauf, unter anderem auch Schmähungen und Drohungen gegenüber dem Autor, bestätigten schon im voraus realiter genau das, was die Hauptfigur von *Heldenplatz* fiktional behauptet. – Auf der anderen Seite sind Diskussionsbeiträge Bernhards, wie etwa sein "Beitrag zur Dürre"[43] zur Situation des Theaters so stilisiert, daß sie nicht mehr ernstzunehmen sind. Die autobiographischen Bücher haben nur bedingt dokumentarischen Wert (stilistisch unterscheiden sie sich großenteils nicht von den fiktiven), "da eine Differenzierung der Erzählmodi Fiktion und Autobiographie zwar in pragmatischer Hinsicht, kaum aber erzähllogisch vorzunehmen ist" (Johann Strutz)[44]. Strutz weiter:

> Bernhards radikale und zugleich unangreifbare Position läßt nur durch den Rekurs auf das biographische Dokument eine Unterscheidung zwischen fiktionalem und autobiographischem Erzähler zu, der Autor im Erzähler entzieht sich allerdings jeder Festlegung.[45]

Aber selbst das ist fraglich, wenn man J. Dittmar Glauben schenken darf, der "Skepsis an Bernhards Aussagen über sich und seine Kunst

[43] Th. Bernhard, *Ist das Theater nicht mehr, was es war?* (1976).

[44] J. Strutz, "Wir, das bin ich." Folgerungen zum Autobiographienwerk von Thomas Bernhard (1983), S. 181.

[45] Ebd., S. 181f.; vgl. auch Jurgensen, Der Kegel im Wald, S. 34: "so wie die Romane und Erzählungen durch autobiografische Züge gekennzeichnet sind, fiktionalisiert Bernhard seine Autobiographien".

[für] angebracht" hält[46] und an der Wahrheit einiger biographischer Details zweifelt, übrigens auch die Existenz der ominösen Salzburger Abschlußarbeit über Brecht und Artaud für fragwürdig hält.

Bernhard selbst hat in den autobiographischen Büchern mehrmals die Problematik der Mitteilung der Wahrheit (über sich selbst) skeptisch reflektiert: die Diskrepanz zwischen subjektiver Wahrhaftigkeit und objektiver Wahrheit ist unaufhebbar:

> Was hier beschrieben ist, ist die Wahrheit, und sie ist es nicht aus dem einfachen Grund, weil die Wahrheit uns nur ein frommer Wunsch ist. (Ke 34)
>
> Das Beschriebene macht etwas deutlich, das zwar dem *Wahrheitswillen* des Beschreibenden, aber nicht der Wahrheit entspricht, denn die Wahrheit ist überhaupt nicht mitteilbar. (Ke 32)
>
> Die Wahrheit, denke ich, kennt nur der Betroffene, will er sie mitteilen, wird er automatisch zum Lügner. (Ke 32)

Dasselbe Paradox hatte schon Franz Kafka erfahren, für den das Schreiben ebenfalls eine "Lebensnotwendigkeit" (Ke 34) war.[47] Die Dialektik von Lüge/Verstellung und Wahrheit ist kein bloßes artistisches Spiel, sondern zugleich Bernhards Identitätserfahrung, wenn er schreibt:

> Ich darf nicht leugnen, daß ich auch immer zwei Existenzen geführt habe, eine, die der Wahrheit am nächsten kommt und die als Wirklichkeit zu bezeichnen ich tatsächlich ein Recht habe, und eine gespielte, beide zusammen haben mit der Zeit eine mich am Leben haltende Existenz ergeben, wechselweise ist einmal die eine, einmal die andere beherrschend, aber ich existiere wohlgemerkt beide immer. Bis heute. (Ke 110)

---

[46] Dittmar, Entpersönlichung und Spiel mit Identitäten.

[47] Hochzeitsvorbereitungen auf dem Lande und andere Prosa aus dem Nachlaß; Ges. Werke, hrsg. v. M. Brod (1966), S. 9 u. 343: "Es gibt nur zweierlei: Wahrheit und Lüge. Wahrheit ist unteilbar, kann sich also selbst nicht erkennen; wer sie erkennen will, muß Lüge sein." – "Geständnis und Lüge ist das Gleiche. Um gestehen zu können, lügt man. Das, was man ist, kann man nicht ausdrücken, denn dieses ist man eben; mitteilen kann man nur das, was man nicht ist, also die Lüge ." Erst im Chor mag eine gewisse Wahrheit liegen",

Damit trifft er sich mit Musil, der in einer Tagebuchnotiz schreibt:

> Ich wird in diesem Buch weder den Verfasser bedeuten, noch eine von ihm erfundene Person, sondern ein wechselndes Gemisch von Beidem[48],

was als Motto über allen Erzählungen Bernhards stehen könnte. Um es paradox zu formulieren: in Bernhards Literatur ist einzig die Fiktion authentisch, Authentik aber fiktiv.

> Hätte ich, was alles zusammen heute meine Existenz ist, nicht tatsächlich durchgemacht, ich hätte es wahrscheinlich für mich erfunden und wäre zu demselben Ergebnis gekommen. (Ke 110)

Von diesem Satz könnte man ausgehen, über den Stellenwert der autobiographischen Bücher im Gesamtœuvre Bernhards nachzudenken, die hier bewußt nicht gesondert berücksichtigt worden sind. Unabhängig vom biographischen Wahrheitsgehalt enthalten sie von allen Prosawerken den meisten Wirklichkeitsstoff (Kriegsjahre in Salzburg als historische, Armensiedlung und Lungenkrankenhaus als soziale Wirklichkeit), was sie auch zu den zugänglichsten Texten des Autors macht. Liest man sie aber nicht als realistische Beschreibungsprosa, so sind die autobiographischen Texte die Niederschrift einer Existenzbewältigung[49], wie sie sich rückblickend dem Autor darstellt und einer Ichsuche, die zum Leidensweg wird:

> Die Idee ist gewesen, der Existenz auf die Spur zu kommen, der eigenen wie den [sic] andern. [...] Wir sind [...] auf der Suche nach uns und finden uns doch nicht, so inständig wir uns darum bemühen. (Ke 119)

Weil aber diese Selbstbiographie nicht frei ist von fiktionalen Mitteln wie der Selbststilisierung nach dem Muster der Passionsgeschichte[50] oder der erzählerischen Selektion und Gliederung und umgekehrt die

---

[48] R. Musil, Tagebücher. Hrsg. v. A. Frisé (1976), S. 643.

[49] S. dazu die Untersuchung von U. Bugmann, Bewältigungsversuch. Thomas Bernhards autobiographische Schriften (1981).

[50] S. dazu G. vom Hofe, Ecce Lazarus. Autor-Existenz und 'Privat'-Metapysik in Thomas Bernhards autobiographischen Schriften (1981/82).

fiktiven Prosatexte autobiographische Spuren enthalten, ist es fragwürdig, die autobiographischen Schriften zum Deutungsschlüssel des übrigen Werkes zu machen, in ihnen "die Gesamtbegründung für die Bernhardsche skeptisch-hoffnungslose Weltinterpretation" (Vortext der Taschenbuchausgabe von *Die Ursache*) zu suchen. Wenn die hier vorgelegte Deutung plausibel ist, dann bedarf die künstliche Welt der Romane und Stücke überhaupt nicht der Beglaubigung durch den subjektiven Erfahrungsbericht ihres Autors, um Überzeugungskraft zu gewinnen. Der Biographie mehr als eine periphere Stellung im Gesamtwerk zu verleihen, heißt letztlich einer Deutung Vorschub zu leisten, die alles Irritierende und Beunruhigende im Werk in privaten Erfahrungen des Autors verankert und so entschärft.[51] So muß für S. Steinmann das Biographienwerk mit seinen benennbaren Mißständen und Übeln dafür herhalten, Bernhards "Bezug zur aktuellen gesellschaftlichen Wirklichkeit" überhaupt zu belegen, wobei Bernhard zum 'Gesellschaftskritiker' in einem allzu handlichen und platten Sinne reduziert wird.[52] Auch ohne daß man die düstere Kunstwelt als Projektion realer Ängste und Verstörung auffaßte, bleibt der Autor ja in der Logik seines epischen oder dramatischen Rollenspiels präsent. Liest man dagegen umgekehrt die autobiographischen Bücher vor dem Hintergrund der fiktiven, so legt sich eher ein Urteil wie das von J. Jacobs (über *Der Keller*) nahe: "Hier [...] dringt durch den lebensgeschichtlichen Bezug Wirklichkeit in die Erzählung ein und macht Bernhards radikale Verurteilung der Welt unglaubwürdig".[53]

[51]Vgl. Fueß, Nicht fragen, S. 216: "Der Leser, der sich in Bernhards Arbeiten mit beängstigenden Faktoren des eigenen Innenlebens konfrontiert sehen mußte, konnte sich nach Erscheinen der Bernhardschen Jugenderinnerungen auf die düstere Kindheit des Autors als Ursache solch irritierender Texte berufen und damit sich selbst aussparen, die eigene Betroffenheit als etwas deklarieren, das zum Ziel nur das Mitleiden mit dem anderen hat."

[52]S. Steinmann, Sprache, Handlung, Wirklichkeit im deutschen Gegenwartsdrama. Studien zu Thomas Bernhard, Botho Strauß und Bodo Kirchhoff (1985), S. 116: "[...] Denn der Autor gibt in zunehmendem Maße Hinweise auf die Gründe für seine finstere Weltsicht, die bei genauerem Hinsehen so finster gar nicht ist, wie die oberflächliche Betrachtung vermuten läßt. [...] Bernhard beweist mit seinen biographisch eingefärbten Texten [...], daß er gegen die Lebensumstände rebelliert, die ihm die gegenwärtige Gesellschaft aufzwingt".

[53]J. Jacobs, Kölner Stadt-Anzeiger 11.3.1978, zit. nach Dittmar, Werkgeschichte, S. 186; ähnlich kritisch auch Fueß, Nicht fragen, S. 216, sowie A. Gößling, Die "Eisenbergrichtung", S. 8: "Auch die gelungensten Texte der zweiten, autobiografisch

So individuell die Aufhebung der Dichotomie von Authentik und Fiktion sich bei Thomas Bernhard darstellt, ist auch sie 'literarisches Faktum' der Gegenwartsliteratur. Zu denken ist dabei weniger an Literatur, die dokumentarisch-authentisches Material ausgewiesenermaßen fiktionalisiert, sondern an Texte, die den Genreunterschied problematisieren, indem sie den Leser durch die unmarkierte Mischung von Erfundenem und Authentischem irritieren. So unterschiedliche Autoren wie Alexander Kluge mit seinen dokumentarischen Montagen, Wolfgang Hildesheimer mit seinem Buch "Marbot" (1981), einer fingierten, in historischer Realität angesiedelten Künstlerbiographie, aber auch die schon erwähnten "Verbesserung von Mitteleuropa" Wieners und Heißenbüttels "Projekt Nr. 1" (Mischung von echten und von Scheinzitaten) treffen sich im Bewußtsein von der Fragwürdigkeit der Grenze zwischen nichtliterarischem Dokument und literarischer Fiktion.

5. Tragik und Komik

> Komik ist immer ernst, bis sich der Komiker umbringt.
>
> *Th. Bernhard*[54]

In seiner "Theorie des Lächerlichen" expliziert Schopenhauer den Zusammenhang von Lachen und Ernst; der Ernst besteht demnach

> im Bewußtseyn der vollkommenen Uebereinstimmung und Kongruenz des Begriffs, oder Gedankens, mit dem Anschaulichen, oder der Realität. Der Ernste ist überzeugt, daß er die Dinge denkt wie sie sind, und daß sie sind wie er sie denkt. Eben deshalb ist der Uebergang vom tiefen Ernst zum Lachen so besonders leicht und durch Kleinigkeiten zu bewerkstelligen; weil jene vom Ernst angenommene Uebereinstimmung, je vollkommener sie schien, desto leichter selbst durch eine geringe, unerwartet zu Tage kommende Inkongruenz aufgehoben wird. Daher je mehr ein

dominierten Phase, etwa DER KELLER (1976), erreichen nicht den dichterischen Rang der frühen Werke. Indem Bernhard sich von seinem scheinbar ausgeschöpften Verfahren abwendet, herrscht in den Erinnerungsbänden die formal kaum vermittelte stoffliche Kompnonente vor; die Texte zerfallen in Bilder und Episoden".

[54]Bei Bernhard, S. 82.

> Mensch des ganzen Ernstes fähig ist, desto herzlicher kann er lachen.[55]

Überträgt man diese Überlegung Schopenhauers auf die Literatur, kann man sich klarmachen, warum und inwiefern Ernst und Spaß bei Bernhard so nahe beieinander liegen. Bestimmt man einmal poetischen Ernst als Übereinstimmung oder Durchdringung der poetischen Form mit dem Gehalt, so ist der Ernst gefährdet, wenn durch die Verselbständigung der Form (ihr Indifferentwerden gegenüber dem Inhalt) beide "inkongruent" werden. Wie dadurch das für Bernhard charakteristische Spannungsverhältnis von Ernst und Spaß, Tragik und Komik entsteht, ist in diesem Kapitel zu entwickeln.

Auf der Ebene dieser Oppositionen laufen die gattungspoetischen und pragmatischen Grenzauflösungen zusammen. Kein Leitmotiv Bernhardschen Denkens durchzieht das gesamte Werk vom Anfang bis heute mit größerer Beharrlichkeit wie die Ununterscheidbarkeit von Komödie und Tragödie – von Strauchs "Komödientragödie" (F 189) über die Erzählung *Ist es eine Komödie? Ist es eine Tragödie?* zur Bemerkung des Fürsten: "Das komische oder das lustige Element an den Menschen kommt in ihrer Qual am anschaulichsten zum Vorschein, wie das der Qual in ihren komischen, lustigen usf. ..." (V 169), was direkt auf Becketts "Nichts ist komischer als das Unglück"[56] verweist. Bernhard ist damit in eine lange Tradition einzureihen, die von Lenz bis Ionesco und Beckett reicht, was hier nicht entwickelt werden soll.[57] – Bevor das für Bernhard spezifische Verhältnis der beiden Pole Komik und Tragik, wie es sich in textübergreifender Betrachtung der Werkentwicklung darstellt, erörtert wird, soll die Aufmerksamkeit zunächst auf (konventionelle) Elemente der Komik gelenkt werden, wie sie für sich genommen ohne den werkgenetischen Zugriff in den Erzähltexten und Stücken auszumachen sind.

a) Charakterkomik

Nach Henri Bergson beginnt die Komödie

> an dem Punkt, wo sich der *einzelne gegen das Leben in der Gemeinschaft* sträubt – mit anderen Worten: bei der

[55] Schopenhauer, Die Welt als Wille und Vorstellung II/1, S. 118.
[56] S. Beckett, Endspiel; Werke I/1, S. 113.
[57] S. dazu den Aufsatz von K. Völker, Groteskformen des Theaters (1960).

> Versteifung. Komisch ist eine Person, die automatisch ihren Weg geht, ohne sich um den Kontakt mit anderen zu bemühen. Das Lachen ist dazu da, den Einzelgänger zurückzuholen und aus seiner Zerstreutheit zu wecken. [...] Der Komik liegt eine Versteifung zugrunde, die bewirkt, daß jemand stur seinen Weg verfolgt, auf niemanden hört und nichts hören will. [...] *Eine Person verfolgt eine Idee* und kommt immer wieder darauf zurück, auch wenn sie ständig unterbrochen wird.[58]

Nach dieser Bestimmung eignete nahezu allen Protagonisten Bernhards etwas Komisches, was in gewissem Sinne, aus der Ferne betrachtet, auch stimmt. Von nahem jedoch, überwiegen freilich die Eindrücke der Beklemmung und Düsternis. Einige Figuren aber sind als eindeutig komische, besser: tragikomische Figuren angelegt; so etwa Koller in den *Billigessern*. Sein Holzbein und außerdem auch die titelgebende Szenerie der Mahlzeiten ist etwas, das – so Bergson – "*unsere Aufmerksamkeit auf das Äußere einer Person lenkt, während es sich um ihr Inneres handelt.*"[59] Diese Verschiebung ist ein Hauptquell des Komischen im Bernhardschen Werk überhaupt. Bergsons Satz muß umso mehr gelten, als das Geistige bei Koller (und den verwandten Figuren) mit rücksichtsloser Ausschließlichkeit auf ein Ziel ausgerichtet ist (die "Studie"), über das kaum etwas gesagt wird. In ähnlicher Weise werden der Weltverbesserer, Immanuel Kant, der Theatermacher und der Schauspieler in *Einfach kompliziert* als "Geistesmenschen" durch ihre Leiblichkeit, körperlichen Beschwerden und gastronomischen Idiosynkrasien lächerlich gemacht. Sie alle verkörpern das theatralische Rollenfach des komischen Alten. Über die Nähe dieser Figuren zum Typus des Clowns ist bereits in Kap. III.c) gehandelt worden.

b) Sprachkomik

Dieses Feld der Komik ist ebenso bedeutsam wie die Charakterkomik, wenn auch versteckter und vielgestaltiger als diese. Seit der frühen, im Sprachgestus noch lyrisch inspirierten Prosa, arbeitet Bernhard mit

[58] H. Bergson, Das Lachen. Ein Essay über die Bedeutung des Komischen (1988), S. 90 u. 118.

[59] Ebd., S. 40.

neuen Wortkompositionen.[60] Sie sind denotativ oft unklar, aber von großer expressiver Kraft: "Generationensurrealismus als Natursurrealismus" (U 10); "Welthautausschlag", "Schöpfungsdermatologen" (U 22); "Weltdepressionen", "Weltperversionen" (U 24); "Todesmaterialien", "Daseinsdilettantismus" (U 92), um aus *Ungenach* zu zitieren. Disparate Sinnbereiche werden in hyperbolischer Metaphorik zusammengezwängt, wie ein repräsentativer Ausschnitt aus der Rede des Notars Moro über den allgemeinen Weltzustand zeigt:

> [...] die *Staaten onanieren*, Europa wie Amerika, und wir sehen wieder auf der ganzen Welt eine infame Eheunfähigkeit auf ihren Exkrementen Geschichte machen ... die Regierungen erschöpfen sich in gemeiner Mundpropaganda ... Kommunismus, Sozialismus, Demokratismus lächerlich als ein *Weltmasochismus* ... bald werden wir auf der Erde, oder sagen wir besser in der Natur, die wir nicht verstehen, auf dieser *sadomasochistischen Kugelsubstanz,* meine ich, nurmehr noch zwei oder drei hermetisch abgeschlossene Eiskästen, sogenannte *Erdteilekühlschränke* haben, in welchen die Vergangenheit wie die Zukunft auf die Dauer hineingestellt sind [...] (U 18f., Herv. W.H.)

Abrupt wechselt der Bildbereich vom Sexualpathologischen zum Technischen. Katachretisch ineinander verkeilt sind die Bilder in einem (so abstrus wie gelungenen) Satz des Malers Strauch:

> [...] da ist er, der Tod, dieses Hundegekläff, hören Sie, die unbotmäßige Verstandesertränkung, die Zeugnisverweigerung aller Mutmaßungen, hören Sie, dieses verrückte Aufklatschen aller Gedächtnisweichteile auf dem Betonpflaster, auf dem Betonpflaster des großen erhabenen Menschenirrsinns [...]. (F 151)

Solch ein Komplex manieriert-dunkler Bilder, wie er wohl nur in *Frost* vorkommt, ist nicht mehr auflösbar wie die eben genannten Metaphern; er dürfte daher wohl auch kein befreiendes Lachen, sondern eher Befremden auslösen. Typischer sind metaphorische Bildungen

[60] S. dazu B. Henniger-Weidmann, Worttransfusionen, Bedeutungsverschiebungen und Neologismen bei Thomas Bernhard (1977).

wie "Existenzchoreographie" (St 91), "Existenzmaschine" (Ug 64), "Stückevernichtungsmaschine" (für das Wiener Burgtheater) (El 30). Man mag darüber streiten, ob Wortbildungen dieser Art überhaupt als komisch empfunden werden, da ja Komik einmal stark auffassungsbedingt ist und der inhaltliche Zusammenhang, in dem diese Kompositionen stehen, in der Regel ernster Natur ist. Die Bildungen können auch bloß ausgefallen sein, wie die Zusammensetzung "Weinflaschenstöpselfabrikant" in *Auslöschung*, das den damit Gemeinten (den Gatten Caecilias) zu einer lächerlichen Figur macht. - Merkwürdig schiefe Metaphern haben die gegen bekannte Persönlichkeiten gerichteten Schimpftiraden in den letzten Romanen hervorgebracht. In *Alte Meister* wird ein einmal gemachter despektierlicher Vergleich Heideggers mit einer Kuh, trotz (oder gerade *wegen)* seiner Unangemessenheit, ja Beliebigkeit ausgereizt:

> [...] eine unablässig trächtige Philosophiekuh, sagte Reger, die auf der deutschen Philosophie geweidet und darauf jahrzehntelang ihre koketten Fladen fallen gelassen hat im Schwarzwald. Heidegger war sozusagen ein philosophischer Heiratsschwindler, sagte Reger, dem es gelungen ist, eine ganze Generation von deutschen Geisteswissenschaftlern auf den Kopf zu stellen. [...] Heute ist Heidegger noch immer nicht ganz durchschaut, die Heideggerkuh ist zwar abgemagert, die Heideggermilch wird aber noch immer gemolken. (AM 88f.)

Nach ein paar Seiten wird der Bildbereich ausgetauscht und erneut erschöpfend traktiert; Heidegger wird zum "Lesepudding für die deutsche Durchschnittsseele":

> *Der Frauenphilosoph* ist Heidegger, der für den deutschen Philosophieappetit besonders gut geeignete Mittagstischphilosoph direkt aus der Gelehrtenpfanne. Wenn Sie in eine kleinbürgerliche [...] Gesellschaft kommen, wird Ihnen sehr oft schon vor der Vorspeise Heidegger serviert, Sie haben Ihren Mantel noch nicht ausgezogen, wird Ihnen schon ein Stück Heidegger angeboten, Sie haben sich noch nicht hingesetzt, hat die Hausfrau Ihnen schon sozusagen mit dem Sherry Heidegger auf dem Silbertablett hereingebracht [...] (AM 90f.)

Bernhard macht sich über Geistiges bevorzugt durch Metaphorisierung ins Leibliche lustig. In *Auslöschung* wird in ähnlicher Manier Goethe zum "philosophischen Daumenlutscher der Deutschen, der ihre Seelenmarmelade abgefüllt hat in ihre Haushaltsgläser für alle Fälle und alle Zwecke".

> [...] Goethe sei der Gebrauchsdeutsche, habe ich zu Gambetti gesagt, sie, die Deutschen, nehmen Goethe ein wie eine Medizin und glauben an ihre Wirkung, an ihre Heilkraft; Goethe ist im Grunde nichts anderes, als der Heilpraktiker der Deutschen, hatte ich zu Gambetti gesagt, der erste deutsche Geisteshomöopath. (Al 575f.)

Das Bernhardsche Schimpfen glänzt durch seine Rhetorik, die Inhalte sind sekundär und austauschbar, was in zunehmender Tendenz für die späteren Werke überhaupt gilt.

Ein anderes Mittel der Wortkomik ist die *Wiederholung*[61], besonders dann, wenn sie, wie in einer Stelle in *Watten*, sich auf Banales bezieht, das dadurch gleichsam mit Bedeutung aufgeladen wird. Der Arzt erzählt, wie seine Schwester eine neue Brille bekommen hat:

> [...] sie hat die neue Brille auf. Sie komme gerade aus der Stadt, sagte sie, die Brille sei fertig, sie habe die neue Brille auf, endlich sei die neue Brille fertig, tatsächlich!, sage ich, die neue Brille, sie könne jetzt wieder auf die kürzeste Distanz alles sehen, sagte sie, wenn die neue Brille auch keine Lesebrille sei, wie der Optiker meinte, sei sie doch eine Brille für die kurze Distanz, wenn auch nicht für die kürzeste, in einer Entfernung von einem Meter könne sie alles sehen, ja auch noch in einer Entfernung von einem halben Meter. Endlich die Brille! wiederholt sie, es mache ihr nichts aus, daß sie acht Wochen lang auf die Brille warten und fast zehnmal wegen dieser Brille in die Stadt habe fahren müssen, daß sie der Optiker so lange zum Narren gehalten hatte, die Optiker halten einen immer zum Narren,

[61] Daß die Wiederholung von Ausdrücken auch dazu dienen kann, sprachkritisch deren semantische Vagheit hervorzuheben, hat I. Petrasch (Konstitution von Wirklichkeit, S. 287ff.) anhand idiomatischer Wendungen im *Untergeher* und in *Holzfällen* gezeigt.

> sie habe ihre Brille, und die Brille sei gut, gut und schön, und sie will mir die Brille zeigen und nimmt die Brille herunter, und ich sage, sie solle die Brille wieder aufsetzen, und sie setzt die Brille wieder auf, und die Brille zerfällt. In sieben oder acht Stücke zerfällt die Brille. Ja, sage ich zum Fuhrmann, wie mit dieser Brille, ist es mit allem. (W 32)

Die manische Repetition greift darauf auf das Wort "Schnallen" über. Eine ähnliche Fixierung findet sich in *Korrektur* – ein Wort ("Marter") setzt sich fest, entwickelt eine Eigendynamik und beherrscht obsessiv den Gedankengang des Sprechers. Mechanische Reproduktion von etwas seiner Natur nach nicht Mechanischem (Sprache und Denken) ist nach Bergson komisch: "*Die Form will über den Inhalt triumphieren, der Buchstabe wetteifert mit dem Geist*".[62] Die Beispiele dafür ließen sich vermehren, bis hin zum Lamento über die "Leitzordnerliteratur" gegen Ende von *Auslöschung*, wo die *sprachliche* Dominanz des Wortes "Leitzordner" sinnfällig die Herrschaft der Leitzordner über das Denken auf der *Inhalts*seite spiegelt (Al 606ff.). Hier wird die Komik noch durch Übertreibung verstärkt (auf die im folgenden Abschnitt eingegangen wird):

> Ganz Europa läßt sich seit einem Jahrhundert von den Leitzordnern unterdrücken und die Unterdrückung der Leitzordner verschärft sich, dachte ich. Bald wird ganz Europa von den Leitzordnern nicht nur beherrscht, sondern vernichtet sein. (Al 606)

Hatte in den eben aufgeführten Beispielen die Satzführung die Wirkung der repetierten Ausdrücke unterstützt, so kann die *syntaktische Struktur* durchaus eine eigene Komik entfalten. Eine Fülle von Beispielen dafür bietet der sprachlich dichteste und künstlichste Prosatext Bernhards, *Gehen*, da hier die Eigendynamik der Sprache, die Energie ihrer quasi mechanischen Repetitionen und Redundanzen am größten sind. Die Akrobatik der Zitatiteration läßt ungewöhnliche Konstruktionen, die sonst als Stilfehler gälten, durchaus zu: "[...] wir sind auf die Friedensbrücke gegangen, weil ich gedacht habe, ich denke, ich sage, ich gehe auf die Friedensbrücke" (G 88). Wie eine neu gebildete

---

[62] Bergson, Das Lachen, S. 41.

Wortverbindung, die ad hoc eine Situation beschreibt, wirkt eine solche Konstruktion auf komische Weise passend. – Einen Fall klassischer Komik, die auf enttäuschter Erwartung beruht, stellt der (eine Druckseite umfassende) Eingangssatz der *Billigesser* dar: in ihm wird das banale Ende, das Kollers Physiognomie-Projekt schließlich erfährt, im syntaktischen Bogen im Kleinen vorweggenommen. Die überladene Periode handelt zunächst in einem relativischen Gliedsatz ("in welchem er [...] Existenz abhänge") umständlich und erwartungsweckend von den Physiognomik-Schriften und spricht im Hauptsatz von den Billigessern, wobei das Verb, durch pleonastisch gedehnte Adverbialgruppen retardiert, den lapidaren Schlußpunkt bildet, auf den sich die ganze komplizierte Satzperiode hinspannt:

> Auf dem seit Wochen gegen Abend [...] unternommenen Weg in den Wertheimsteinpark [...Rel.sätze...] *sei er* aufeinmal und urplötzlich [...] zur alten Eiche *gegangen* und dadurch auf die [...] *Billigesser* gekommen, mit welchen er viele Jahre an den Wochentagen [...Parenthese...] *billig gegessen habe.* (Be 11f., Herv. W.H.)

Die thematische Gewichtung (wissenschaftliche Studie steht über billig essen) verhält sich *umgekehrt* zur syntaktischen Staffelung in Haupt- und Nebensatz. Dieses Satzgefüge ist komisch im Sinne von Kants Bestimmung, daß das Lachen "ein Affekt aus der plötzlichen Verwandlung einer gespannten Erwartung in nichts"[63] sei. Die Rolle des Hauptsubjektes verliert sich, als bloß pronominal besetzt ("er") und ohne subordinierte Bestimmungen, völlig im Satzgefüge und dementiert so ironisch von vornherein die Bedeutung dessen, auf den es verweist – den eigentlichen Akteur und Mittelpunkt Koller. Schließlich sei noch auf gelegentlich vorkommende Einzelsätze bei Bernhard aufmerksam gemacht, die als witzige Bonmots auch außerhalb ihres Kontextes wirken. "*Und indem ich mir mich selbst leiste, existiere ich längst über meine Verhältnisse*", sagt Koller einmal in den *Billigessern* (Be 113). "Wir haben keine Zukunft/ Die Hoffnungslosigkeit/ macht alles erträglich", formuliert der Weltverbesserer (Wv 940) (was an den bekannten Wiener Leitspruch "Die Lage ist hoffnungslos, aber nicht

[63] I. Kant, Kritik der Urteilskraft, §54; Werkausgabe, hrsg. v. W. Weischedel, Bd. X (1974), S. 273.

ernst" erinnert) und kommentiert damit ironisch Bernhards apodiktische Weltsicht. – Wohl der gelungenste Satz in *Der Schein trügt* ist ein Ausspruch des Artisten Karl, der bein Zehennägelschneiden feststellt: "Durch dieselbe Brille durch welche ich Voltaire lese/ sehe ich meine Zehennägel" (St 13). Der Satz beschreibt zunächst ganz wörtlich eine Gewohnheit Karls und enthält doch, unabsichtlich, in einfacher Metonymik, in nuce das Wesentliche Bernhards: die conditio humana zwischen höchster Vergeistigung, Verschöngeistigung (Voltaire) und kruder Leiblichkeit (Zehennägel als animalisches Relikt) – beides durch dieselbe Brille sichtbar gemacht und 'witzig' (d.h. geistreich) in einen Zusammenhang gebracht durch Bernhards geglückte Formulierung. – Aber es kommen auch Sätze vor, besonders in den Stücken, die vor Kalauer und Nonsens nicht haltmachen, so etwa: "Die Heringe sind absolute Existenzverkürzer" (IK 635), "das Glaukom hat mir die Augen geöffnet" (vom blinden Kant gesprochen!) (IK 677), "Der einzige Reiz an dir/ ist der Hustenreiz" (Th 146), "Ein talentierter Schauspieler/ ist so selten wie ein Arschloch im Gesicht" (Th 64), und eine Seite vor Schluß heißt es in Roithamers Papieren: "Wir gehen immer zu weit, damit wir nicht zu kurz kommen" (K 361), was aber wohl nur außerhalb des Kontextes komisch wirken dürfte.

c) Übertreibungskunst

> Wir steigern uns oft in eine Übertreibung derartig hinein, habe ich zu Gambetti später gesagt, daß wir diese Übertreibung dann für die einzige folgerichtige Tatsache halten und die eigentliche Tatsache gar nicht mehr wahrnehmen, nur die maßlos in die Höhe getriebene Übertreibung. Mit diesem Übertreibungsfanatismus habe ich mich schon immer befriedigt, habe ich zu Gambetti gesagt. Es ist manchmal die einzige Möglichkeit, wenn ich diesen Übertreibungsfanatismus nämlich zur Übertreibungskunst gemacht habe, mich aus der Armseligkeit meiner Verfassung zu retten, aus meinem Geistesüberdruß, habe ich zu Gambetti gesagt. Meine Übertreibungskunst habe ich so weit geschult, daß ich mich ohne weiteres den größten Übertreibungskünstler, der mir bekannt ist, nennen kann. (Al 610f.)

Diese Bemerkungen von Franz-Josef Murau, des Erzählers in *Auslöschung. Ein Zerfall*, dürfen getrost als ein Selbstbekenntnis des Autors Thomas Bernhard gelesen werden, der damit ein wesentliches Merkmal seines Schreibens auf den Begriff bringt.[64] Von Anbeginn an, seit den 15 Rollstühlen samt ihren Insassen in *Ein Fest für Boris*, über das seit 22 Jahren vergeblich geprobte Forellenquintett der Zirkusartisten bis zu den Schmähtiraden der letzten Prosa sorgen Maßlosigkeit und Unverhältnismäßigkeit für Komik. Man könnte sogar das ganze Werk als eine einzige große Übertreibung ansehen, gäbe es in der Literatur Normen für die verhältnismäßige Wiedergabe von Realität. Übertreibung ist nicht an sich schon komisch; sie wird es erst als Stilmittel von Bernhards Rhetorik des Schimpfens und Schmähens, deren kennzeichnendstes Merkmal der Superlativ ist. Typisch ist die im ganzen Werk vorkommende Verwendung des 'wir' als unausgewiesene Verallgemeinerung, wo es sich zunächst nur um die Erfahrung eines Ich handelt. Als Beispiel für Übertreibung und Plural sei ein Satz des Weltverbesserers herausgegriffen: "Die Köche haben uns in der Hand/ [...] Wir haben immer/ einen verdorbenen Magen/ alles verdirbt uns den Magen/ Ist es nicht die Küche/ ist es die Philosophie/ oder die Sozialfürsorge" (Wv 906) oder Herrnstein in *Elisabeth II.*: "Wir wachen auf/ und sehen nichts als Scheußlichkeit/ Hinfälligkeit und Scheußlichkeit" (El 12). Scheint der Gegenstand der Herabwürdigung zunächst noch im Kontext motiviert, so zeigt sich doch bald, daß er in der Rhetorik des Superlativs austauschbar ist, wie eine Beispielkette aus den letzten Romanen zeigt.

> Alle Hochschulen sind schlecht und die wir besuchen, ist immer die schlechteste, wenn sie uns nicht die Augen öffnet. (Ug 28)

> Das Mozarteum ist noch heute weltberühmt, aber es ist die denkbar schlechteste Musikhochschule, dachte ich. (Ug 29)

---

[64] Im zweiten Fleischmann-Interview (Thomas Bernhard: Hinhauen, 1987) erzählt Bernhard anekdotisch von seiner Anfangszeit als Gerichtsreporter: "[...] Übertreibt: Wenn drei Tote waren, waren es bei mir immer sieben. Da war dann immer Berichtigung am dritten Tag: Wir teilen Ihnen mit, es waren nicht sechs Tote, sondern nur zwei. Aber es hat die Auflage gehoben. War sehr günstig. Ich habe der Zeitung immer zu einem gewissen Erfolg verholfen. Durch Falschmeldungen und Übertreibung. Was ich beibehalten habe. Ich übertreibe ja in allem und jedem."

> [...] die Musikindustrie ist der eigentliche Massenmörder der Menschheit, die, wenn die Musikindustrie so weiter macht, wie bisher, schon in Jahrzehnten keine einzige Chance mehr hat, mein lieber Atzbacher, so Reger erregt. (AM 279)

> Alles Heutige ist voller Gemeinheit und voller Bosheit, Lüge und Verrat, sagte Reger, so unverschämt und perfide wie heute ist die Menschheit nie gewesen. (AM 211)

> Die Fotografie ist das größte Unglück des zwanzigsten Jahrhunderts. (Al 30)

> Schriftsteller insgesamt sind die widerwärtigsten Leute, die es gibt [...]. (Al 616)

d) Die Komik der Selbstimitation

J. König hat Bernhards "humoristische Attitüde" ansatzweise untersucht und deutet sie als Bewußtseinshaltung der Distanz gegenüber der "eigene[n] wie auch allgemeine[n] Krisensituation des Geistes", "das Lachen als letzte Antwortmöglichkeit" bleibt übrig.[65] Das ist sicher nicht falsch, geht aber über das bei Bernhard so intrikate Verhältnis von Ernst und Komik in der poetischen Struktur hinweg. Ernst und Humor sind immer auch hermeneutische Orientierungen für den Leser, die das Verständnis und die Beurteilung des Gelesenen leiten. Der Leser vermag in der Regel Ironie, Satire als Darstellungsmittel des Autors zu erkennen und auf dessen Intention zu beziehen oder gewollte von 'unfreiwilliger' Komik zu unterscheiden. Immer aber ist das 'Nicht-wörtlich-zu-Nehmende' auf ein 'Wörtliches', das 'Uneigentliche' auf ein wie schwer auch immer zu bestimmendes 'Gemeintes' zu beziehen, das selber gar nicht aussprechbar zu sein braucht. In Bernhards Werken nach *Korrektur*, das auch in dieser Hinsicht, nicht nur in erzähltechnischer, eine Wendemarke darstellt, ist diese Verstehensbewegung fragwürdig geworden. Wie im letzten Abschnitt schon dargestellt, greift die dieser Verstehensbewegung verwandte und natürlich viel naivere Distinktion von literarisch Gestaltetem und außerliterarisch Geäußertem bei Bernhard grundsätzlich nicht. Auch König ist noch in dieser Verstehensstrategie befangen, wenn er die ernsthafte

[65] König, Studien, S. 201.

Komponente der existenziellen Erfahrung (Absurdität der Welt) und den Unernst als "humoristische Attitüde" ihrer Bewältigung bzw. literarischen Vermittlung zuordnet. Damit wäre beides wieder getrennt, der Humor instrumentell aufgefaßt. Daß die poetische Konstruktion einiger Texte diese Zuordnung unterläuft, ist nun – einmal auf mikrostruktureller Ebene, zum andern auf der Ebene der Werkstruktur – zu zeigen.

Wie Komik aus dem Spannungsverhältnis von Darstellungsform und Inhalt entspringt, zeigt eindrucksvoll Bernhards zweite Kurzprosasammlung *Der Stimmenimitator* (1978), in der sich ein makabrer Humor entfaltet, der in den *Ereignissen* (1957) mit ihrem düster-beklemmenden Grundtenor noch völlig fehlt. Diese Veränderung entspricht der allgemeinen Werktendenz.[66] Bernhard erzählt in den anekdotenartigen Geschichten von seltsamen Unglücksfällen, Verbrechen und Selbstmorden und setzt dabei oft die Perspektive der Zeitungsmeldung wie des Gerichtsreports mit ihrer spezifischen versachlichenden Optik ein. Dies sei an einem Beispiel verdeutlicht:

> Rezept
>
> In Linz sind in der vergangenen Woche einhundertachtzig Personen gestorben, die die jetzt gerade in Linz grassierende Grippe gehabt haben, aber nicht an dieser Grippe, sondern an einem von einem neueingestellten Apotheker falsch verstandenen Rezept. Der Apotheker muß sich wahrscheinlich wegen fahrlässiger Tötung vor Gericht verantworten, möglicherweise, wie die Zeitung schreibt, *noch vor Weihnachten*. (Si 50)

Indem das unwesentliche Detail des Gerichtstermins hervorgehoben wird – für die Presse ist der Schuldige immer interessanter als das Opfer –, erscheint dieser für den Apotheker belastender und er dadurch bedauernswerter als das nur nüchtern konstatierte Schicksal der 180 Opfer: aus der unerwarteten, durch das Medium bedingten Umwertung der Opfer resultiert ein komischer Effekt. Stets gilt Bernhards anekdotisches Interesse der unabänderlichen Diskrepanz zwischen einem irrationalen Störfall (Tod, Verbrechen, Unglück) und dem (im

[66] Vgl. dazu und zum Folgenden W. Huntemann, Wandlungen des Makabren bei Thomas Bernhard, dargestellt anhand seiner Kurzprosa (Mskr. 1988).

Zeitungsmedium oder Gerichtsreport dokumentierten) gesellschaftlich-öffentlichen Umgehen damit.

Bis zum äußersten verdichtet erscheint der Konflikt zwischen dem factum brutum des Todes und gesellschaftlicher Existenz im kürzesten Stück der Sammlung, *Post* (Si 57):

> Noch Jahre, nachdem unsere Mutter gestorben war, hatte die Post an sie adressierte Briefe zugestellt. Die Post hatte ihren Tod nicht zur Kenntnis genommen.

So knapp der Text ist, so genau sagt er, worauf es Bernhard ankommt. Man könnte geradezu durch Austauschproben nachweisen, wie Freud bei seinen Witzanalysen, worin das Komische des Textes liegt. Sein Kern ist die Inkongruenz von natürlicher und gesellschaftlicher Existenz, die als Stelle in einem künstlichen System (Postempfänger, Melderegister) kein Ende kennt. Der Witz liegt nun einmal darin, daß eine Institution, die nur sprachlich als Person vorgestellt wird, den Tod eines Menschen nicht registrieren kann (die Pointe ginge verloren, setzte man für "Post" etwa "Briefträger" ein), zum andern darin, daß es die Mutter ist, deren Tod zur Kenntnis zu nehmen der Erzähler implizit von der Post erwartet (stünde für "unsere Mutter" z.B. "der Fleischhauer in unserem Dorf", büßte der Text ebenfalls an Wirkung ein). Die Perspektive ist hier, wie auch sonst, entscheidend für die Komik. Der distanzierende Stil von Zeitungsbericht bzw. Gerichtsreport und ein vermitteltes Erzählen im mündlichen Gestus der Anekdote lassen in den Fallgeschichten den tragikomischen Konflikt zwischen Tod, Unglück und Verbrechen und seiner rationalen Bewältigung sich entfalten, ohne durch Wertung einzugreifen. Damit geht ein Zitatstil einher, wie er auch Bernhards Rollenprosa weitgehend kennzeichnet. Die Perspektive der handelnden Figuren kommt damit nur selektiv in den konjunktivisch wiedergegebenen Aussagen zur Geltung. Verdankt sich die Rollenprosa in ihrer Wirkung zu einem Teil dem Spannungsverhältnis zwischen der Perspektive des (zitierenden) Erzählers und seinem Protagonisten, so bleibt hier die als komisch erlebte Diskrepanz zwischen Darstellungsperspektive (mit ihren impliziten Normen) und berichtetem Einzelschicksal für den Leser eine wesentliche Leerstelle, die ihm Aktivität abverlangt.

Wie ein an sich 'ernster' Inhalt durch die literarische Form komisiert wird, zeigt sich, auf andere Weise und für Bernhard noch charakteristischer, auf der Ebene der Werkstruktur: in der Selbstimitation. Abgesehen von den immer neu variierten Strukturtypen in der Prosa gibt es zwei Fälle besonders auffälliger Selbstimitation: *Die Billigesser* gegenüber *Kalkwerk* und *Korrektur* sowie *Beton* gegenüber *Ja*. – Die *Billigesser* muten in ihrer grotesk-ironischen Heiterkeit wie ein Satyrspiel nach den 'Tragödien' *Kalkwerk* und *Korrektur* an. Im *Kalkwerk* spielt Komik nur punktuell eine Rolle[67] *Korrektur* ist das einzige Werk Bernhards, welches sich jeglicher Komik und Ironie konsequent enthält. Aber schon in den *Billigessern* spielt der Autor mit seinem Topos des ewigen Scheiterns, indem er den Helden von vornherein der Lächerlichkeit preisgibt. Das heißt nun *nicht*, daß Bernhard demselben, an sich 'ernsten' Sujet mit einer anderen Haltung begegnet, indem er es, wie vormals ernst, nun heiter-ironisch gestaltet, sondern das Sujet verliert seinen ernsten Charakter, und die Form ist das 'Ernstzunehmende'. Was immer wieder in wechselnden geistigen Haltungen abgehandelt wird, ist nicht mehr als dem Schreiben vorausgehende 'Welterfahrung' glaubwürdig zu vermitteln, sondern wird – wie die Formalisten sagen würden – zum literarischen Konstruktionsfaktor. (Eine ähnliche Dialektik war bei den fiktionalisierten Schimpftiraden zu beobachten.) Einfach ausgedrückt: ein an sich 'ernster' Inhalt wird in einer 'heiteren' und durch ständige Wiederholung komikerzeugenden Form 'unernst', die Form dagegen 'ernst' bzw. der eigentliche Inhalt.[68] – Auch die Wiederholung des Grundmodells von *Ja* (1978) in *Beton* (1982) macht diese Dialektik sichtbar. Der an seiner Studie laborierende Ich-Erzähler wird durch eine sich ganz für ihren Partner aufopfernde Frau, die sich schließlich umbringt, von seiner stockenden Arbeit abgelenkt. Daß diese Frau nicht zum Sujet gehört, sondern eine Leerstelle des Erzählmodells ist, zeigt sich im Austausch der Perserin aus *Ja* durch die Anna Härdtl in *Beton*, die beide außer ihrer Aufopferung nichts miteinander gemein haben.[69] Prägnant gesagt: Ist die Perserin noch *Figur*, so ist Anna Härdtl schon *Motiv*. Inhaltlich nicht mehr auf den Erzähler und des-

[67]Vgl. dazu H. Lindenmayr, Totalität und Beschränkung, S. 100ff.: "Zur Funktion von Komik und Humor im 'Kalkwerk'".

[68]Es ist diese Struktur, die eine pointierte Kritikerbemerkung wie die G. Hensels (über den *Weltverbesserer*) ermöglicht: "noch nie hat Thomas Bernhard die Welt so zufrieden verneint" (zit. nach Dittmar, Werkgeschichte, S. 213).

[69]Gegenüber der dunkel-allegorischen Figur der (namenlosen!) Perserin sind Anna Härdtl und das Elektrowarengeschäft von realistischer Banalität.

sen Geschichte bezogen (als 'Muse' und Gesprächspartnerin), spielt sie nur noch die *Rolle* der Selbstmörderin, die das Schema als makabre Schlußpointe vorsieht; Bernhard legt in der Selbstkopie sein Verfahren bloß. Aber auch die Schlußwendung ist nicht inhaltlich determiniert, wie die Erzählung *Alte Meister* zeigt, die wiederum die Erzählkonstruktion von *Beton* übernimmt (ein Ich-Erzähler begegnet schließlich der Person, über die er vorher geredet hat). Hier ist die Leerstelle der Schlußpointe harmlos-heiter anstatt tödlich-ernst realisiert (siehe II.1.b)). Da die Erzählform der eigentliche Inhalt ist, können Leerstellen stofflich konträr besetzt werden (Roithamer – Koller, Perserin – Anna Härdtl, tödliches Ende – Theateraufführung). Bernhards Schreiben ist, insoweit sich die Komik aus der Form-Inhalt-Relation herleitet, *selbstparodistisch*, Bernhard ist sein eigener "Stimmenimitator" und damit das Gegenstück zum Stimmenimitator in der gleichnamigen Geschichte, der sein Publikum durch die Vielzahl der von ihm imitierten Stimmen verblüfft. "Als wir ihm jedoch den Vorschlag gemacht hatten, er solle am Ende seine eigene Stimme imitieren, sagte er, das könne er nicht" (Si 10). – Die Tendenz zur Selbstparodie läßt sich auch an den Theaterstücken beobachten und zwar in zweierlei Form, einer impliziten und einer expliziten. Die implizite steht in Zusammenhang mit der Rekurrenz der oben beschriebenen dramaturgischen Grundtypen, der Figuren und Motive. Nicht anders als in den erzählerischen Texten trägt das spezifische Verhältnis von Stoff und Form dazu bei, daß die Bewertung der Handlung nach den Kategorien ernst und komisch wechseln kann. Ganz deutlich zeigt sich das in den Schlußpointen, die bei *Immanuel Kant* und *Der Weltverbesserer* gegensätzlich realisiert sind: Kant wird eingesperrt, der Weltverbesserer befreit eine eingesperrte Maus. Daß die Stücke trotzdem (oder gerade deswegen) eng verwandt sind, ja bei stofflicher Verschiedenheit im Gehalt übereinkommen, ist oben (II.1.b)) gezeigt worden. Beide Protagonisten sind gleich komisch oder gleich tragisch. Anders ist dies im Vergleich der Schauspielerstücke *Minetti* und *Einfach kompliziert*, wo umgekehrt die Wiederholung Verschiedenheit erzeugt. Zunächst aber fällt die Korrespondenz so mancher Motive auf. Aus der Learmaske ist die Krone von Richard III. geworden, die gewohnheitsmäßig hervorgeholt wird, aus Lübeck, wo Minetti die Anerkennung verweigert wurde, wird Duisburg, aus dem selbstgewählten Exil Dinkelsbühl Ludwigshafen. Auch der namenlose Schauspieler spricht in seiner Einsamkeit warmherzig zu einem Mädchen, wie Minetti im Hotel dies tut. Anstelle des tragischen Endes von *Minetti* steht jetzt jedoch eine heiter-ironische Schlußpointe: der alte Schauspieler schaltet ein Tonband mit den Anfangssätzen seines ganzen Bühnenmonologs ein, was für ihn "freiwillige Selbstkontrolle" (EK 70) bedeutet, im Hinblick auf den Autor jedoch, neben einer Anspielung auf Becketts "Krapp's last Tape", einen verschmitzten Hinweis auf seine Wiederholungsmanier darstellt. Das Stück schließt:

> *er geht zum Tonbandkasten und schaltet ihn ab*
> *schaut sich um*
> begeistert sie offensichtlich
> *er setzt sich an den Tisch und ißt weiter* (EK 71)

Der Alte wiederholt damit nur einen kurz zuvor gesprochenen Halbsatz ("Wenn ich den Prospero spreche/ hören sie zu/ das begeistert sie offensichtlich", EK 70), beziehbar ist das aber auch auf das abgespielte Tonband und die *Bernhardsche* Wiederholung, die sein Publikum ja auch "offensichtlich begeistert". In der Tat wirkt das Stück vor allem durch die Selbstzitate Bernhards – alternder Schauspieler (wie auch schon in *Der Schein trügt*) und Krone als Rollenattribut (wie in *Minetti* die Learmaske). Die Künstlerproblematik von Rolle, Leben und Gesellschaft ist nicht mehr so überzeugend gestaltet wie im Vorgängerstück *Minetti*, sondern nur mehr erinnert.[70] – Vollends gilt dies für das vorletzte Stück Bernhards, *Elisabeth II.*, das abermals einen komischen Alten, den Wiener Großindustriellen Herrnstein, nörgeln und monologisieren läßt. Er wartet, in seinem Rollstuhl sitzend, zusammen mit seinem Diener, auf Gäste aus der höheren Gesellschaft, die anläßlich des Besuchs der englischen Königin in Wien eingeladen worden sind. Vieles verweist auf frühere Stücke zurück; so die Herr-Diener-Beziehung auf die ebenfalls beinlose "Gute" im zwanzig Jahre zuvor entstandenen *Fest für Boris* und auf den nörgelnden Weltverbesserer; die Drohung des Dieners, seinen Herrn zu verlassen (El 82), auf den Jongleur in der *Macht der Gewohnheit* und das Finale einer Festgesellschaft wiederum auf die Geburtstagsfeier von Boris. Diese

[70] G. Hensel (Spielplan II, 1986, S. 1380) schreibt dazu kritisch: "Eine Anthologie von Einfällen, die Thomas Bernhard früher hatte. Für Minetti, den komischen Alten, das immergleiche Spielzeug. Ein Umbau, kein Neubau. Eine Thomas-Bernhard-Imitation von Thomas Bernhard".

endete mit seinem Tod, der schließlich von der "Guten" schrill belacht wird. Wenn in *Elisabeth II.* gleich alle Gäste umkommen, indem der Balkon abbricht, so ergibt sich das nicht aus dem Sinnzusammenhang des Stückes, sondern erfüllt das Schema einer komischen Schlußkatastrophe, wie sie schon den *Theatermacher* krönte. Das Stück ist dennoch eine Komödie, eine (literarische) Komödie des Selbstzitats, trotz des Untertitels "Keine Komödie", der ironisch auf frühere irritierende Gattungsuntertitel verweist. –

Es ist wichtig zu sehen, daß die variierende Wiederholung der wenigen Motiv- und Konstruktionsmuster eine strukturelle Komik hervortreibt, die stofflich nicht gebunden ist; sie entsteht aus der Diskrepanz von ursprünglich ernsten Themen und Stoffen wie Vereinsamung, (künstlerisches) Scheitern, oppressives Zusammenleben, Rollenexistenz und der spielerischen Verfügung darüber in der wiederholten Gestaltung. Die sich abzeichnende Autonomie der Form und des artistischen Spiels (Bauform, Figurenkonstellation und -interaktion) wertet Stoffliches um und macht es selber zum reproduzierbaren Formelement, zum Topos. Diese Tendenz läßt sich, wie schon gesagt, auch am Prosawerk feststellen, dessen Bezug auf Außerliterarisches in dem Maße zurückgetreten ist, wie der Selbstbezug auf das Inventar der stofflichen und kompositorischen Muster zugenommen hat. – Die Tendenz zur immanenten Selbstparodie von Bernhards Dramatik bestätigt sich in seiner Dramolett-Trilogie über den Regisseur Claus Peymann[71], die explizit selbstparodistisch angelegt ist. Sie zeigt, daß Bernhard sich seiner Stilmittel wohl bewußt ist. Von den 'seriösen' Stücken unterscheiden sich diese Mini-Dramen einzig und allein durch ihre Kürze, ihr historisches Personal (Peymann, der Dramaturg Beil, Bernhard), die reale Situierung (die Szenen handeln von Peymanns Wechsel ans Wiener Burgtheater) und dadurch, daß sich die Abstrusitäten in Sprache und in den Einfällen häufen. Kein Topos erscheint, der nicht auch hinreichend aus den Stücken bekannt wäre, und jeder Satz könnte auch darin vorkommen. So läßt etwa das gemeinsame Hosenprobieren zugleich an die Hosenladen-Episode in *Gehen*, den An-

[71] Th. Bernhard, *Claus Peymann verläßt Bochum und geht als Burgtheaterdirektor nach Wien* (1986); *Claus Peymann kauft sich eine Hose und geht mit mir essen (Ein Stück des Jahres)* (1986); *Claus Peymann und Hermann Beil auf der Sulzwiese. Nach dem ersten Jahr an der Burg* (1987). Vgl. auch die übrigen Dramolette in Th. Bernhard, *Der deutsche Mittagstisch* (1988).

zugkauf in *Wittgensteins Neffe* und die Hosenprobe in *Der Schein trügt* denken:

Peymann [...]	Eine passende Hose kann glücklicher machen als alles andere finden Sie nicht auch Bernhard
Ich	Naturgemäß[72]

Es überrascht, daß Bernhard in der Trilogie über Peymann die ersten echten Dialoge unterlaufen; die *Neuerung* stellt sich nur marginal über die Selbstparodie, also eine die Form hervorhebende *Nachahmung* ein.

Die seit 1978, vor allem aber in den 80er Jahren entstandenen Dramolette sind auch der Ort, wo Bernhard seine "Komödie von deutscher Seele" (so der Untertitel von *Vor dem Ruhestand*) fortschreibt. Es handelt sich dabei um kleine, zum Teil im bayrischen Dialekt verfaßte dramatische Genreskizzen, die um den für Bernhard unausrottbaren Nationalsozialismus in Deutschland kreisen. Das Thema wird jedoch nicht analytisch gestaltet, sondern nur auf seinen Reiz- und Provokationswert hin in Szene gesetzt. Der "deutsche Mittagstisch" in der gleichnamigen absurden Farce von 1978 ("Eine Tragödie für ein Burgtheatergastspiel in Deutschland") besteht aus einer "Nazisuppe"[73], die von der achtundneunzigköpfigen Familie Bernhard ausgelöffelt wird. Die Mutter rechtfertigt sich: "wir bekommen in ganz Deutschland/ keine Nudeln mehr/ nur noch Nazis/ ganz gleich wo wir Nudeln einkaufen/ es sind immer nur Nazis".[74] Das Stück *Freispruch* (1981)[75] ist eine Art Kurzversion von *Vor dem Ruhestand*: Drei Juristen und NS-Massenmörder sitzen mit ihren Frauen bei Kaffee und Kuchen und schwelgen makaber in dunklen Erinnerungen. Was im Vorgängerstück von 1979 noch modellhaft dramatisch gestaltet war, ist hier übertrieben, vergröbert und auf vordergründige Provokation reduziert. Die Überzeichnung in der Dramolett-Version befördert keine Erkenntnis, sondern befestigt das Klischee vom biederen Deutschen, der im Herzen Nazi geblieben ist. Überhaupt spricht einiges für die Ansicht, daß der Nationalsozialismus im Werk Bernhards weniger als historisches Phänomen denn als polemischer Topos in der Rhetorik der Übertrei-

---

[72] Th. Bernhard, *Claus Peymann kauft sich eine Hose und geht mit mir essen*, S. 7.

[73] Th. Bernhard, *Der deutsche Mittagstisch*, S. 107-114, hier S. 111.

[74] Ebd., S. 113.

[75] In: *Der deutsche Mittagstisch*, S. 71-90.

bung und als weiteres Indiz für eine unheile Welt, ähnlich wie Kirche und Katholizismus, eine Rolle spielt.[76]

Vergleicht man die Stücke mit der Erzählprosa, so zeigt sich, daß in ihnen die verwirrende Logik der Umwertung von Ernst und Komik, die sich zwischen Stoff und Darstellungsform abspielt, nicht so streng verwirklicht ist. B. Sorg sieht sie von ihrem Gesamtcharakter her als Parodie der Prosa an[77], dennoch sind sie nicht durchweg, wie Sorg meint, auf diese als Verständnishintergrund angewiesen, sondern haben einen Eigenwert. Die Künstlerstücke des Monolog-Typus tendieren durch ihre Hauptgestalten zu (vordergründiger) Komik, die Stücke des Katalysator-Typus durch den Handlungsausgang zu Tragik. Die Untersuchung hat gezeigt, daß die Komik der Künstlerfiguren ihre (geschichtliche) Tragik nicht ausschließt, sondern verstärkt, andererseits die tödlichen Katalysen durch einen den Personen verborgenen Rollenmechanismus (tragi)komisch sind.[78] Die Komik der Künstler ist die des Berufskomikers in dem Kurztext "Ernst" aus dem *Stimmenimitator*:

> Ein Komiker, welcher jahrzehntelang allein davon gelebt hatte, komisch zu sein und der immer alle Säle, in welchen er aufgetreten war, bis auf den letzten Platz gefüllt

---

[76]In einem neueren Interview verharmlost Bernhard sogar das Problem, indem er einfach von schönen und häßlichen Menschen spricht: "Les nazis ne sont pas seulement ici, mais également en Angleterre, en France, en Croatie et j'en passe. Il y a partout desgens qui sont beaux et des gens qui sont moches. Sauf que, tout compte fait, les moches l'emportent en nombre." Darauf angesprochen, was der Nazismus für ihn sei, antwortet Bernhard: "[...] Qu'on prononce 'Christ', en une syllabe, ou 'nazi', en deux syllabes, l'un sonne aussi bien que l'autre, et l'un est aussi répugnant que l'autre" (H. Lenormand/W. Wögerbauer, Thomas Bernhard. L'envers du miroir, 1987, S. 30f.).

[77]B. Sorg, Das Leben als Falle und Traktat. Zu Thomas Bernhards "Der Weltverbesserer" (1983), S. 149: "Alles, was an 'hohen' Problemen und Werten die Prosa konstituierte, taucht auf der Bühne wieder auf und ist doch ganz anders. Indem er [Bernhard] die Schraube seiner Sätze nur ein winziges überdreht, die Leiden der Menschen stets changieren läßt zwischen dem Unerträglichen und dem Abstrusen, die Probleme der Außerordentlichen so trivial wirken, leistet er eine immanente Travestie des eigenen Prosawerks: er entblößt sein Verfahren, im Jargon der russischen Formalisten gesagt" (S. 149).

[78]Zur gattungspoetischen Diskussion vgl. Barthofer, Vorliebe für die Komödie: Todesangst. Auch Barthofer spricht, von einem anderen Ansatz ausgehend, von einer "betont provokative[n] Auflösung gängiger gattungspoetologischer Kategorien" (S. 81f.).

> hatte, war plötzlich für eine bayerische Ausflüglergruppe, die ihn auf dem Felsvorsprung über der sogenannten Salzburger Pferdeschwemme entdeckt hatte, die lange erwartete Sensation gewesen. Der Komiker behauptete vor der Ausflüglergruppe, er werde sich, so, wie er sei, in der Lederhose und mit dem Tirolerhut auf dem Kopf, in die Tiefe stürzen, worauf die Ausflüglergruppe in ein lautes Gelächter ausgebrochen war, wie gewohnt. Der Komiker soll aber gesagt haben, daß es ihm ernst sei und habe sich tatsächlich und augenblicklich in die Tiefe gestürzt. (Si 48)

Daß die Genrebezeichnungen der Stücke ihrem Charakter meist gegenläufig sind (*Vor dem Ruhestand* als "eine Komödie von deutscher Seele" z.B.), ist zusätzliches Verwirrspiel, dessen sich Bernhard wohl bewußt ist.

> Zuerst habe ich hundertprozentig eine Tragödie aufgeführt und dann eine Komödie und dann wieder eine Tragödie, und dann vermischte sich das Theater, es ist nicht mehr erkennbar, ob es eine Tragödie oder eine Komödie ist. Das verwirrt die Zuschauer. Sie haben mir applaudiert, jetzt bereuen sie es. (Ke 114)[79]

Die eigentliche Irritation liegt jedoch, wie gesagt, tiefer, in der Struktur der Bernhardschen Schreibform begründet, die den Leser im Unklaren läßt, ob ein ernstes Anliegen nur 'tragikomisch' intensiviert werden soll, oder der 'Ernst' gar nicht mehr im Thema liegt, sondern nur in der artistischen Perfektion seiner Inszenierung. Der Gedanke hat etwas für sich, diese Irritation auf die Paradoxie einer Double-bind-Situation zurückzuführen, wie es R. Fueß in ihrer Arbeit schon angedeutet hatte.[80] Sie stützt sich allerdings ausschließlich auf Beispiele, in denen die Komödie-Tragödie-Ambivalenz explizit dargestellt oder behauptet wird (so etwa die Erzählung *Ist es eine Komödie? Ist es eine Tragödie?*). Jedoch erst in der Text-Leser-Interaktion wird diese Ambivalenz glaubhaft realisiert, insofern die inhaltsseitige Botschaft der Tragik und die formseitige Botschaft der Komik einander auszuschließen scheinen.

---

[79] Vgl. auch den Text *Empfindung* (Si 117f.), wo die Umetikettierung des Genres zum Erfolgsrezept eines Theaterautors wird.

[80] Fueß, Nicht fragen, S. 176.

Bernhard geht, das sei betont, weiter als die moderne Tragikomödie, die sich als Genre wenigstens noch ernst nimmt, wenn auch Komik und Tragik in ihr bis zur Untrennbarkeit miteinander verschmelzen.[81]

Das Neben- und Ineinander von Ernst und Ironie verkennt König, wenn er die "humoristische Attitüde" rein psychologisch als Entlastung von beklemmenden Erfahrungen und als letztlich erzieherisches Mittel für den Rezipienten (als "Angriff auf sein ethisches System" mit "aggressiv-anklagendem Impetus") begreift[82], ohne die – literarisch viel provozierendere – dialektisch in der Struktur der Texte selber wirkende Grenzauflösung von Komik und Tragik in Rechnung zu stellen.

Diese, und damit Thomas Bernhards spezifisch literarischer Humor, ist Funktion der fortschreitenden Iteration und Invarianz in seinem Werk. Den frühen Erzählungen bis *Korrektur* fehlt dieser Humor grundsätzlich; sie stehen in ihrem Ernst noch dem lyrischen Frühwerk nahe. Vereinzelte Komik ist nur Einsprengsel im düsteren Milieu von Krankheit und Wahnsinn. Insofern ist Bernhards neuerdings gern zitierter Selbstaussage in *Monologe auf Mallorca* (1981), es sei "ein philosophisches Lachprogramm, das ich irgendwie aufgemacht hab' vor zwanzig Jahren, wie ich zu Schreiben angefangen hab'"[83], mit Skepsis zu begegnen. Der Roman *Frost* ist heute sowenig ein komisches Buch wie zu seiner Entstehungszeit und wird es auch nicht dadurch, daß sein Autor heute darüber lacht; sowenig wie "Der Prozeß" durch Kafkas amüsierten Vortrag, wie Max Brod berichtet, zu einem heiteren Roman wird.

Bisher ist undifferenziert und teils anknüpfend an Königs "humoristische Attitüde" von "Humor" gesprochen worden, was zu einer irreführenden Etikettierung Bernhards als eines Humoristen führen könnte.[84] Schopenhauer hat in seiner "Theorie des Lächerlichen" Humor von Ironie abgegrenzt und beide komplementär zueinander definiert:

> Versteckt nun aber der Scherz sich hinter dem Ernst; so entsteht die I r o n i e : z.B. wenn wir auf die Meinungen des Andern, welche das Gegentheil der unserigen sind,

[81] Siehe dazu K.S. Guthke, Die moderne Tragikomödie. Theorie und Gestalt (1968), S. 66.

[82] König, Studien, S. 201f.

[83] Th. Bernhard, Monologe auf Mallorca, S. 3.

[84] Vgl. etwa E. Henscheid, Der Krypto-Komiker (1973).

mit scheinbarem Ernst eingehn und sie mit ihm zu theilen simuliren;

Das Umgekehrte der Ironie wäre demnach der hinter den Scherz versteckte Ernst, und dies ist der H u m o r . Man könnte ihn den doppelten Kontrapunkt der Ironie nennen.[85]

Diese korrelative Unterscheidung von Humor und Ironie ist vielleicht ungebräuchlich, aber im Fall von Thomas Bernhard von Nutzen, will man terminologisch dem Umstand Rechnung tragen, daß er von Humoristen wie Jean Paul und Wilhelm Busch kategorial getrennt ist, in der Abwesenheit von allem Versöhnlichen, das den Humor ausmacht. Der Unterschied liegt, bildlich gesprochen, in der Richtung: "Fängt die Ironie mit ernster Miene an und endigt mit lächelnder, so hält der Humor es umgekehrt".[86] Die Ironie ist hierbei nicht, wie Schopenhauer sie oben erläutert, im engeren rhetorischen oder sokratischen Sinne zu verstehen (als etwas sagen und zugleich etwas anderes meinen), sondern sie herrscht im Verhältnis von Form und Inhalt: der Ernst wird durch die Form ironisiert, was der romantischen Ironie nähersteht (s. nächster Abschnitt).

Daß die ästhetische Gestaltung von existenzieller Sinnlosigkeit, auch wenn sie mit bohrender Monotonie betrieben wird, keineswegs zu einer ironischen Haltung führen muß, zeigt das Werk Becketts, das in der Komik und Tragik betreffenden Entwicklungstendenz zu dem Bernhards genau umgekehrt verläuft: von fabulierfreudigen, grotesken Erzählungen, die auch viel literarischer Witz kennzeichnet, zum formstrengen, dem Rezipienten gegenüber eher spröden Spätwerk. Becketts Stücke bezeugen für Adorno "einen Bewußtseinsstand, der die gesamte Alternative Ernst und Heiter nicht mehr zuläßt und auch nicht das Gemisch Tragikomik".[87] Darin sind sie der Bernhardschen Grenzauflösung verwandt, die, folgt man Adorno, symptomatisch für die Gegenwartskunst ist:

In der zeitgenössischen Kunst zeichnet ein Absterben der Alternative von Heiterkeit und Ernst, von Tragik und Ko-

[85] Schopenhauer, Die Welt als Wille und Vorstellung II/1, S. 119.

[86] Ebd., S. 120.

[87] Th.W. Adorno, Ist die Kunst heiter?, in: ders., Noten zur Literatur (1974), S. 605.

mik, beinahe von Leben und Tod sich ab. Kunst verneint damit ihre gesamte Vergangenheit, darum wohl, weil die gewohnte Alternative einen zwischen dem Glück des fortdauernden Lebens und dem Unheil gespaltenen Zustand ausdrückt, welches das Medium seiner Fortdauer bildet. Kunst jenseits von Heiterkeit und Ernst mag ebenso Chiffre von Versöhnung wie von Entsetzen sein kraft der vollendeten Entzauberung der Welt.[88]

6. Die Modernität Bernhards

Der Moderne bescheidet sich mit wenig.
Paul Valéry[89]

Eine so betriebene poetische Grenzauflösung ist ihrer Formintention nach zunächst '*romantisch*', bevor sie 'modern' (i.e.S.) ist. Sie kennzeichnet wesentlich Thomas Bernhards Affinität zur Romantik, die man bisher ausschließlich in stofflich-thematischer, kaum aber in poetologischer Hinsicht zur Kenntnis genommen hat. Die Poetik der frühen Prosa, die hier als 'authentische Selbstdarstellung' zusammengefaßt wurde, welche sich im Fragmentarischen, Heterogenen, Unabgerundeten zeigt, sowie Bernhards Formkonzept der "Annäherung"[90] weisen in diese Richtung. Man könnte sogar die in Teil II herausgestellte Formtendenz der Spirale als ein prinzipiell unendliches Fortschreiten auf einen imaginären Punkt hin dazunehmen, das jedes Werk zu einem im Grunde unvollendeten macht. Bernhards poetische Maxime: "Es darf nichts Ganzes geben, man muß es zerhauen. Etwas Gelungenes, Schönes wird immer mehr verdächtig" (It 158) hat diesen genauen, anti-klassischen Sinn. Nicht zuletzt aber ist es Bernhards poetische *Selbstreflexion in der Form*, die seine Literatur – cum grano salis sei dies gesagt – zu einer modernen 'Transzendentalpoesie' macht.[91]

---

[88]Ebd., S. 605f.

[89]Gedanken, Cahier B 1910 (1962), S. 33.

[90]Jurgensen, Der Kegel im Wald, S. 141: "Thomas Bernhard schreibt in diesem Sinne eine affirmativ widersprüchliche Prosa, die sich (in romantischer Tradition) als unvollkommene Annäherung an den Geist versteht".

[91]F.N. Mennemeier (Poetische Reflexion und Ironie. Zu Thomas Bernhards Prosawerk "Die Billigesser", 1983) stellt, bezogen auf *Die Billigesser*, merkwürdigerweise nur den (allgemeinen) Bezug zur Kantischen 'Transzendentalität', nicht zur Schlegelschen her. B. Fischer ("Gehen" von Thomas Bernhard, S. 54) sieht, im Blick auf

Friedrich Schlegel bestimmt sie bekanntlich im 238. Athenäumsfragment als "eine Poesie, deren Eins und Alles das Verhältniß des Idealen und des Realen ist" und die "in jeder ihrer Darstellungen sich selbst mit darstellen, und überall zugleich Poesie und Poesie der Poesie seyn"[92] soll. Indem Bernhard, wie in den ersten beiden Teilen gezeigt, das Scheitern der Studienschreiber in der poetischen Intention auf Idealität und Vollkommenheit, auf metaphysische Erkenntnis des Absoluten (Kap.I.1.b)) in der skeptischen Meta-Poesie seiner Schreibform reflektiert und überwindet, leistet er gerade das. Das Spiel von Identifikation und Distanz, das der Erzählkonstruktion innewohnt, ist Reflex der Spannung zwischen dem 'Idealen' und 'Realen'. Diese Schreibform ist in diesem (Schlegelschen) Sinne "ironisch":

> in der Ironie-Konzeption ist der 'Anspruch auf Vollendung' aufgegeben, der 'mit dem klassischen Begriff des Stils untrennbar verbunden ist'; sie bedeutet eine Absage an die ästhetische Utopie – an den Traum von Vollkommenheit, der im Bild der Kunst alle Dissonanzen aufgehoben sehen möchte.[93]

Gehen, ebenfalls diese (früh)romantische Figur, versucht sie jedoch krampfhaft aus der Interpretation herauszuhalten, da sie den Weg zu einem geschichtsphilosophischen Verständnis und zu einem Totalitätsdenken eröffne, mit dem man Bernhards Modernität nicht gerecht werden könne: "Die Gefahr liegt nun genau darin, daß mit der Einführung der Reflexion auf der Ebene des unmittelbaren Werkzusammenhangs, mit diesem Verständnis des sprachphilosophischen Pessimismus als Selbstreflexion des Werks, die negative Sprachphilosophie mit der Form der Erzählung in einer Weise verschränkt würde, die den romantischen Gedanken einer unendlichen Progression der Reflexion ins Spiel bringt. [...] Ist einmal eine im Werk selbst stattfindende Stufe der (Selbst)Reflexion in Anschlag gebracht, so hält nichts den weiteren Gedanken auf, die Form selbst wiederum stelle eine potenzierte Reflexionsstufe gegenüber dem Pessimismus dar: sie sei die Arbeit an der Begrenztheit der Sprache, die spezifische Form der Erzählung sei die selbstkritische Anstrengung zur Totalität". Fischer will den von ihm selbst absolut gesetzten (sprachphilosophischen) Pessimismus Bernhards, wie er ja besonders in *Gehen* diskursiv zutage tritt, davor bewahren, als "eine Reflexionsstufe einer auf die Aufhebung der Begrenztheit bezogenen progressiven Reflexion aufgefaßt" zu werden (ebd.). Für *Gehen*, das Fischer einzig heranzieht, mag das plausibel sein, kann jedoch m.E. für das gesamte Prosawerk nicht aufrechterhalten werden. Dessen unendliche Progression (Spirale) und Selbstbezüglichkeit (Ironie) zeigen gerade, was Fischer nicht wahrhaben will: daß die Form "eine potenzierte Reflexionsstufe gegenüber dem Pessimismus" darstellt.

[92] F. Schlegel, Athenaeum (1798), Bd. I, S. 240f.

[93] I. Strohschneider-Kohrs, Die romantische Ironie (1978), S. 88.

Was Schlegel im 116. Fragment über die "progressive Universalpoesie" sagt, gilt auch für Bernhards Erzählerberichte über gescheiterte Künstler:

> Sie kann sich so in das Dargestellte verlieren, daß man glauben möchte, poetische Individuen jeder Art zu charakterisiren, sey ihr Eins und Alles; und doch giebt es noch keine Form, die so dazu gemacht wäre, den Geist des Autors vollständig auszudrücken: so daß manche Künstler, die nur auch einen Roman schreiben wollten, von ungefähr sich selbst dargestellt haben.[94]

Das Zitieren und das Spiel von Identifikation und Distanz ist das Medium der poetischen Reflexion und distanzierenden Brechung eines Gedankenstoffes, welches eine im Grunde unendliche Schachtelung erlaubt. Es kann, wie Schlegel in seiner Betrachtung über die Universalpoesie fortfährt,

> am meisten zwischen dem Dargestellten und dem Darstellenden, frey von allem realen und idealen Interesse auf den Flügeln der poetischen Reflexion in der Mitte schweben, diese Reflexion immer wieder potenziren und wie in einer endlosen Reihe von Spiegeln vervielfachen.[95]

Soviel sei zu Bernhards 'Modernität' im literaturhistorisch weitesten Sinne (die Frühromantik als Schwelle) gesagt; zu prüfen ist nunmehr der 'engere' Sinn; der der Gegenwärtigkeit.

Bernhards Werk, so einzelgängerisch und verquer wie vielleicht nur noch das Arno Schmidts, scheint allein in der Literaturlandschaft zu stehen. – Was verleiht ihm als moderne Literatur Repräsentanz? – Die Antwort auf diese Frage scheint sich aufzudrängen, wenn man an die Weltsicht denkt, die Bernhards Werk so überdeutlich wie unverwechselbar-monoman zu vermitteln scheint. Eine solche Antwort aber greift wesentlich zu kurz; zum einen ist dieser Hinweis unspezifisch für das literarische Profil Bernhards – die 'Negativität' moderner Welterfahrung trifft freilich auch auf andere Autoren zu, zum andern gilt, daß sie ohne eine ästhetisch gültige Form als private Metaphysik unverbindlich bliebe. Die Antwort hat woanders anzusetzen und kann nur noch

[94] Schlegel, Athenaeum (1798), Bd. I, S. 205.

[95] Ebd.

in kurzem Resümee gegeben werden. Eine Einordnung Thomas Bernhards unter innovatorisch-experimentelle Autoren weckt ebenso Unbehagen wie die Zurechnung zu traditioneller Erzählliteratur. Eindeutig sind aber offenbar traditionelle, wenn nicht gar altmodische Züge auszumachen: das vordergründige Fehlen eines Gegenwartsbezuges in Schauplatz, Personal und plot, das identifikationsstiftende Erzählen in Ich-Perspektive, die illusionistische Dramaturgie der Guckkastenbühne. Die Interpretation hat gezeigt, daß Bernhards Ästhetik der Künstlichkeit es verbietet, das Werk kurzschlüssig auf (äußere) Wirklichkeit zu beziehen, wenn es auch dazu zu verleiten scheint. Seine Wahrheit liegt nicht in einem abbildlichen Realitätsbezug, sei er biographischer oder äußerer Art, sondern in seiner selbstreflexiven Struktur. In der Rollenprosa ist das Paradigma genieästhetisch-klassischer Kunst reflexiv in der Schreibform aufgehoben, die Stücke in ihrer zweifach ausgeprägten Dramaturgie des Rollenspiels bestimmt die Selbstthematisierung der Künstlerexistenz einmal als Opfer einer kunstfeindlichen Gesellschaft, einmal im utopischen Entwurf ihrer Destruktion. Bernhards Ästhetik (man sehe den Kalauer nach) ist eine 'Ästhetik des Widerstands', der vom Rezipienten, welcher sich auf das Werk und seine so suggestive Weltdeutung einläßt, genauso gefordert ist, wie er das existenzielle Selbstverständnis der Protagonisten und die Bewegung ihres Denkens definiert. Der einseitige und scheinbar eindeutige Realismus der erzählten Welt Bernhards ist künstliche Gestaltung innerer, wiewohl nicht psychologischer, Erfahrung des Ich, das sich existenziell immer noch als Einheit erfährt und nicht "auf die anonyme Objektivität des menschlichen Sprechens" zurückgeführt ist, wie Heißenbüttel in Bezug auf die Literatur von innerem Monolog und Bewußtseinsprotokoll sagt.[96] Nur insofern es mit sich als imaginiertem Gegenüber (Studienschreiber) einen Eigendialog führt, ist das Ich bei Bernhard dissoziiert. In seinem selbstgeschaffenen Idiom, das nicht nach außen hin mitteilen will ("Verständlichmachen ist unmöglich"), bewahrt es seine Einheit. Die Wirklichkeitserfahrung der modernen Montageästhetik ist Bernhard zutiefst fremd, selbst wo sich, wie in den Fragmentformen der frühen Rollenprosa, montagehafte Züge zeigen, steht die Fragmentarisierung immer noch unter der Einheit *eines* sub-

[96] H. Heißenbüttel, Über Literatur.Aufsätze und Frankfurter Vorlesungen (1972), S. 175.

jektiven Bewußtseins; sie steht Valérys "Monsieur Teste" näher.[97] Die 'Montage' ist wie das Zitieren bei Bernhard nicht Fremd- sondern 'Binnenmontage', hat noch narrative Momente und dient der Selbstdarstellung des Ichs. Dennoch ist mit diesen Vorbehalten Heißenbüttels Kennzeichnung der Hauptwerke Joyces, Prousts und Musils übertragbar:

> Was innerer Monolog oder Bewußtseinsprotokoll [...] genannt wird, ist in Wahrheit eine Verwandlung der Erzählung in sprachliche Protokolltätigkeit, die aufnimmt, aufreiht, summiert, kombiniert und zu Sprachmustern verflicht. In diesen Sprachmustern *verwischt die Kontur der Figuren* [Erzähler u. Protagonist, W.H.] *zu gleichsam einer einzigen Figur* und die Kontur der Welt in die *Erinnerung dieser einen Figur.* Es gibt dort nur immer den einen *monadischen Erzählraum,* der ohne Fenster bleibt, wenn man darunter versteht, daß er sich zu anderen Erfahrungsräumen hin öffnet.[98]

Bei Thomas Bernhard bilden die Sprachmuster ein einziges geschlossenes Idiom, ist der Erzählraum solipsistisch zugespitzt und die Beziehung von Welt und Ich umgekehrt. Die Welt ist nicht im Bewußtseinsstrom oder im Erinnerungsvorgang des Ichs gespiegelt, wie bei Joyce, Proust und Musil, sondern veräußerlichte Innenwelt. (Die Wechselbeziehung von krankem Geist und äußerer Natur/Landschaft in der Krankheits- und Todesmetaphysik der frühen Prosa macht dies schon deutlich.)[99] Die Struktur der imaginierten Welt und die Erfahrungen

---

[97] Der Einfluß dieses wichtigen Werks der Moderne, von dem Bernhard sagt: "das ist auch ein Buch, das völlig zerlesen ist, und ich muß mir's immer neu anschaffen, weil es immer wieder kaputt ist, ausgelesen, zerfranst..." (It 157), ist in jeder Hinsicht unverkennbar. Es vereinigt in seinem Perspektivismus *alle* Bernhardschen Darstellungsformen der Prosa: den (zitierenden) Bericht eines vom Protagonisten faszinierten Erzählers über die Begegnung mit ihm ("Der Abend mit Herrn Teste"), Briefe anderer (Mittelteil des "Monsieur Teste") und die Fingierung von authentischen Notizen ("Auszüge aus dem Logbuch von Herrn Teste"). Bernhards Studienschreiber sind künstliche Reflexionspuppen wie Valérys "Teste"; die vielen gedanklichen Korrespondenzen darüber hinaus können hier nicht mehr entwickelt werden.

[98] Heißenbüttel, Über Literatur, S. 176 (Herv. W.H.).

[99] Vgl. Th. Bernhard: "Ich schreibe nur immer über innere Landschaften" (Monologe auf Mallorca, S. 4).

der Protagonisten in ihr bleiben, stärker noch als bei Kafka, konstant.

> Ein Roman im Sitzen. Ein Held, der sich wenig bewegt, seine Aktionen sind Perspektiven, Gedankengänge sein Element. Das erste Wort schafft die Situation, substantivische Verbindungen, die Stimmung, Fortsetzung folgt aus Satzenden, die Handlung besteht in gedanklichen Antithesen.
> Selbstentzündung, autarkische Monologie.[100]

So charakterisiert Gottfried Benn seinen "Roman des Phänotyp" (1944); prägnanter wäre auch Bernhards Romanästhetik kaum zu umreißen. Seine und Benns Konzeption berühren sich in der Verdrängung äußerer Geschehensentfaltung und -darstellung gegenüber gedanklicher Selbstdarstellung des Ichs, die konkret bei beiden natürlich ganz unterschiedlich aussieht. R. Grimm hat den "Roman des Phänotyp" typologisch als "Romane, in denen der Erzähler allein auftritt und sozusagen 'sich selber erzählt' ...: *enter author*" aufgefaßt und über Benn hinaus eine Linie modernen Erzählens (darunter Einstein, Gide, Valéry, Rilke) nachgezeichnet, in die auch Bernhard – gerade auch wegen der Selbstthematisierung des Schreibens und der Kunst – gehört.[101] Er sagt über diesen Typ:

> An die Stelle der Handlung treten Lyrik und Reflexion. Das Kunstwerk – seine Form, seine Entstehung – wird sich selber zum Gegenstand. Eindrücke und Erinnerungen ersetzen die äußeren Geschehnisse. Der Phänotyp erlebt innere Abenteuer: Erfahrungen mit Gedanken, Querschnitte durch Begriffe, Überblicke oft bis ins entlegenste Detail. Und immer wieder gestaltet er schon Gestaltetes. Die Gebilde der Kunst potenzieren sich so gleichsam: es entsteht eine Kunst über Kunst, *l'art pour l'art* in des Wortes wörtlichster Bedeutung.[102]

Diese Selbstreflexion mag man als Reaktion auf den Verlust sinnhaft geordneter Lebenstotalität deuten, obwohl sie keineswegs ein Phänomen erst der modernen Literatur ist.

---

[100] G. Benn, Roman des Phänotyp; Ges. Werke, Bd. 5 (Prosa), hrsg. v. D. Wellershoff (1968), S. 1354.
[101] R. Grimm, Romane des Phänotyp (1962), S. 475.
[102] Ebd., S. 474.

Mit dem bisherigen Einordnungsversuch ist das Monomanische an Bernhards Schreiben noch nicht erfaßt. In seiner radikalen Ichbezogenheit bliebe es ohne eine ästhetisch wirkungsvolle Vermittlung, die einen Leser partizipieren ließe, literarisch uninteressant. Bernhards artistische Schreibweise der Grenzauflösung leistet dies als Autonomie des Autors gegenüber konventionell vorgegebenen Form- und Sinnkategorien und als Irritation des Lesers, wie die vorangehenden Abschnitte gezeigt haben. Thomas Bernhard negiert diese nicht plakativ von außen, sondern löst sie spielerisch auf. Seine Schreibweise ist nicht 'innovatorisch', wohl aber modern; vergröbert gesagt: Bernhard erprobt keine neuen Textformen und Darstellungsmittel, sondern hypertrophiert die alten (Zitieren, Figurenrede, innerer Monolog etc.), was entsprechend für das Theater gilt. Gleichwohl kann diese Schreibweise in einem bestimmten Sinne 'experimentell', vielleicht mit mehr Recht als die sich so verstehende Literatur, genannt werden, die, indem sie die Verweigerung von konventionellen Sinnerwartungen perpetuiert, darin gerade vorhersehbar wird, was bei ihrem oft zu beobachtenden Einhergehen mit legitimierender Theorie und Programmatik nicht wunder nimmt (ein a priori theoriekonformes Experiment kann schwerlich überraschen). Bernhard kennt weder Programmatik noch eine andere Legitimation als durch sein Schreiben selbst. Für ihn ist, wie er selbst sagt, das artistische Moment, vorab nicht zu wissen, wie es ausgeht, Impuls seines Schreibens – darin liegt das 'Experimentelle':

> Was mich zum Schreiben treibt, ist ganz einfach die Lust am Spiel. Sie empfinden das Vergnügen, auf eine Karte zu setzen und dabei zu wissen, daß man jedesmal alles gewinnen oder alles verlieren kann. Das Risiko des Scheiterns scheint mir ein wesentliches Stimulans. Dazu kommt das andere Vergnügen, die zweckdienlichste Methode herauszufinden, mit den Wörtern und Sätzen zurande zu kommen. Den Stoff im eigentlichen Sinne halte ich für ganz und gar sekundär, es genügt, aus dem zu schöpfen, was um uns ist.[103]

Die Faszination für den Leser besteht darin, daß Bernhard auf immer neue Weise sich mit dem schon Erreichten präsentiert. Wiederholung

[103] Th. Bernhard, Interview für 'Le Monde', S. 106.

verhindert so nicht Spannung, sondern als "wohlkalkulierter Balanceakt", wie H.J. Schings einmal Bernhards Œuvre bezeichnet hat[104], ermöglicht sie sie. Wie die Kunststücke eines Akrobaten nur gelingen, wenn er dabei sich durch das Publikum nicht ablenken läßt, so versteht auch Bernhard sein Schreiben:

> Ich denk' an niemanden, der das einmal lesen soll, weil mich gar nicht interessiert, wer das liest. Ich hab' meinen Spaß am Schreiben, das reicht mir. Man will es halt immer besser und überlegter machen, das ist alles, so wie ein Tänzer immer besser tanzen will [...].[105]

[104]Schings, Die Methode des Equilibrismus, S. 432.

[105]Interview mit André Müller von 1978 (Gespräch mit Thomas Bernhard, 1980, S. 158). Vgl. auch das Interview im 'Münchner Merkur' (24./25.7.1976): "Morgen Salzburg", wo Bernhard, auf den Charakter seiner Stücke hin angesprochen, antwortet: "Es ist alles komisch. *Genau wie bei meiner Prosa darf man nie genau wissen: soll man jetzt hellauf lachen oder doch nicht. Diese Seiltänzerei ist erst das Vergnügen.* Aber die Zwischentöne – wer versteht denn das heut? – Brauchen's bloß die Kritiken lesen – wenn ich mir das anschau, ist das vollkommen humorlos und blöd. Wer weiß, was sie alle von mir erwarten ... Da i a schwarz Kreuz trag, daß i umfall ..." (Herv. W.H.).
Die Irritation des Lesers bzw. Zuschauers durch 'Grenzauflösungen' bereitet dem Autor artistisches Vergnügen. – Elf Jahre später, im Interview mit Asta Scheib (Von einer Katastrophe in die andere. Ansichten des Dichters Thomas Bernhard – notiert von Asta Scheib, 1987, S. 170), benutzt Bernhard das verwandte Bild des *Kunstfliegers* für die immer neue Herausforderung und das immer neue Risiko des Scheiterns, durch welches das Kunststück (des Schreibens) für das Publikum erst attraktiv wird: "Ich tue alles nur für mich selbst. Alle Menschen tun alles für sich selbst. Ob sie seiltanzen oder Brot backen oder Schaffner bei der Eisenbahn sind oder Kunstflieger. Nur bei Kunstfliegern gibt es Veranstaltungen, wo die Leute halt hinaufschauen. Während er schön fliegt, warten die darauf, daß er runterfliegt. Bei Schriftstellern ist das auch so. Im Unterschied zum Kunstflieger, der nur einmal herunterfliegt und dann meistens kaputt und tot ist, ist der Schriftsteller auch kaputt und tot, aber er wird immer wieder lebendig. Es gibt immer wieder eine Veranstaltung. Je älter er wird, je höher fliegt er. Bis man ihn eines Tages nicht mehr sieht und sich fragt: 'Komisch, warum fällt er nicht mehr runter?'" Ähnlich in einem Gespräch mit K. Hofmann: " Die Kunst ist ja nur das, daß man immer besser auf dem Instrument, das man sich ausgesucht hat, spielt. Das ist der Spaß, und den läßt man sich auch von niemandem nehmen, auch nicht ausreden, und wenn einer ein großartiger Klavierspieler ist, dann können Sie das ganze Zimmer, in dem er mit dem Klavier sitzt, ausräumen, voll Staub machen und ihn mit Wasserkübeln bearbeiten, der bleibt halt sitzen und spielt. Und wenn das Haus über ihm zusammenbricht, wird er weiterspielen, und beim Schreiben ist es dasselbe" (K. Hofmann, Aus Gesprächen mit Thomas Bernhard, 1988, S. 23f.).

Doch ist dieser Artistenvergleich nicht unangemessen, da doch Schreiben, will es nicht zu Manier und Routine werden, Inhalte vermittelt und sich nicht auf das Zur-Schau-Stellen von Können beschränkt? – Unter Berufung auf Nietzsches Inthronisation der Kunst als "eigentlich metaphysischer Tätigkeit" angesichts der Unverbindlichkeit aller anderen Werte, hat Gottfried Benn, der damit erneut zitiert wird, den Vorwurf der Oberflächlichkeit des Artistischen abgewehrt:

> Artistik ist der Versuch der Kunst, innerhalb des allgemeinen Verfalls der Inhalte sich selber als Inhalt zu erleben und aus diesem Erlebnis einen neuen Stil zu bilden, es ist der Versuch, gegen den allgemeinen Nihilismus der Werte eine neue Transzendenz zu setzen: die Transzendenz der schöpferischen Lust.[106]

Dieser Befund gilt par excellence auch für das Werk Bernhards, der - erinnern wir uns – wie der Landstreicher in *Frost* Schauspieler einer hohen "ans Hochgeistige" grenzenden Kunst *und* Kunststückemacher ist; daß er nicht preisgibt, in welcher Rolle er gerade auftritt, macht seine Faszination und Einzigartigkeit aus.

[106] Benn, Probleme der Lyrik, Ges. Werke Bd. 4 (Reden und Vorträge), S. 1064.

V. Literaturverzeichnis

1. Schriften von Thomas Bernhard

a) Prosa

F Frost. Frankfurt a.M. 1972 (st 47)(1963)

A Amras. Frankfurt a.M. 1976 (BS 489) (1964)
Ein junger Schriftsteller. In: Wort in der Zeit 11 (1965), H. 1/2, S. 56-59

V Verstörung. Frankfurt a.M. 1969 (BS 229) (1967)

P Prosa. Frankfurt a.M. 1967 (es 213)

U Ungenach. Erzählung. Frankfurt a.M. 1968 (es 279)

W Watten. Ein Nachlaß. Frankfurt a.M. 1969 (es 353)

E Ereignisse (1969). In: An der Baumgrenze. Erzählungen. München o.J. (dtv sr 99), S. 41-91 (enthält außerdem die Texte: Der Kulterer, Der Italiener, An der Baumgrenze)

Kw Das Kalkwerk. Roman. Frankfurt a.M. 1973 (st 128) (1970)

It Der Italiener. Salzburg 1971 (enthält das Filminterview "Drei Tage")

G Gehen. Frankfurt a.M. 1971 (st 5)

MS Midland in Stilfs. Drei Erzählungen. Frankfurt a.M. 1971 (BS 272)

AO Am Ortler. Nachricht aus Gomagoi (in: Midland in Stilfs, S. 83-117)

Wf Der Wetterfleck (in: Midland in Stilfs, S. 37-82)
Die Ursache. Eine Andeutung. München 1977 (dtv 1299) (1975)

K Korrektur. Roman. Frankfurt a.M. 1975

Ke Der Keller. Eine Entziehung. München 1979 (dtv 1426) (1976)

At Der Atem. Eine Entscheidung. München 1981 (dtv 1610) (1978)

J Ja. Frankfurt a.M. 1978 (BS 600)

Si Der Stimmenimitator. Frankfurt a.M. 1982 (BS 770) (1978)

Be Die Billigesser. Frankfurt a.M. 1980 (es 1006)

Kä Die Kälte. Eine Isolation. München 1984 (dtv 10307) (1981)

Ki Ein Kind. München 1985 (dtv 10385) (1982)

B Beton. Frankfurt a.M. 1982

"Goethe schtirbt". In: 'Die Zeit' Nr. 12, 19.3.1982, S. 41f.

WN Wittgensteins Neffe. Eine Freundschaft. Frankfurt a.M. 1982 (BS 788)

Ug Der Untergeher. Frankfurt a.M. 1983

H Holzfällen. Eine Erregung. Frankfurt a.M. 1984

AM Alte Meister. Komödie. Frankfurt a.M. 1985

Al Auslöschung. Ein Zerfall. Frankfurt a.M. 1986

In der Höhe. Rettungsversuch, Unsinn. Salzburg 1989

b) Theaterstücke

(Die Stücke von *Ein Fest für Boris* bis *Am Ziel* werden nach der 1983 erschienenen Sammelausgabe zitiert: Die Stücke. 1969-1981. Frankfurt a.M. 1983)

die rosen der einöde. fünf sätze für ballett, stimmen und orchester. Frankfurt a.M. 1959

FB Ein Fest für Boris (1970)

IW Der Ignorant und der Wahnsinnige (1972)

Jg Die Jagdgesellschaft (1974)

MG Die Macht der Gewohnheit (Komödie) (1974)

Pr Der Präsident (1975)

Br Die Berühmten (1976)

M Minetti (Ein Portrait des Künstlers als alter Mann) (1977)

IK Immanuel Kant (Komödie) (1978)

Wv Der Weltverbesserer (1979)

VR Vor dem Ruhestand (Eine Komödie von deutscher Seele) (1979)

ÜG Über allen Gipfeln ist Ruh (Ein deutscher Dichtertag um 1980. Komödie) (1981)

AZ Am Ziel (1981)

St Der Schein trügt. Frankfurt a.M. 1983 (BS 818)

Th Der Theatermacher. Frankfurt a.M. 1984 (BS 870)

RDV Ritter, Dene, Voss. Frankfurt a.M. 1984 (BS 888)

EK Einfach kompliziert. Frankfurt a.M. 1986 (BS 910)

Claus Peymann verläßt Bochum und geht als Burgtheaterdirektor nach Wien. In: 'Die Zeit' Nr. 20, 9.5.1986, S. 51f.

Claus Peymann kauft sich eine Hose und geht mit mir essen (Ein Stück des Jahres). In: Theater 1986, Jb. der Zs. 'Theater heute', S. 6-10

Claus Peymann und Hermann Beil auf der Sulzwiese. Nach dem ersten Jahr an der Burg. In: 'Die Zeit' Nr. 38, 11.9.1987, S. 53f.

El Elisabeth II. Keine Komödie. Frankfurt a.M. 1987 (BS 964)

Der deutsche Mittagstisch. Dramolette. Frankfurt a.M. 1988 (es 1480)

Hp Heldenplatz. Frankfurt a.M. 1988 (BS 997)

c) Reden, Interviews, sonstige Äußerungen

Mit der Klarheit nimmt die Kälte zu. In: Jahresring 1965/66. Stuttgart 1965, S. 243-45. (Rede zur Verleihung des Rudolf-Alexander-Schröder-Stiftung-Literaturpreises der Stadt Bremen 1965)

Der Wahrheit und dem Tod auf der Spur. Zwei Reden. In: Neues Forum 15 (1968), H. 173, S. 347-49). (1. Rede zur Verleihung des Wildgans-Preises 1968 (nicht gehalten), 2. Rede zur Verleihung des österreichischen Staatspreises für Literatur 1967)

Nie und mit nichts fertig werden. In: Büchner-Preis-Reden 1951-1971, Stuttgart 1972, S. 215f. (Rede zur Verleihung des Büchner-Preises 1970)

Drei Tage (Filminterview mit Ferry Radax). In: Th. B., Der Italiener. Salzburg 1971, S. 144-163

Morgen Salzburg. Gespräch mit dem Dramatiker Thomas Bernhard. In: Münchner Merkur Nr. 169, 24./25.Juli 1976, S. 160-162

Thomas Bernhard spricht. In: 'Theater heute', 1975, H. 11, S. 79

Bernhard Minetti. In: 'Theater heute', Sonderheft 1975, H. 13, S. 38

Ist das Theater nicht mehr, was es war? Ein Beitrag zur Dürre. In: Frankfurter Allgemeine Zeitung, 3.11.1976

Bei Bernhard. Eine Geschichte in 15 Episoden. Von Peter von Becker. In: 'Theater heute', Sonderheft 1978, S. 80-87

Der doppelte Herr Bernhard. Eine Fälschung, eine sommerliche Korrespondenz und ein doppelgängerisches Happy-End. In: 'Die Zeit' Nr. 36, 31.8.1979, S. 43f.

André Müller: Gespräch mit Thomas Bernhard (1978). Zit. nach: Th.B., Der Weltverbesserer. Programmbuch Nr. 16, Schauspielhaus Bochum 1980, S. 129-162

"Ich könnte auf dem Papier jemand umbringen". Der Schriftsteller Thomas Bernhard über Wirkung und Öffentlichkeit seiner Texte. In: 'Der Spiegel', 23.6.1980, S. 172-182

Ansichten eines unverbesserlichen Weltverbesserers. (Interview mit Niklas Frank.) In: 'Stern' Nr. 24, 4.6.1981, S. 160-162

Monologe auf Mallorca. Thomas Bernhard – eine Herausforderung. Gestaltung: Krista Fleischmann und Wolfgang Koch. In: ORF-Nachlese, April 1981, S. 2-8, (Nachschrift einer am 13.4.81 vom ORF ausgestrahlten Sendung mit Th.B.)

Interview für 'Le Monde' von Jean-Louis de Rambures (1983), zitiert nach: Th.B., Der Schein trügt. Programmbuch Nr. 52, Schauspielhaus Bochum 1984, S. 104-108

Von einer Katastrophe in die andere. Ansichten des Dichters Thomas Bernhard – notiert von Asta Scheib. In: 'Süddeutsche Zeitung' Nr. 13, 17./18.1.1987, S. 169f.

"...allerdings nur als Baß-Stimmführer". Ein Brief von Thomas Bernhard an die SZ, seine Karriere als Sänger betreffend. In: 'Süddeutsche Zeitung' Nr. 51, 3.3.1987, S. 33

Thomas Bernhard: Hinhauen. Monologe des Dichters Thomas Bernhard in einem Film von Krista Fleischmann, den das ZDF am 15. Juni

1987 ausgestrahlt hat: "Die Ursache bin ich selbst" (Thomas Bernhard – ein Widerspruch). In: 'Die Zeit' Nr. 26, 19.6.1987

Kurt Hofmann: Aus Gesprächen mit Thomas Bernhard. Wien 1988

2. Forschungsliteratur zu Thomas Bernhard

BARTHOFER, Alfred: King Lear in Dinkelsbühl. Historisch-Biographisches zu Thomas Bernhards Theaterstück "Minetti". In: Maske und Kothurn 1977, H. 2, S. 159-172

ders.: Wittgenstein mit Maske. Dichtung und Wahrheit in Thomas Bernhards Roman "Korrektur". In: Österreich in Geschichte und Literatur, 1979, H. 23, S. 186-207

ders.: Vorliebe für die Komödie: Todesangst. Anmerkungen zum Komödienbegriff bei Thomas Bernhard. In: Adalbert-Stifter-Institut des Landes Oberösterreich. Vj.schrift Linz 1982, H. 31, S. 77-100

BARTSCH, Kurt, Dietmar GOLTSCHNIGG, Gerhard MELZER (Hrsg.): In Sachen Thomas Bernhard. Königstein/ Ts. 1983

BEST, Otto F.: Säkularisierte Eschatologie. Nachwort in: Th.B., Der Wetterfleck. Erzählungen. Hrsg. v. O.F. Best. Stuttgart 1981, S. 63-76

BOTOND, Anneliese (Hrsg.): Über Thomas Bernhard. Frankfurt a.M. 1970

BUGMANN, Urs: Bewältigungsversuch. Thomas Bernhards autobiographische Schriften. Bern, Frankfurt a.M., Las Vegas 1981 (Europ. Hochschulschriften. Reihe I. Deutsche Sprache und Literatur Bd. 435)

DITTMAR, Jens: Entpersönlichung und Spiel mit Identitäten. In: Neue Zürcher Zeitung, 17./18.6.1978

ders. (Hrsg.): Thomas Bernhard Werkgeschichte. Frankfurt a.M. 1981

EDER, Alois: Perseveration als Stilmittel moderner Prosa. Thomas Bernhard und seine Nachfolge in der österreichischen Literatur. In: Annali. Istituto Universitario Orientale. Sezione Germanica. Studi Tedeschi 22 (1978), H. 1, S. 65-100

EHRIG, Heinz: Probleme des Absurden. Vergleichende Bemerkungen zu Thomas Bernhard und Samuel Beckett. In: Wirkendes Wort, 29 (1979), H. 1, S. 44-65

ESSLIN, Martin: Beckett and Bernhard: A Comparison. In: Modern Austrian Literature 18 (1985), H. 2, S. 67-78

FISCHER, Bernhard: "Gehen" von Thomas Bernhard. Eine Studie zum Problem der Moderne. Bonn 1985

FRAUND, Thomas: Bewegung – Korrektur – Utopie. Studien zum Verhältnis von Melancholie und Ästhetik im Erzählwerk Thomas Bernhards. Frankfurt a.M. 1986 (Studien zur dt. Literatur des 19. u. 20. Jhdts. 2)

FUESS, Renate: Nicht fragen. Zum Double-bind in Interaktionsformen und Werkstruktur bei Thomas Bernhard. Frankfurt a.M., Bern 1983

GAMPER, Herbert: Einerseits Wissenschaft, Kunststücke andererseits. Zum Theater Thomas Bernhards. In: Text + Kritik. Hrsg. von Heinz Ludwig Arnold. H. 43: Thomas Bernhard. München 1974, S. 9-21

ders.: Ein komischer Herr. Überlegungen zur Stellung des Künstlers in der bürgerlichen Gesellschaft, anläßlich Thomas Bernhards Künstlerdramas "Minetti". In: Minetti. Programmbuch Nr. 21. Württembergisches Staatstheater Stuttgart. Schauspiel 1976/77, S. 101-132

ders.: Thomas Bernhard. München 1977 (Dramatiker des Welttheaters dtv)

GÖSSLING, Andreas: Die "Eisenbergrichtung": Versuch über Thomas Bernhards "Auslöschung". Münster 1988

GREINER, Ulrich: Thomas Bernhard. In: ders., Der Tod des Nachsommers. Aufsätze, Porträts, Kritiken zur österreichischen Gegenwartsliteratur. München 1979, S. 63-81

GROHOTOLSKY, Ernst: "Die Macht der Gewohnheit" oder: die Komödie der Dialektik der Aufklärung. In: Bartsch u.a. (Hrsg.), In Sachen Thomas Bernhard, S. 91-106

HAIDER, Hans: Scheitern im Wiener "Auge Gottes". Eine "Künstlernovelle" von Thomas Bernhard. In: 'Die Presse' (Wien) Nr. 9769, 11./12.10.80

HAIDER-PREGLER, Hilde: Theaterrollen und Rollentheater im österreichischen Drama. In: Annali dell'Istituto di Lingue e Letterature Germaniche. Parma, 1978/79, H. 5, S. 151-162

HANNEMANN, Bruno: Totentanz der Marionetten: Monotonie und Manier bei Thomas Bernhard. In: Modern Austrian Literature, 13 (1980), H. 2, S. 123-150

HENNIGER-WEIDMANN, Brigitte: Worttransfusionen, Bedeutungsverschiebungen und Neologismen bei Thomas Bernhard. In: Fruchtblätter. Freundesgabe für Alfred Kelletat. Hrsg. v. Harald Hartung, Walter Heistermann und Peter M. Stephan. Berlin 1977, S. 217-224

HENSCHEID, Eckhard: Der Krypto-Komiker. Wie der österreichische Schriftsteller Thomas Bernhard seine Bewunderer, seine Kritiker und wahrscheinlich sich selber an der Nase rumführt. In: 'pardon' 1973, H. 7, S. 21-23

HÖLLER, Hans: Thomas Bernhards Theaterstück "Minetti". Eine Untersuchung zur Sprachform, Rezeptionsstruktur und Tradition. In: Annali dell' Istituto di Lingue e Letterature Germaniche. Parma, 1978/79, H. 5, S. 163-178

ders.: Kritik einer literarischen Form. Versuch über Thomas Bernhard. Stuttgart 1979 (Stuttgarter Arbeiten zur Germanistik. Salzburger Beiträge. Nr. 1)

HOESTEREY, Ingeborg: Visual Art as Narrative Structure – Thomas Bernhard's "Alte Meister". In: Modern Austrian Literature 21 (1988), H. 3/4, S. 117-122

HOFE, Gerhard vom/Peter PFAFF: Die ästhetische Provokation des 'Eschaton' in der Prosa Thomas Bernhards. In: dies., Das Elend des Polyphem. Zum Thema der Subjektivität bei Thomas Bernhard, Peter Handke, Wolfgang Koeppen und Botho Strauß. Königstein/Ts. 1980, S. 28-58

HOFE, Gerhard vom: Ecce Lazarus. Autor-Existenz und 'Privat'-Metaphysik in Thomas Bernhards autobiographischen Schriften. In: Duitse Kroniek. Orgaan voor culturele betrekkingen met Duitsland. Amsterdam, Jg. 32, 1981/82, S. 18-36

HUNTEMANN, Willi: Wandlungen des Makabren bei Thomas Bernhard, dargestellt anhand seiner Kurzprosa. Vortrag auf der VII. Bachotek-Tagung über "Das Makabre und das Niedliche in der Literatur" v. 11.-16.10.1988 (Mskr., ersch. vorauss. in den Akten internationaler Kongresse auf den Gebieten der Ästhetik und der Literaturwissenschaft, hg. v. H.A. Glaser, Frankfurt a.M., Bern, New York, Paris)

INGEN, Ferdinand van: Denk-Übungen. Zum Prosawerk Thomas Bernhards. In: Studien zur österreichischen Erzahlliteratur der Gegenwart. Hrsg. von Herbert Zeman. Amsterdamer Beiträge zur neueren Germanistik 14, 1982, S. 37-86

JURDZINSKI, Gerald: Leiden an der "Natur". Thomas Bernhards metaphysische Weltdeutung im Spiegel der Philosophie Schopenhauers. Frankfurt a.M., Bern, New York, Nancy 1984 (Europ. Hochschulschriften. Reihe I. Deutsche Sprache und Literatur Bd. 761)

JURGENSEN, Manfred: Thomas Bernhard. Der Kegel im Wald oder die Geometrie der Verneinung. Bern, Frankfurt a.M., Las Vegas 1981

ders. (Hrsg.): Bernhard. Annäherungen. Bern und München 1981 (Queensland Studies in German Language and Literature Vol. VIII) ders.: Die Sprachpartituren des Thomas Bernhard. In: ders. (Hrsg.), Bernhard. Annäherungen, S. 99-122

KAFITZ, Dieter: Die Problematisierung des individualistischen Menschenbildes im deutschsprachigen Drama der Gegenwart. Franz Xaver Kroetz, Thomas Bernhard, Botho Strauß. In: Basis. Jb. für deutsche Gegenwartsliteratur 1980, S. 93-126

KERCKEN, Wolfgang: Auf der Bühne spricht Novalis. Zum Verhältnis von Motto und Text bei Thomas Bernhard. In: Marienauer Chronik, H. 30, Marienau über Dahlenburg 1977, S. 30-41

KNAPP, Gerhard P./Frank TASCHE: Die permanente Dissimulation. Bausteine zur Deutung der Prosa Thomas Bernhards. In: Literatur und Kritik, 1971, H. 48, S. 483-496

KÖNIG, Josef: Schöpfung und Vernichtung. Über die Kopf-Metapher in Thomas Bernhards Roman "Das Kalkwerk". In: Sprache im technischen Zeitalter 17 (1977), S. 231-241

ders.: "Nichts als ein Totenmaskenball". Studien zum Verständnis der ästhetischen Intentionen im Werk Thomas Bernhards. Frankfurt a.M., Bern, New York 1983 (Europ. Hochschulschriften, Reihe I. Deutsche Sprache und Literatur Bd. 682)

KOHLENBACH, Margarete: Das Ende der Vollkommenheit. Zum Verständnis von Thomas Bernhards "Korrektur". Tübingen 1986 (Mannheimer Beiträge zur Sprach- und Literaturwissenschaft 10)

LAEDERACH, Jürg: Jürg Laederach über Thomas Bernhards dramatischen Papst-Roman. In: 'Theater heute', 1984, H. 11, S. 68f.

LEDERER, Otto: Syntaktische Form des Landschaftszeichens in der Prosa Thomas Bernhards. In: Botond (Hrsg.), Über Thomas Bernhard, S. 42-67

LENORMAND, Hervé/Werner WÖGERBAUER (Hrsg.): Thomas Bernhard. L'envers du miroir. Cahier no. 1. Paris 1987 (Arcane 17)

LESSING, Lukas: Die Verfehlungen des Thomas Bernhard. In: 'Wiener' Nr. 54, Oktober 1984, S. 50-52

LINDENMAYR, Heinrich: Totalität und Beschränkung. Eine Untersuchung zu Thomas Bernhards Roman "Das Kalkwerk". Königstein/Ts. 1982 (Hochschulschriften Literaturwissenschaft Bd. 50)

LÜDKE, Martin: Die alte Litanei mit neuen, unerhörten Tönen. Thomas Bernhards Roman-Komödie "Alte Meister". 'Süddeutsche Zeitung' Nr. 206, 7./8.9.1985, S. 132

MATHEJA, Bernd: Kunst – Gesellschaft – Existenz im Bühnenwerk Thomas Bernhards. Magisterarbeit der Universität Göttingen 1979 (unveröffentlichtes Manuskript)

MENNEMEIER, Franz Norbert: Modernes deutsches Drama. Kritiken und Charakteristiken. Bd. 2: 1933 bis zur Gegenwart. München 1975 (darin über Th.B.: Nachhall des absurden Dramas, S. 307-320)

ders.: Poetische Reflexion und Ironie. Zu Thomas Bernhards Prosawerk "Die Billigesser". In: Bartsch u.a. (Hrsg.), In Sachen Thomas Bernhard, S. 158-167

MEYERHOFER, Nicholas J.: Thomas Bernhard. Berlin 1985 ('Colloquium' Köpfe des 20. Jhdts. 104)

NEUMEISTER, Sebastian: Der Dichter als Dandy. Kafka, Baudelaire, Thomas Bernhard. München 1973

PETRASCH, Ingrid: Die Konstitution von Wirklichkeit in der Prosa Thomas Bernhards. Sinnbildlichkeit und groteske Überzeichnung. Frankfurt a.M., Bern, New York 1987 (Münchener Studien zur literarischen Kultur in Deutschland 2)

REINHARDT, Hartmut: Das kranke Subjekt. Überlegungen zur monologischen Reduktion bei Thomas Bernhard. In: Germanisch-Romanische Monatsschrift 1976, N.F. 26, S. 334-356

RIEDL, Joachim: Der zweite Mann. In: 'Zeit'-Magazin Nr. 3, 11.1. 1985, S. 20-22

RIETRA, Madeleine: Zur Poetik von Thomas Bernhards Roman "Korrektur". In: Bartsch u.a. (Hrsg.), In Sachen Thomas Bernhard, S. 107-123

SAUERLAND, Karol: Das österreichische Drama in jüngster Zeit. In: Literatur und Kritik 96/97 (1975), S. 341-353

SCHINDLECKER, Eva: Thomas Bernhard: Holzfällen. Eine Erregung. Dokumentation eines österreichischen Literaturskandals. In: Schmidt-Dengler/Huber (Hrsg.), Statt Bernhard, S. 13-58

SCHINGS, Hans-Jürgen: Die Methode des Equilibrismus. Zu Thomas Bernhards "Immanuel Kant". In: Drama und Theater im 20. Jahrhundert, Festschrift für Walter Hinck. Hrsg. v. H.D. Irmscher u. W. Keller. Göttingen 1983

SCHEICHL, Sigurd Paul: Nicht Kritik, sondern Provokation. Vier Thesen über Thomas Bernhard und die Gesellschaft. In: Annali. Istituto Universitario Orientale. Sezione Germanica. Studi Tedeschi. Jg. 22, 1979, H. 1, S. 101-119

SCHMIDT-DENGLER, Wendelin: Von der Schwierigkeit, Thomas Bernhard zu lesen. In: Jurgensen (Hrsg.), Bernhard. Annäherungen, S. 123-141

ders.: Verschleierte Authentizität. Über Thomas Bernhards "Der Stimmenimitator". In: Bartsch u.a. (Hrsg.), In Sachen Thomas Bernhard, S. 124-147

ders.: Der Übertreibungskünstler. Zu Thomas Bernhard. Wien 1986

ders.: Liquidation durch Anschauung. Zur Kunstvernichtungskunst in den "Alten Meistern". In. S.-D., Der Übertreibungskünstler, S. 87-92

ders./M. HUBER (Hrsg.): Statt Bernhard. Über Misanthropie im Werk Thomas Bernhards. Wien 1987

SCHWEIKERT, Uwe: "Im Grunde ist alles, was gesagt wird, zitiert." Zum Problem von Identifikation und Distanz in der Rollenprosa Thomas Bernhards. In: Text + Kritik. Hrsg. von Heinz Ludwig Arnold. H. 43: Thomas Bernhard. München 1974, S. 1-8

SEYDEL, Bernd: Die Vernunft der Winterkälte. Gleichgültigkeit als Equilibrismus im Werk Thomas Bernhards. Würzburg 1986 ('Epistemata' Reihe Literaturwissenschaft 22)

SHARP, Francis Michael: Thomas Bernhard: Literary Cryogenics or Art on Ice. In: Modern Austrian Literature 21 (1988), H. 3/4, S. 201-215

SORG, Bernhard: Thomas Bernhard. München 1977 (Autorenbücher 7)

ders.: Das Leben als Falle und Traktat. Zu Thomas Bernhards "Der Weltverbesserer". In: Bartsch u.a. (Hrsg.), In Sachen Thomas Bernhard, S. 148-157

STEINMANN, Siegfried: Sprache, Handlung, Wirklichkeit im deutschen Gegenwartsdrama. Studien zu Thomas Bernhard, Botho Strauß und Bodo Kirchhoff. Frankfurt a.M., Bern, New York, Nancy 1985 (Trierer Studien zur Literatur 12)

STRUTZ, Johann: "Wir, das bin ich." Folgerungen zum Autobiographienwerk von Thomas Bernhard. In: Bartsch u.a. (Hrsg.), In Sachen Thomas Bernhard, S. 179-198

TABAH, Mireille: Die gestörte Erkenntnis. Form, Sinn und Gehalt in Thomas Bernhards Werk am Beispiel des Romans "Verstörung". In: Sprachkunst 13 (1982), S. 244-268

THORPE, Kathleen E.: Der Guckkasten des eigenen Kopfes. Anmerkungen zum Theaterbegriff in "Frost". In: Jurgensen (Hrsg.), Bernhard. Annäherungen, S. 177-198

dies.: Die schon verlorenen Spiele im Prosawerk Thomas Bernhards. Univ. of Witwatersrand (South Africa), Diss. 1981 (Microfiche)

WEBER, Albrecht: Wittgensteins Gestalt und Theorie und ihre Wirkung im Werk Thomas Bernhards. In: Österreich in Geschichte und Literatur, 25 (1981), S. 86-104

WEISS, Walter: Franz Kafka – Thomas Bernhard. Ein Teil-Vergleich. In: London German Studies. University of London, 1983, H. 2, S. 184-198

WINKLER, Jean-Marie: L'attente et la fête. Recherches sur le théâtre de Thomas Bernhard. Bern 1989 (Collection 'Contacts', Theatrica No. 7)

ZEIT-Magazin: G'schichten aus der Wiener Welt. 'Zeit'-Magazin Nr. 3, 11.1.1985, S. 3

ZELINSKY, Hartmut: Thomas Bernhards "Amras" und Novalis. In: Botond (Hrsg.), Über Thomas Bernhard, S. 24-33

3. Sonstige Literatur

ADORNO, Theodor W.: Ästhetische Theorie. Hrsg. von Gretel Adorno und Rolf Tiedemann. Frankfurt a.M. 1970 (Ges. Schriften Bd. 7)

ders.: Noten zur Literatur. Hrsg. von Rolf Tiedemann. Frankfurt a.M. 1974 (Ges. Schriften Bd. 11)

ARTAUD, Antonin: Das Theater und sein Double. Frankfurt a.M. 1969

BECKETT, Samuel: Werke. Werkausgabe edition suhrkamp in zehn Bänden. Frankfurt a.M. 1976

BENN, Gottfried: Gesammelte Werke in acht Bänden. Hrsg. von Dieter Wellershoff. Wiesbaden 1960

BERCKEN, Eduard von der: Die Gemälde des Jacopo Tintoretto. München 1942

BERGSON, Henri: Das Lachen. Ein Essay über die Bedeutung des Komischen. Darmstadt 1988

BERNARI, Carlo / Pierluigi de VECCHI: L'opera completa del Tintoretto. Mailand 1970

BREUER, Rolf: Die Kunst der Paradoxie. Sinnsuche und Scheitern bei Samuel Beckett. München 1976

DAHRENDORF, Ralf: Homo Sociologicus. Ein Versuch zur Geschichte, Bedeutung und Kritik der Kategorie der sozialen Rolle. Köln, Opladen 1959 dtv-Brockhaus-Lexikon in 20 Bänden. München 1982

DÜRRENMATT, Friedrich: Dramaturgisches und Kritisches. Theater-Schriften und Reden II. Zürich 1972

FREUD, Sigmund: Der Witz und seine Beziehung zum Unbewußten. Frankfurt a. M. 1985

GADAMER, Hans-Georg: Wahrheit und Methode. Tübingen ^{4}1975

GRIMM, Reinhold: Romane des Phänotyp. In: 'Akzente', 1962, H. 5, S. 463-479

GUTHKE, Karl S.: Die moderne Tragikomödie. Theorie und Gestalt. Göttingen 1968

HEISSENBÜTTEL, Helmut: D'Alemberts Ende. Projekt Nr. 1. Neuwied, Berlin 1970

ders.: Über Literatur. Aufsätze und Frankfurter Vorlesungen. München 1972 (dtv sr 84)

HENSEL, Georg: Spielplan. Schauspielführer von der Antike bis zur Gegenwart. 2 Bde. Berlin, Darmstadt, Wien 1986

HOFMANNSTHAL, Hugo von: Gesammelte Werke in Einzelausgaben. Aufzeichnungen. Hrsg. von Herbert Steiner. Frankfurt a.M. 1959

HORKHEIMER, Max/Theodor W. ADORNO: Dialektik der Aufklärung. Philosophische Fragmente. Frankfurt a.M. 1980

HÜBSCHER, Arthur: Arthur Schopenhauer. Ein Lebensbild. Leipzig 1938

IBSEN, Henrik: Sämtliche Werke. Volksausgabe in 5 Bänden. Hrsg. von Julius Elias und Paul Schlenther. Berlin 1911

ISER, Wolfgang: Die Appellstruktur der Texte. In: R. Warning (Hrsg.), Rezeptionsästhetik. Theorie und Praxis. München ^{2}1979, S. 228-252

KAFKA, Franz: Hochzeitsvorbereitungen auf dem Lande und andere Prosa aus dem Nachlaß. Gesammelte Werke. Hrsg. von Max Brod. Frankfurt a.M. 1966

KANT, Immanuel: Kritik der Urteilskraft, Werkausgabe. Bd. X. Hrsg. von Wilhelm Weischedel. Frankfurt a.M. 1974

KLEIST, Heinrich von: Sämtliche Werke und Briefe. Hrsg. von Helmut Sembdner. Darmstadt 1962

KRAUS, Karl: Aphorismen. Schriften Bd. 8. Hrsg. von Christian Wagenknecht. Frankfurt a.M. 1986

LAVATER, Johann Caspar: J.C.L.'s ausgewählte Werke. Hrsg. von Ernst Staehelin. Zürich 1943

LEONARDO da Vinci: Traktat von der Malerei, nach der Übersetzung von Heinrich Ludwig neu hrsg. und eingel. von Marie Herzfeld. Jena 1909

MANN, Thomas: Schriften und Reden zur Literatur, Kunst und Philosophie. 3. Bd. Frankfurt a.M., Hamburg 1968

MEYER, Reinhart: Von der Wanderbühne zum Hof- und Nationaltheater. In: Hansers Sozialgeschichte der deutschen Literatur vom 16. Jahrhundert bis zur Gegenwart. Bd. 3: Deutsche Aufklärung bis zur Französischen Revolution 1680-1789. Hrsg. von Rolf Grimminger. München, Wien 1980, S. 186-216

MÜLLER, André: Dichter müssen dumm sein. Ein Gespräch mit dem Schriftsteller Heiner Müller. In: 'Die Zeit' Nr. 34, 14.8.1987, S. 29f.

MUSIL, Robert: Tagebücher. Hrsg. von Adolf Frisé. Reinbek 1976

NIETZSCHE, Friedrich: Werke in 3 Bänden. Hrsg. von Karl Schlechta. München ^{6}1969

NOVALIS: Werke. Hrsg. und kommentiert von Gerhard Schulz. München ^{2}1981

SCHLEGEL, Friedrich: Athenaeum. Eine Zeitschrift von August Wilhelm Schlegel und Friedrich Schlegel. (Fotomechanischer Nachdruck in 3 Bdn.). Darmstadt 1980

SCHOPENHAUER, Arthur: Die Welt als Wille und Vorstellung. Bd. I-IV. Zürcher Ausgabe. Werke in 10 Bänden. Zürich 1977

SIMMEL, Georg: Soziologie. Berlin 1908

STAATSTHEATER KASSEL, tif-theater im fridericianum. Programm zu "Kommen und Gehen". Vier Stücke von Samuel Beckett, 1984/85

STAROBINSKI, Jean: Porträt des Künstlers als Gaukler. Drei Essays. Frankfurt a.M. 1985

STROHSCHNEIDER-KOHRS, Ingrid: Zur Poetik der deutschen Romantik II: Die romantische Ironie. In: Die deutsche Romantik. Poetik, Formen und Motive. Hrsg. von Hans Steffen. Göttingen [3]1978 (VR 1250)

VALERY, Paul: Herr Teste. Wiesbaden 1957

ders.: Windstriche. Aufzeichnungen und Aphorismen. Frankfurt a.M. 1959

ders.: Gedanken. Cahier B 1910. Frankfurt a.M. 1962

ders.: Schlimme Gedanken und andere. Frankfurt a.M. 1963

VÖLKER, Klaus: Groteskformen des Theaters. In: 'Akzente', 1960, H. 4, S. 321-339

WIENER, Oswald: Die Verbesserung von Mitteleuropa, Roman. Reinbek 1969